EDAF

MADRID - MÉXICO - BUENOS AIRES - SAN JUAN - SANTIAGO

FENG SHUI
inteligente para el hogar

188 ideas brillantes
para dotar a su hogar
de energía positiva

Lillian Too

LA TABLA DE ESMERALDA

Título del original:
LILLIAN TOO´S SMART FENG SHUI FOR THE HOME
188 brilliant ways to work with what you´ve got

© De la traducción:
GUILLERMO SOLANA
© 2001. Lillian Too

© 2001. De esta edición, Editorial EDAF, S.A.
por acuerdo con Harper Collins Publishers Ltd.

Editorial EDAF, S. A.
Jorge Juan, 30. 28001 Madrid
http://www.edaf.net
edaf@edaf.net

Edaf y Morales, S. A.
Oriente, 180, nº 279. Colonia Moctezuma, 2da. Sec.
C. P. 15530. México, D. F.
http://www.edaf-y-morales.com.mx
edafmorales@edaf.net

Edaf del Plata, S. A.
Chile, 2222
1227 - Buenos Aires, Argentina
edafdelplata@edaf.net

Edaf Antillas, Inc
Av. J. T. Piñero, 1594 - Caparra Terrace (00921-1413)
San Juan, Puerto Rico
edafantillas@edaf.net

Edaf Chile, S.A.
Huérfanos, 1178 - Of. 506
Santiago - Chile
edafchile@edaf.net

3.ª edición, septiembre 2004

Ilustración: Wof.com

Depósito legal: M-35.199-2004
ISBN: 84-414-1001-1

PRINTED IN SPAIN / IMPRESO EN ESPAÑA
Imprime: Gráficas COFAS, S.A.

Dedicatoria

A mi hija Jennifer y a mi sobrino Han Jin,
dos seres magníficos que tantas alegrías me han dado.

Agradecimientos

DESEO mostrar mi gratitud a todas las maravillosas personas que contribuyeron a la producción espléndida de este libro. A Liz Dean, que se convirtió en una amiga querida y literalmente hizo horas extraordinarias al servicio de esta obra; a la ilustradora que encontró, y al asombroso equipo de Thorsons: Nicky Vimpany, Jo Ridgeway, Melanie Vandervelde y Catherine Forbes. Realizaron una brillante tarea pese a estar sometidos a plazos imposibles. Gracia a vosotros por hacer cuanto os fue posible para garantizar la precisión y la autenticidad. Eso marcó una gran diferencia.

Fundamentalmente deseo dar las gracias a Belinda Budge, la nueva directora de ediciones, que aportó su experiencia y su destreza a la concepción y el diseño de este libro, de modo tal que el resultado final fuese una obra sustanciosa, práctica, original, simple, magistralmente diseñada y de fácil manejo en la edición de bolsillo. Me siento realmente orgullosa y honrada por haber trabajado con tantos y tan excelentes profesionales.

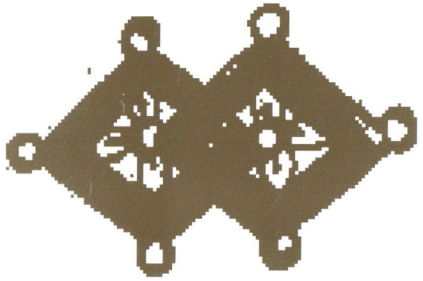

La dirección de Lillian Too en Internet es www.lillian-too.com

La de su revista de feng shui es www.wofs.com

El centro comercial del feng shui es www.fsmegamall.com

La de las tarjetas del feng shui es www.fsgreetings.com

Todas las cartas y los mensajes electrónicos pueden ser dirigidos a ltoo@wofs.com

Índice

Introducción

No resulta difícil operar con el feng shui. Mi enfoque de la materia ha estado siempre basado en tal premisa y en todo momento lo tengo en cuenta a la hora de escribir. No juzgo el éxito de mis libros por el número de ejemplares vendidos, sino por el éxito que haya logrado en hacer fácil la comprensión del feng shui.

LA CLAVE de un buen feng shui radica desde luego en practicarlo correctamente; simplificando, eso significa que me aseguro de que jamás quede sacrificada la esencia de sus conceptos y de sus teorías fundamentales. Por fortuna, cuando el propio saber ha sido puesto a prueba continuamente, una acaba por tener una percepción más precisa y aguda del tema; y por consiguiente se torna más fácil la tarea de la simplificación.

He tratado de crear para ti en este libro una ventana al mundo de la energía del chi (a la que nosotros los chinos llamamos el aliento cósmico del dragón) y de compartir contigo una nueva manera de contemplar las formas y los colores que te rodean y los objetos decorativos y artísticos que cuelgan de tus paredes. Confío en que pueda convencerte para que estudies la disposición de tu mobiliario con los nuevos ojos del feng shui y advertirte sobre los peligros ocultos creados en tu espacio por una energía ponzoñosa y asesina.

Cuando leas acerca de todas estas sencillas cosas, serás capaz de mejorar inmediatamente tu feng shui; no creas que las indicaciones aquí contenidas son menos eficaces que aquellas que figuran en obras más avanzadas sobre el feng shui. La práctica opera en niveles muy diferentes. Posee una tremenda hondura y existen múltiples sustratos de interpretación y matices sutiles de su significación. Pero en mi búsqueda de un conocimiento más profundo, he descubierto que los éxitos más espectaculares sobrevienen cuando no olvidas nunca la observancia de las sencillas orientaciones del feng shui. Incluso al practicar las fórmulas más complejas, recuerdo que actúo correctamente al descomponerlas en breves etapas. Y es entonces cuando el feng shui parece operar para mí de la manera más espectacular.

Eso es lo que intento compartir contigo en este libro.

La obra presenta toda la información esencial que requerirás para practicar el feng shui correctamente y con éxito en tu entorno. He incluido aplicaciones simplificadas de fórmulas, dispuestas en indicaciones manejables, de modo tal que puedas emplear todas mis recomendaciones en el seno de una paz mental. Incluso quienes viven en el hemisferio meridional son capaces de recurrir allí a tales indicaciones; no hay necesidad de cambiar ninguna de las direcciones prescritas.

Pero toma nota de algunas orientaciones preliminares. Lee con atención el primer capítulo. Aprende a elegir y a utilizar una buena brújula. Aprende a determinar con precisión las direcciones de tu casa. Aprende a delimitar del modo correcto los sectores de la brújula de tu propio hogar. Familiarízate con los atributos y asociaciones básicos de las ocho direcciones de la brújula. Traspasa cualquier bloqueo mental que experimentes respecto del entendimiento de los números y aprende a usar el Cuadrado de Lo Shu. Desarrolla una afinidad mental con los ocho trigramas básicos para conocer inmediatamente lo que supone cada uno en términos de la significación del feng shui. Y entonces te hallarás en disposición de comenzar.

Opera con lo que tienes

Este libro destaca las prácticas y fórmulas más importantes que puedes empezar a utilizar de inmediato. Te mostraré cómo realizar cambios del feng shui que están por completo a tu alcance y que no quebrantarán tu presupuesto. Esta no es obra para millonarios que puedan permitirse demoler por completo su casa y alzar del suelo una nueva. Este es un libro para la mayoría de nosotros, que tenemos ciertas limitaciones físicas y económicas, por lo que hemos de operar con lo que está dentro de nuestros medios. Resulta especialmente adecuado para parejas que inician una vida en común. Creo que las cosas comienzan a ir mal en estas relaciones cuando carece de sincronización el feng shui de su nuevo hogar.

Por lo general, empiezan muy enamorados. Las cosas no podrían ir mal entre ellos a no ser que la energía que los rodea suscite discusiones, equívocos, peleas y, peor aún, infidelidad y una ruptura de la relación. Vale, pues, la pena disponer el lugar de tu residencia de una manera tal que no solo te conduzca al éxito, sino que además aporte una felicidad continuada.

Esta obra es asimismo para profesionales jóvenes que comienzan una nueva carrera y empiezan a gustar del sabor de la independencia. Conviene que el feng shui les ayude en vez de ser un estorbo, sobre todo cuando la práctica es tan fácil. Si resides en un apartamento y tienes escaso control sobre todo el edificio que hay alrededor, todavía puedes asegurarte de que reine un equilibrio en el pequeño espacio que representa tu residencia, de que sea armonioso y

constituya un abrigo frente a las alteraciones del ambiente exterior. De esa manera sacarás el mejor partido de lo que poseas.

Muchas de las indicaciones contenidas en estas páginas se aplican al interior de tu hogar y a los espacios que se hallan dentro de tu control. Sufrirás desde luego las afficciones del feng shui cuando el remedio sugerido simplemente no resulte aplicable en tu situación. Pero no es preciso que te sientas presa del pánico cuando tal suceda. Quiero convencerte de que nadie en este mundo posee un feng shui perfecto. A cualquiera le falla una u otra cosa en su feng shui y es por tanto necesario adoptar un enfoque general. Tendrás al respecto que considerar dos conceptos especiales del feng shui. Son la dimensión del espacio y la dimensión del tiempo.

Por su naturaleza, el chi se halla continuamente en un estado de cambio Y en consecuencia el chi de cualquier espacio de residencia está sometido a fuerzas pequeñas, pero que imperceptiblemente cambian. La clave del éxito del feng shui radica por eso en disponer tu espacio de la mejor manera posible, habida cuenta de las limitaciones de tu hogar y de las restricciones económicas a que te halles sometido, y luego en tomar nota de los tabúes del tiempo, el cambio de las pautas del chi que afecta de un año a otro a la energía de tu hogar.

En el capítulo 8 he simplificado la aplicación de las fuerzas del feng shui que en su dimensión temporal cambian cada año (véase Indicaciones 182-188). No es difícil lograr la superación de las afficciones del tiempo en tu feng shui. Simplemente tienes que observar ciertos tabúes anuales y colocar antídotos específicos a los sectores afectados de tu hogar, prestando una atención especial a aquellas áreas que caracterizan intensamente las manifestaciones de buena y mala suerte en el feng shui.

Una actitud en pro del éxito

En todo momento debes mantener una actitud muy relajada y disfrutar de la práctica del feng shui. No alientes expectativas desmesuradas y ridículas. El feng shui no es capaz de obrar milagros en un instante. No conseguirá que ganes en la lotería; no te aportará una riqueza inmediata o una nueva relación amorosa. Pero sí, el feng shui actúa con mucha rapidez en cuanto que a menudo te harán falta solo nueve días para advertir una diferencia en el chi del seno de tu casa.

Ten además en cuenta que el feng shui explica únicamente una tercera parte de tu suerte, tu «suerte terrenal». Los otros componentes del propio destino son la «suerte celestial», aquella con que has nacido, tu sino, karma o fortuna tal como está inscrito en las estrellas (esa parte de la suerte sobre la que ejercemos un escaso control), y la que yo denomino nuestra propia e intrínseca «suerte de la humanidad», la que creamos como resultado de acciones y de actitudes. Esta, como la suerte del feng shui, es del tipo sobre la que poseemos un control. Así que cuando practicas el feng shui con una actitud sana y positiva, aumenta tremendamente la posibilidad de beneficios rápidos y directos.

Debo decir que siempre he practicado el feng shui con ese tipo de motivación que a mi juicio promueve todavía más su poder; en lo que a mí se refiere, el feng shui es simplemente un medio para lograr un fin. Uso el feng shui con objeto de mejorar la calidad de mis relaciones, para aportar felicidad a los miembros de mi familia inmediata y de la amplia y para lograr que mi existencia sea más significativa y esté más colmada al ser capaz de establecer una diferencia positiva en las vidas cotidianas de otros. Así que para mí el feng shui ha aportado una realización muy superior a mis expectativas más desbocadas.

Hago ahora lo que verdaderamente me gusta, escribir libros buenos y de éxito sobre temas con los que experimento una afinidad y de los que conozco que poseen el potencial para aportar una abundancia de satisfacciones y felicidad a otros. El feng shui constituye uno de mis temas favoritos simplemente por ser al tiempo fascinante y potente. Lo que me ha sorprendido por completo es su asombrosa hondura. Cabe abordar el feng shui desde muchos ángulos y de infinidad de maneras. Aprendo constantemente y, cuanto más sé, mejor entiendo cuán poco conozco en el vasto mundo del saber que el feng shui encarna.

Como una cebolla, el feng shui representa una esfera maravillosa del conocimiento; su filosofía, rituales y símbolos constituyen capa tras capa horizontes nuevos y maravillosos. El alcance de la práctica es en verdad notable. Te invito, pues, con este libro a dar tus primeros pasos en el mundo del feng shui o, si ya lo ejercitas, a beneficiarte igualmente de las recomendaciones que contiene.

Quiero que saborees el poder del feng shui y que disfrutes en tu espacio de un chi sano, cordial y prometedor antes de ahondar más. Confío en que esta obra te proporcionará muchos momentos de deleite cando mejores el chi de tu espacio. Más importante aún, deseo que las recomendaciones de este libro respondan a las plegarias de quienes más necesitan de la ayuda del feng shui.

Escríbeme, si lo deseas, a mi dirección electrónica, ltoo@wofs.com. No puedo responder a todas las cartas, pero las leo. Procura que la tuya no pase de cincuenta palabras y trataré de contestarte.

Lillian Too, Kuala Lumpur, octubre de 2000.

1

Principios

básicos

del feng shui

1 Una visión del espacio vital en el feng shui

A medida que el mundo se torna cada vez más familiarizado con el feng shui, esta antigua práctica china aporta beneficios crecientes a aquellos que la aplican en sus hogares.

El feng shui, que literalmente significa viento y agua, promete un modo de disponer el espacio que signifique la buena fortuna de sus residentes al tiempo que mengua su desgracia. El feng shui ha cobrado popularidad porque muchas personas descubren que funciona y que no tiene por qué ser difícil para dispensar resultados rápidos. Es fácil de utilizar en diferentes niveles y muchos se hallan ahora convencidos de que es preciso al menos un cierto conocimiento operativo del feng shui a la hora de instalar un nuevo hogar, comprar una nueva casa o sencillamente realizar una estimación del espacio vital existente. Está tornándose tan solicitado que numerosos individuos desearían saber exactamente por dónde empezar sin tener que escudriñar en infinidad de libros y, más importante todavía, sin experimentar confusión ante la proliferación de textos sobre el feng shui ahora accesibles.

Este libro sobre un feng shui fácil y práctico aborda aquel que se halla dentro del control del individuo medio. Las soluciones a las aflicciones del feng shui suelen tener en cuenta consideraciones prácticas; al fin y al cabo hemos de trabajar con lo que tenemos. Así, las limitaciones del espacio, la inmovilidad general de las puertas, la presencia de vigas en el techo, de rincones, etc., que a menudo representan aflicciones sobre las que no cabe hacer gran cosa, revisten aquí una prioridad muy inferior a la de aquellos aspectos de la práctica que es posible aplicar con mayor facilidad, promoviendo así tu feng shui general.

Has de empezar por saber que son cuatro los aspectos diferentes de la práctica del feng shui: el feng shui exterior, el feng shui interior, la importancia de las orientaciones y el feng shui de dimensión temporal, que serán abordados separadamete en las cuatro siguientes indicaciones.

Con el plano del nivel principal de tu casa y las orientaciones de estancias importantes, serás capaz de mejorar tu feng shui.

- Toma nota de algunas impresiones. Repara en el tamaño, la forma y el flujo de chi, o energía, en el seno de la casa.
- Fíjate en la orientación de la puerta principal y aprecia si algo la estorba.
- Oriéntate correctamente. Utiliza una brújula para delimitar los diferentes sectores.
- Haz una superposición de las direcciones en el plano del nivel principal de tu casa y fíjate en el sector de la brújula a que corresponden cada una de las estancias importantes.

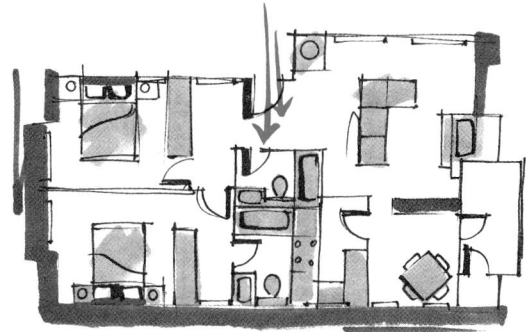

El feng shui en casa comienza a partir de un plano del nivel principal.

2 El primer aspecto: feng shui exterior

Este es el feng shui del entorno exterior de un edificio de oficinas o de tu casa. Se toman en consideración diferentes aspectos que pueden afectar al hecho de que el emplazamiento sea propicio.

E L feng shui exterior supone la estimación de un paisaje con objeto de estudiar los efectos de montañas, colinas, ríos, caminos, formas y la configuración de los contornos.

La visión externa te proporciona una imagen mayor del feng shui, pero tu entorno suele estar fuera del control de una persona corriente. Aunque sepas cómo detectar si el feng shui de un paisaje es bueno o malo, rara vez te hallarás en disposición de hacer gran cosa al efecto. En la vida moderna, sobre todo en las ciudades, la práctica del feng shui del paisaje presenta a menudo unas insuperables limitaciones físicas y presupuestarias.

Las cuatro criaturas celestiales del feng shui exterior son la tortuga negra tras una morada, el dragón verde a la izquierda, el tigre blanco a su derecha y el fénix rojo al frente. Su presencia simbólica aporta buena fortuna.

Antiguas tradiciones

Los chinos creen que cada emplazamiento se halla rodeado por cuatro espíritus animales protectores: la tortuga negra, el fénix, el dragón verde y el tigre blanco. A la ahora de apreciar un sitio, cabe aplicar los cuatro nombres de animales a los cuatro puntos de la brújula; así el Norte es la tortuga negra, el Sur es el fénix, el Este es el dragón verde y el Oeste es el tigre blanco. El monte superior del dragón tiene que ser más alto y abrupto que la colina del tigre. El aspecto meridional, el del fénix, ha de mostrarse despejado.

El tigre blanco es la encarnación de la energía yin. Complementa al yang del dragón verde.

3 El segundo aspecto: feng shui interior

Supone captar una perspectiva minuciosa de un emplazamiento interior, examinar el flujo de energía chi dentro de casas, apartamentos y edificios de oficinas.

ABORDA la disposición de las habitaciones, el discurrir del tráfico, la colocación del mobiliario, la selección de colores, formas, dimensiones y materiales decorativos que garanticen la creación de un chi propicio dentro de los hogares y en las estancias de oficinas y apartamentos. El feng shui interior suele estar al alcance de la mayoría de las personas. Desde una perspectiva práctica, esta es la rama del ejercicio del feng shui que brinda un mayor campo a las soluciones individuales y a la creatividad de cada uno. La adopción de una visión feng shui del espacio vital se refiere fundamentalmente al feng shui interior.

Habitaciones de la casa

El feng shui interior exige examinar la posición y orientación de la puerta principal, el modo en que penetra la energía chi y cómo llega a todas las estancias del hogar. Cualesquiera obstrucciones, como columnas, vigas o escaleras mal colocadas, quedan neutralizadas por curas de feng shui como campanillas, cristales y plantas. Implica aprender a adiestrar tu vista para que seas capaz de localizar con facilidad los problemas en cada área o habitación de tu casa y de conocer la manera de disponer provechosamente tu cama y situar con acierto espejos.

En el feng shui interior, la puerta principal debe abrirse hacia dentro. Una pintura propicia en el pasillo, como este pez, simboliza la llegada de la riqueza a la boca del hogar.

Examina la vista desde tu puerta principal. Un sendero curvo y plantas sanas aportan buena energía del chi, mientras que un camino recto o unos postes telegráficos crearán para tu casa un chi negativo.

4 El tercer aspecto: la importancia de las orientaciones

En el feng shui chino, todas las orientaciones de la brújula respecto de una casa, un apartamento o una oficina desempeñan el papel más importante y crucial en la práctica correcta del feng shui.

Es vital determinar correctamente unas orientaciones antes de aplicar con precisión unas fórmulas del feng shui muy poderosas con el fin de que aporten resultados rápidos. Eso requiere el uso de una brújula fiable y algunos puntos básicos de referencia con los que delimitar tus áreas de vida y de trabajo. Cabe denominarlo colectivamente dimensión espacial de un feng shui interior, y en muy amplia medida está también al alcance de la mayoría de las personas. Así que cuando desees aplicar el feng shui a cualquier espacio vital, una de las primeras cosas que has de tener en cuenta de un modo absoluto es la orientación relativa de las habitaciones y de las puertas y la disposición del mobiliario.

La adopción de una visión feng shui de cualquier espacio debe incluir siempre una información sobre las orientaciones.

Uso de una brújula

Como indico luego en este libro, necesitarás utilizar una buena brújula occidental para determinar la orientación de tu hogar y de todas sus habitaciones con objeto de aplicar algunas de las fórmulas más enérgicas del feng shui. Puedes determinar las direcciones frontal y posterior (véanse indicaciones 113 y 114), y una vez averiguadas las direcciones de cada estancia, conseguirás fortalecer ventajosamente los rincones. Aunque combines diferentes fórmulas del feng shui, las orientaciones de la brújula son esenciales para la exactitud en la disposición de promociones o curas o, como se ha indicado antes, con objeto de tomar conciencia de las configuraciones deficientes en ciertas áreas.

El empleo de una brújula para determinar la orientación de tu espacio vital, puertas, ventanas y mobiliario, constituye el primer paso en el entendimiento del feng shui. Si eres capaz de localizar el punto central de tu casa, coloca allí una brújula y consigue a partir de ese emplazamiento las orientaciones de tu espacio vital.

5 El cuarto aspecto: el feng shui de dimensión temporal

El feng shui de dimensión temporal emplea la poderosa fórmula de la estrella volante, referida al grado de buena suerte y de infortunio que afecta y aflige al espacio vital.

TRAS haber dispuesto satisfactoriamente el espacio vital de acuerdo con todas las reglas y normas para crear una energía propicia, es entonces necesario investigar cómo puede cambiar simplemente con el paso del tiempo la suerte de cualquier espacio vital. Según una escuela importante de la práctica del feng shui, cada hora, día, mes y año ejerce su esencia especial de fuerzas invisibles e intangibles. Estas son susceptibles de traer la buena suerte o un infortunio intenso en función del modo en que las estrellas del tiempo afecten a distintos rincones de tu espacio vital. También aquí, este aspecto del feng shui se halla

dentro del control de la persona en cuestión. Existen fórmulas fáciles, que he condensado en cuadros (véase capítulo 8) para que puedas ver lo que tienes que hacer al comienzo de cada mes o año con el fin de evitar el infortunio o de promover una cierta buena suerte. Esta rama del feng shui servirá quizá a menudo para predecir cuando entiendas la fórmula básica de cálculo de las estrellas de la dimensión temporal. Una vez que sepas qué áreas son afectadas cada año, serás capaz de aplicar una curación, si resulta necesario, en el rincón apropiado con objeto de no verte influido por la energía negativa que emanará de ese espacio.

Esta es la carta anual correspondiente al 2002, el año del Caballo. Advierte que los sectores de la suerte, que se hallan representados por los números afortunados 8, 6 y 1 son el Noroeste, el Sudeste y el Nordeste de la casa o de cualquier espacio vital. El rincón más propicio de tus estancias en el 2002 es por eso el Noroeste. En ese año, los sectores desfavorables son el Norte y el Sur, ambos afligidos. El Norte es el lugar de tres muertes o tres tipos de mala suerte. El Sur es el lugar de la estrella de la enfermedad y hacia el Este se halla el color mortal, el amarillo. A partir de este gráfico sabrás instantáneamente qué rincones vigorizar y usar y cuáles evitar.

SE	SUR	SO
6	2	4
5	7	9
1	3	8
NE	NORTE	NO

6 Introducción del Luo Pan, o brújula china

La brújula es esencial para la práctica correcta del feng shui, puesto que la orientación constituye la base de todos los análisis y recomendaciones del feng shui, el fundamento del feng shui chino.

Quizá no recurran a la brújula otras técnicas que aborden la promoción de tu espacio vital, pero es utilizada por todos los maestros del feng shui chino en Hong Kong, Taiwán, China, Singapur y Malasia y por aquellos que emigraron a Occidente y siguen practicando el auténtico feng shui chino. Sus consejos se hallan basados en el modo en que estructuras, puertas, emplazamientos de la casa, contornos, etc., interactúan entre sí en relación con su orientación conforme a su orientación de la brújula.

Las direcciones señaladas por una brújula fiable muestran cómo fluye el chi dentro de cualquier espacio ambiental. Cada dirección de la brújula posee cierto número de atributos que cabe vincular con las estructuras físicas situadas en esos sentidos. Nos informan sobre la calidad del chi en tales áreas en términos del espacio y del tiempo.

En consecuencia, si quieres practicar un feng shui verdaderamente auténtico, he de instruirte sobre el modo de llegar a conocer y entender la brújula. Empezaremos con el Luo Pan, la brújula del feng shui tradicional.

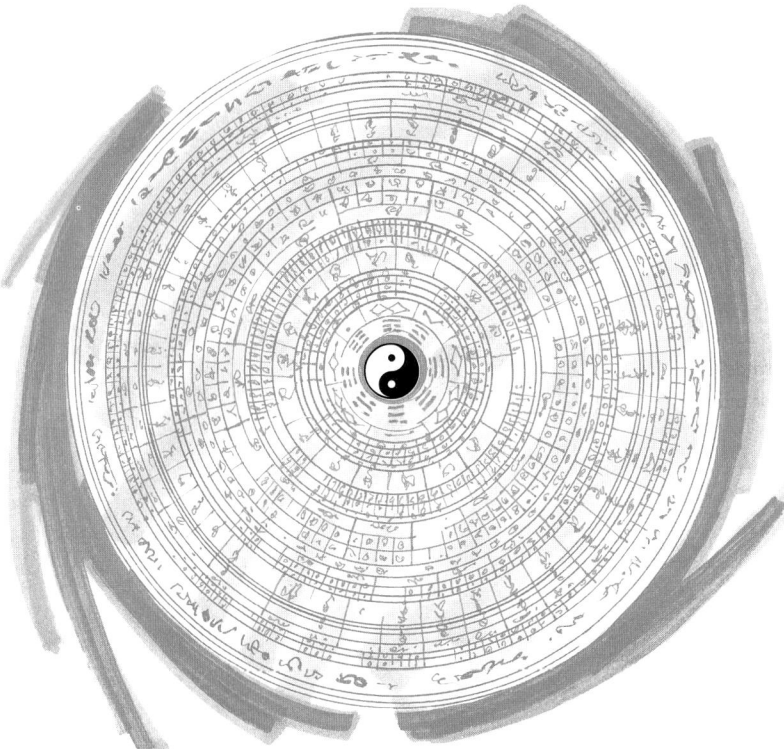

La brújula Luo Pan es semejante a cualquier otra occidental en cuanto que divide las direcciones en 360 grados en torno de un círculo. Este a su vez se compone de 8 direcciones principales y de 24 subdirecciones. Tales subdirecciones son llamadas las 24 montañas, y cada montaña mide 15 grados (360 dividido por 24 = 15). Reviste una gran importancia el anillo que señala estas 24 montañas, simplemente porque muchas fórmulas del feng shui emplean la división en 24 montañas para expresar orientaciones de buena y mala fortuna.

Los tres Luo Pan

El Luo Pan tradicional es un objeto muy estimado de exquisita artesanía. Siempre fabricado a mano, contiene en sus numerosos anillos concéntricos los secretos y las fórmulas del maestro que lo concibió. Existen varios tipos diferentes de Luo Pan, pero los tres más populares y frecuentemente empleados ahora son:

1 El Luo Pan Sarn Yuan, basado en la Escuela de los Tres Círculos. También se denomina Luo Pan de la Estrella Volante de Tres Periodos.

2 El Luo Pan del Arpa Sarn, a menudo designado como brújula de las Tres Armonías. Alude a las existentes entre el Cielo, la Tierra y el Hombre y traducidas en la Lámina del Hombre, la Lámina de la Tierra y la Lámina del Cielo que aparecen en este Luo Pan. Se estima que estas tres láminas diferentes reflejan a su vez los tres niveles paralelos del flujo de energía dentro del ambiente y cada una fija el Norte a 75 grados del otro. En consecuencia, la Lámina de la Tierra corresponde al Norte magnético, pero las láminas del Hombre y del Cielo se encuentran a 75 grados a la izquierda y a la derecha de la Lámina de la Tierra. El Norte que presentan, pues, esas otras láminas no es el magnético.

3 El Luo Pan de Sarn He', que es el nombre de la Escuela de los Tres Acontecimientos Propicios. Examina las formas terrestres, las montañas, estructuras y extensiones acuáticas que rodean a cualquier edificio y analiza sus influencias buenas y malas, basándose en número de periodos, elementos y trigramas.

Por las breves descripciones hasta aquí brindadas puedes comprender que el Luo Pan contiene una información considerable. He señalado repetidas veces a quienes se inician en la práctica del feng shui que el Luo Pan no es necesario para los que no piensan pasar de la condición de simples aficionados. Resulta conveniente, sin embargo, saber lo que significa este instrumento, utilizar una brújula corriente para determinar direcciones y acudir luego a un buen libro con el fin de descifrar las fórmulas y los métodos ocultos dentro del Luo Pan.

No olvides que el Luo Pan es primera y fundamentalmente una brújula para calcular direcciones, así que su elemento más crucial es la aguja magnética, que desde el centro indica las orientaciones. Quienes aspiren a utilizar un genuino Luo Pan jamás deben transigir respecto de la calidad de tal aguja. Muchos de los matices de la buena y la mala suerte dependen de la precisión de las lecturas de la brújula. Compra siempre un Luo Pan a un maestro del feng shui, que te revelará el código de sus significados.

7 La brújula occidental en el feng shui

¡No calcules nunca las direcciones basándote en los lugares que en tu opinión corresponden a la salida y el ocaso del Sol! Este tipo de práctica del feng shui rara vez resulta preciso y es reflejo de una negligencia que casi nunca proporcionará buenos resultados.

CONSIDERA la brújula como una parte integrante del feng shui. Vale la pena por eso comprar un instrumento personal bueno y seguro. Te aconsejo que optes por uno que tenga claramente marcados los grados en el borde exterior. La brújula acompañada de una regla es muy útil a la hora de determinar la dirección de una puerta, porque siempre te garantizará que la has colocado en la posición adecuada respecto de la puerta.

Constituye también una buena idea buscar una brújula de estilo occidental que muestre las subdivisiones o 24 montañas de las direcciones principales. Te resultará entonces extremadamente fácil aumentar el rendimiento de tu pequeño instrumento. Porque las 24 subdivisiones de la brújula, que han sobrevivido intactas hasta el siglo XXI, aparecen en casi todas las fórmulas conocidas del feng shui. El conocimiento del modo de obtener correcta y exactamente orientaciones y rumbos de cualquier casa representa un primer paso crucial en la práctica del feng shui.

Tipos de direcciones

He aquí dos tipos principales de direcciones que tienes que determinar.

1 Has de conocer la orientación de tu residencia. Por lo general, se entiende por eso la dirección en que se halla la puerta principal, pero a veces la de esta no es la misma que la orientación general de la casa. En tales situaciones, utiliza tu brújula y calcula ambas direcciones. Para realizar un análisis posterior has de remitirte a las indicaciones 9 y 10. Por añadidura, quienes vivan en un apartamento tienen que determinar la dirección tanto de la puerta del edificio como la de la entrada a la vivienda.

2 Debes obtener la orientación del interior de tu casa. Consulta, pues, la brújula en el centro de esta (véase la indicación 11).

Con objeto de realizar lecturas precisas, coloca la brújula en posición horizontal o ponla sobre una superficie en tal situación.

Observaciones sobre el empleo de la brújula

- Determina siempre las direcciones sostenido en tu mano la brújula perfectamente horizontal; esa precaución te garantizará una lectura más precisa.
- Considera la posibilidad de que tu brújula se vea afectada por campos metálicos o eléctricos de energía. En consecuencia, calcula tres veces las direcciones.
- Para una lectura mejor del chi, trata de tomar las direcciones en el nivel de la cintura.
- Ten siempre cerca un plano del suelo para que puedas marcar inmediatamente las direcciones. Así quedará menos espacio para el error.

8 Cómo determinar direcciones de la brújula

Una brújula buena y sólida siempre dispondrá de una esfera que muestre los grados de las ocho direcciones, así como sus 24 subdivisiones.

Antes de que puedas practicar el feng shui, has de familiarizarte a conciencia con tu brújula. Debes aprender a leer las direcciones de modo tal que seas capaz de obtener inmediatamente la orientación de cualquier lugar. Si no llegas a medir correctamente tal orientación, no será en realidad posible practicar el auténtico feng shui chino.

Emplea una brújula que muestre claramente marcados los grados de las direcciones.

Puntos de la brújula

- Un solo punto de la brújula se halla representado por uno de los 360 grados.

- Cada uno de los cuatro puntos cardinales y las cuatro direcciones secundarias forman un ángulo de 45 grados. Así, 45 multiplicado por 8 suman 360 grados. Cuando

extendemos el espacio a partir de un solo punto ocupado por cualquiera de las ocho direcciones, este se hallará contenido dentro de un ángulo de 45 grados. Conseguirás advertirlo si consideras cada una de las direcciones como una porción de una tarta redonda; este sistema de lectura de la brújula y de identificación del espacio recibe por eso el nombre de método del Gráfico de Tarta. Las direcciones principales son Norte, Sur, Este y Oeste. Las direcciones secundarias son Nordeste, Noroeste, Surdeste y Sudoeste. Cada una de estas direcciones ocupa un ángulo de 45 grados extendido a partir de un solo punto de referencia.

- Cabe subdividir aún más cada una de las 8 direcciones en tres, de modo tal que cada ángulo de 45 grados se distribuya en tres partes de 15 grados. Estas subdivisiones reciben por lo común el nombre de montañas, y como hay un total de 24, resultantes de las 8 direcciones, se dice que existen 24 montañas en la brújula. Las 24 montañas se corresponden por eso con las subdivisiones en 15 grados de la brújula.

Repara en que si bien las ilustraciones de este libro y de todos los demás sobre el feng shui muestran la dirección Sur en la parte superior de cualquier brújula, eso no significa que el Sur esté en lo alto cuando determines las direcciones de tu casa. Necesitarás la brújula para averiguar en dónde se encuentra el Sur en tu hogar ¡Te hará falta la brújula para ubicarte! Sucede lo mismo con todas las demás direcciones y subdirecciones.

9 Cómo alinear correctamente una brújula

Una destreza crucial en el feng shui consiste en alinear correctamente una brújula para que la dirección indicada en la esfera muestre una lectura precisa de la que existe realmente.

Y SUCEDE así porque toda la ciencia del feng shui radica en la forma en que la energía de una dirección se mueve e interactúa dentro de un determinado espacio.

Es útil saber que la teoría del feng shui se entrelaza en muchas de sus raíces con la visión taoísta del universo y de la existencia. Por eso se mide el flujo de la energía chi tanto dentro de un microcosmo como en el seno de todo el macrocosmo del espacio. A nosotros incumbe trazar y definir el espacio con que operamos; necesitamos determinar las orientaciones de ese espacio y además conocer el impacto del que se encuentra fuera de tal frontera.

En el lenguaje del feng shui, reciben los nombres de gran tai chi el inmenso espacio circundante, y de pequeño tai chi, que puede aludir al de una casa, el de todo un edificio de apartamentos o el de una sola vivienda. También es posible que signifique el espacio de cada una de las habitaciones. El entendimiento de este concepto del tai chi grande y pequeño abre grandes posibilidades para la aplicación e interpretación de fórmulas, pero también posee implicaciones a la hora de trazar sectores de la brújula de estancias y hogares.

Qué hacer en el caso de lecturas diferentes

Una localización precisa constituye un factor importante. Eso significa aprender a alinear la brújula

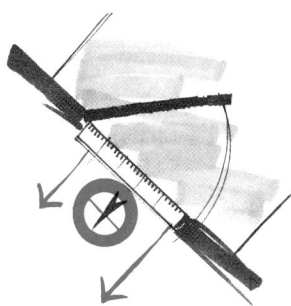

Utiliza una regla para asegurarte de que tu brújula se halla exactamente alineada con una puerta o con un muro.

respecto de todo el apartamento o casa y luego repetir la tarea en cada una de las habitaciones para obtener una lectura más precisa. No debería sorprendernos que cada estancia revele algunas pequeñas variaciones en las lecturas de direcciones. En tal eventualidad, sigue adelante con la lectura local porque te proporciona las direcciones correctas de la energía en el espacio particular que está siendo investigado.

Cuando la diferencia en orientación y dirección supera los 15 grados al pasar de una habitación a otra, eso podría indicar algún serio desequilibrio de la energía dentro de una estancia o de una casa. Constituye a menudo un indicio de que la disposición del mobiliario y la colocación de objetos decorativos no están sincronizadas con el flujo natural de la energía en ese lugar. Un método simple y eficaz de conseguir el equilibrio consiste en desplazar el mobiliario hasta que las variaciones en las lecturas sean inferiores a 5 grados.

10 Determinación de la dirección general de tu casa

Cuando empieces a emplear tu brújula, quiza te enfrentes con un dilema acerca del modo de determinar mejor la orientación correcta de tu casa.

AHORA que sabes cómo utilizar adecuada y exactamente la brújula, resulta útil aclarar algunos de los puntos confusos con que tropezarás cuando trates de analizar el feng shui personal de tu propio espacio y también en el momento de aplicar las indicaciones que aparecerán después en este libro.

Pueden surgir cierto número de áreas problemáticas en el feng shui; una de las cuestiones más intrincadas con que choca el aficionado bisoño estriba en el modo de determinar la orientación correcta de una casa. ¿Cuál es exactamente la dirección que deberíamos considerar si hemos de determinar aquella a la que hace frente? Es bastante fácil reconocerla si el edificio posee una forma perfectamente regular y su puerta principal se halla en la misma dirección que la orientación general de la propia edificación; entonces no habría espacio para ninguna duda. ¿Pero qué ocurre si se enfrenta hacia una dirección y la casa está

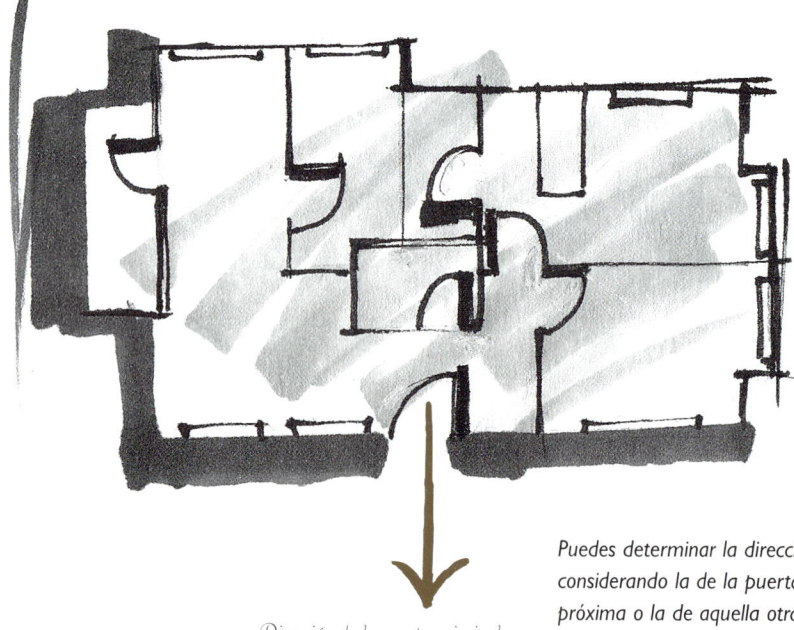

Dirección de la puerta principal

Puedes determinar la dirección general de tu casa considerando la de la puerta principal frente a una carretera próxima o la de aquella otra que sea más frecuentemente empleada por la familia. Pero si no eres capaz de decidir cuál emplear, da varias vueltas en torno del edificio y percibe exactamente de dónde procede el máximo de tu energía. Solo entonces podrás tener seguridad suficiente respecto de la precisión de la orientación que consideres.

Cuando desees obtener la orientación de tu casa, parte de la puerta principal. Comienza allí y observa alrededor; la dirección con la que te enfrentes es la que en general se considera como orientación de tu hogar.

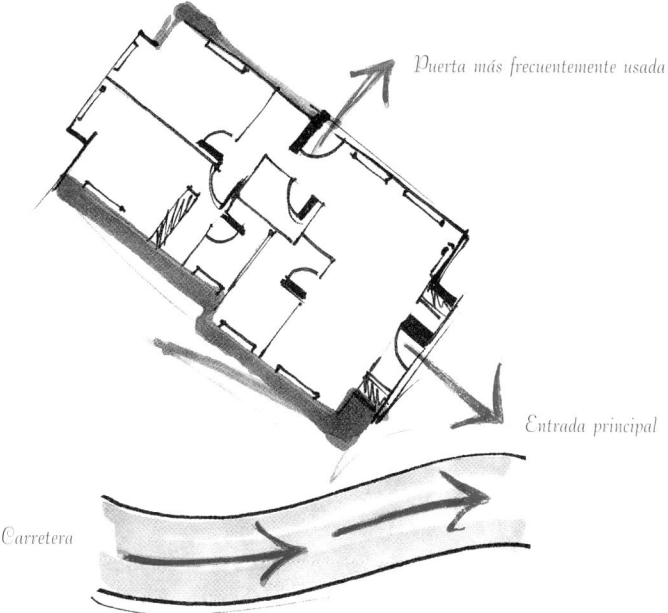

Puerta más frecuentemente usada

Entrada principal

Carretera

orientada a otra? ¿Cuál será entonces la dirección a la que considerar como referencia para el análisis del feng shui?

El hallazgo de una solución puede ser tarea especialmente ardua, porque es posible que diferentes maestros recomienden enfoques distintos. He aquí, pues, tres alternativas importantes que has de tener en cuenta cuando determines cualquier orientación.

De las tres orientaciones alternativas, yo utilizo mi criterio sobre la base de una investigación *in situ*. Todas son factibles y poseen una cierta respetabilidad. Conozco personalmente a distintos maestros que utilizan las tres opciones diferentes basadas en sus percepciones de la casa que es investigada y todos tienen un cierto éxito en su empeño. Mi consejo es, pues, que recurras a tu propio juicio tras considerar debidamente cada una de las opciones. Advierte desde luego que, en el feng shui, las casas que poseen una puerta principal definida con claridad tienen el potencial mejor para disfrutar de una buena fortuna de un modo continuado. En las casas que carecen de esta circunstancia, el chi fluye de una manera insegura e inestable, creando así la causa de una suerte incierta.

Tres maneras de considerar direcciones

1 Adopta la dirección que esté indicada por la puerta principal, es decir la posición en que te encuentres allí, mirando hacia afuera. Determina la dirección hacia la que se enfrenta esa entrada. Esta será la única que podrás considerar como la fundamental para tus fines.

2 Toma la dirección que se halle indicada por la vía más importante fuera de tu casa. Esa es aquella desde donde se dirige al edificio el máximo de energía yang. En consecuencia, si se halla orientado hacia una carretera, considérala como la orientación hacia la que se enfrenta tu casa, aunque la puerta principal mire hacia otra dirección.

3 Toma la dirección de la puerta más frecuentemente empleada por los miembros de la familia. Es así porque, según una definición, se trata de aquella que es más frecuentemente utilizada. Puesto que de la puerta principal se dice que representa la «boca» del hogar, esta es otra orientación correcta que cabe tomar.

11 Hallar la orientación del espacio interior

Otro problema corriente con que se enfrentan los aprendices, en especial aquellos que han leído diferentes libros sobre el tema, estriba en el modo de determinar la orientación general del interior de la casa.

CUANDO se te aconseja que pongas en actividad un rincón específico de tu hogar, surge el problema en el caso de que tal rincón se halle indicado por su dirección. Por ejemplo, si se te pide que vigorices el Norte con objeto de proporcionar energía a tu fortuna profesional, se suscitan de inmediato una serie de preguntas: ¿Cómo determinar el rincón septentrional? ¿Significa eso la esquina septentrional de tu casa? Y, de ser así, ¿qué hacer cuando falta esa esquina del norte?, etc.

Al abordar sucesivamente estos dilemas prácticos, la primera cuestión que hay que resolver es la manera de aprender a determinar las orientaciones de la casa,

de forma que consigas identificar los ocho «rincones» de la brújula en el plano del nivel principal. Una vez más, y para actuar correctamente, necesitarás tomar direcciones con una brújula. En el feng shui auténtico, las orientaciones siempre requieren una brújula y nunca se hallan determinadas por la localización de la puerta principal. Las orientaciones jamás deben ser calculadas conforme a la dirección precisa de la puerta principal. He recibido millares de mensajes electrónicos que inquieren acerca de eso, sobre todo porque algunos ejercientes versados en otro sistema del feng shui emplean este método. En el feng shui chino, ese no es el modo de proceder.

Toma direcciones de la brújula bajo la puerta principal y luego a corta distancia de allí.

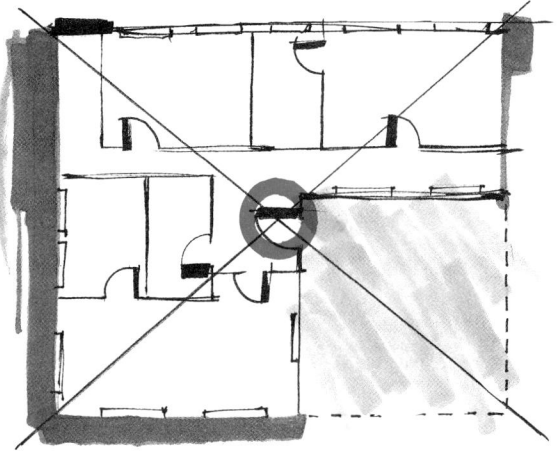

Toma una tercera dirección de la brújula desde el centro de tu casa. Si esta posee una forma irregular, marca en el plano del nivel principal las zonas que faltan y traza luego unas diagonales (como se indica) para encontrar su centro.

12   Entender el Cuadrado Lo Shu

El siguiente paso en el feng shui práctico consiste en familiarizarte con uno de los símbolos más importantes, y eficaces, del feng shui que cabe utilizar en el plano de tu nivel principal.

ESTE es el Cuadrado Lo Shu, que está compuesto de nueve casillas, cada una de las cuales contiene un número del 1 al 9. Las cifras se hallan ordenadas de tal manera que la suma de tres cualesquiera siempre es 15, que también constituye el número de días necesarios para que la Luna pase de nueva a llena, y viceversa. Los estudiosos del taoísmo chino consideran el Lo Shu como un cuadrado mágico y creen que dispensa la clave para descifrar muchos de los secretos de otro importante símbolo del feng shui, el octágono Pa Kua (véanse indicaciones 14 y 15).

Según la leyenda, el cuadrado mágico Lo Shu de números figuraba en el dorso de la tortuga celestial y llamó la atención del emperador chino Fu Hsi. La tortuga es reverenciada hasta ahora como una criatura propicia de la que se dice que su cuerpo y su concha ocultan motivos de un diseño especial que albergan todos los secretos encerrados en el cielo y en la tierra.

Yo comencé a escribir libros acerca del feng shui poco después de recoger la concha de una tortuga muerta, arrastrada por el mar hasta la costa de la isla de Pangkor, adonde había acudido de vacaciones con mi familia en 1992. Por entonces no conseguí advertir la significación de ese presagio; aunque me llevé a casa la concha, la abandoné poco después. Solo comprendí el simbolismo un día en que meditaba junto a mi estanque, en donde viven tortugas de agua dulce (emparentadas con las marinas).

Mientras observaba las configuraciones de sus conchas capté la trascendencia de ese hallazgo simbólico.

Más tarde, cuando profundices en la práctica del feng shui, descubrirás cuán importante y valioso es el Cuadrado Lo Shu de números tanto para ocultar como para revelar los secretos del feng shui de fórmulas y brújula. Por ahora, limítate a conocer el Cuadrado Lo Shu, sus números y direcciones y el modo en que es posible usarlo para delimitar la disposición del plano del nivel principal de tu hogar.

13 Colocación del Cuadrado Lo Shu sobre un plano del nivel principal

Ahora que ya conoces los elementos básicos acerca de la importancia del Cuadrado Lo Shu, puedes experimentar colocándolo sobre el plano del nivel principal de tu casa.

AUNQUE resulta fácil proceder cuando la disposición de tu hogar es un cuadrado perfecto, por desgracia rara vez sucede así; la mayoría de las casas poseen una disposición irregular.

En rara ocasión, si es que llega a darse, son los hogares modernos perfectamente cuadrados o rectangulares. En pasillos o en estancias habrá rincones que falten y otros que sobresalgan, y a veces las formas resultan tan irregulares que el auténtico chi se siente confuso ante el flujo creado por la extraña conformación de la casa.

Necesitas saber si has de incluir algunas porciones o excluir aquellas que parecen sobresalir. ¿Qué hacer, además, respecto de la incorporación de áreas ocupadas por garajes, patios, terrazas o porches? En razón de las numerosas variaciones de planos y formas, superponer las nueve casillas constituye en cierto modo un reto para quienes no estén familiarizados con las aplicaciones del feng shui. He aquí algunas recomendaciones específicas que he reunido basándome en mi experiencia y en consejos que me dieron maestros en la práctica del feng shui.

Para superponer el Cuadrado Lo Shu en una casa de forma irregular, incluye en el plano de tu nivel principal las áreas que falten. Cuando extiendas el cuadrado, verás cuál es el sector que te falta. Aquí se halla ausente el Sudoeste, asociado con el amor y las relaciones.

Lo Shu lore

- En interiores, tanto de casas como de apartamentos, el Cuadrado Lo Shu ha de ser superpuesto a todas las áreas que comparten un mismo tejado. En el caso de los apartamentos, eso significa que primero debes superponer el Cuadrado a todo el edificio y luego aplicarlo al propio espacio del apartamento. Así lograrás una estimación mucho más precisa del feng shui del piso y de su conveniencia como espacio vital.

- Cuando exista más de un nivel, cada uno debe ser tratado de manera separada, puesto que suelos distintos suelen corresponder a áreas y dimensiones diferentes.

- Cuando el espacio del suelo es irregular, algunos maestros superponen dos diversos Cuadrados Lo Shu. Personalmente, yo prefiero utilizar uno y tratar las áreas vacías como rincones omitidos.

- Cuando el plano de un suelo es angosto y profundo o ancho y superficial, algunos maestros prestan atención al modo en que se hallan dispuestas las estancias del hogar y utilizan un Lo Shu de seis casillas, en vez del tradicional de nueve. Eso significa prescindir de las casillas centrales. Personalmente opto por seguir utilizando el Lo Shu de nueve casillas con los sectores demarcados igualmente determinados en términos de áreas del suelo. Por eso en efecto, cabe extender vertical y horizontalmente el Cuadrado Lo Shu.

La superposición del Lo Shu en el plano del nivel principal representa el método más práctico de demarcación de sectores dentro del hogar. Eso permite al ejerciente identificar los diferentes rincones con objeto de aplicar las distintas fórmulas y también fortalece el rincón según los Elementos distribuidos en cada uno de los sectores. En suma, la superposición de las casillas contribuye a que empieces a comprender la energía de tu espacio y adoptar medidas para promoverla.

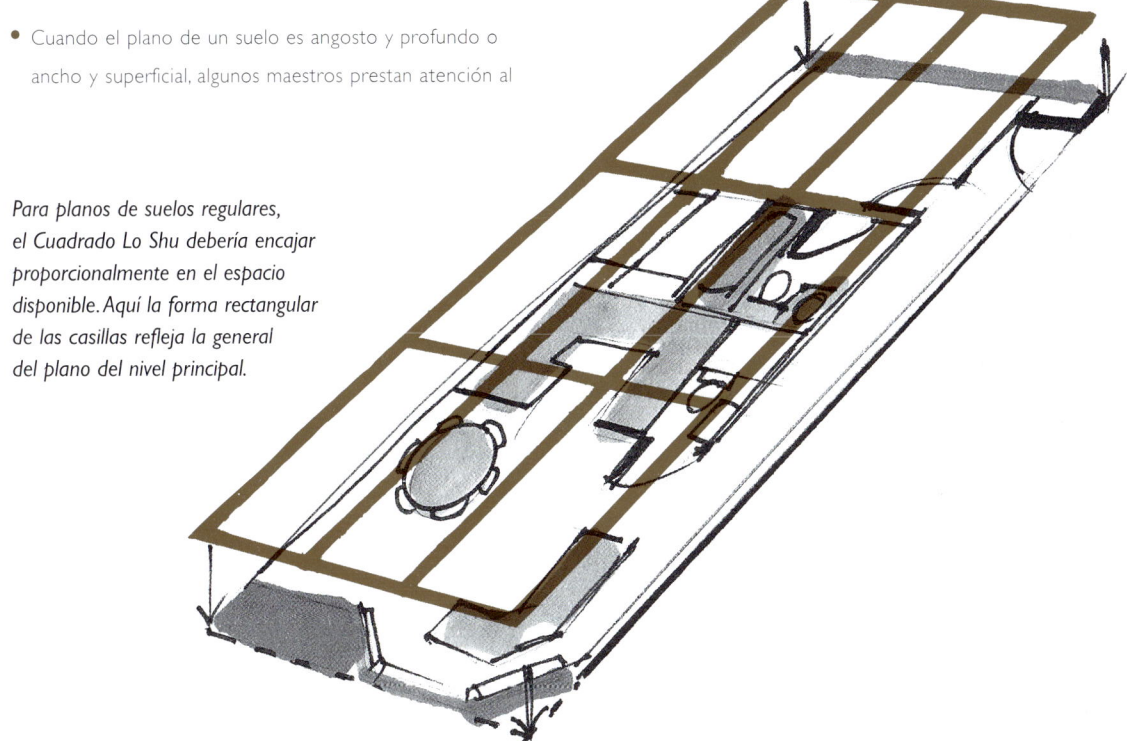

Para planos de suelos regulares, el Cuadrado Lo Shu debería encajar proporcionalmente en el espacio disponible. Aquí la forma rectangular de las casillas refleja la general del plano del nivel principal.

14 Entendimiento de los dos Pa Kuas

El Pa Kua es un símbolo octogonal que significa muchos de los secretos del feng shui. Representa un instrumento especial constituyente como parte crucial de la práctica del feng shui. Puede ser empleado como apreciación o como protección.

CADA UNO de los ocho lados del Pa Kua posee varias asociaciones, incluyendo una dirección, un elemento, un miembro de la familia y un órgano.

Más significativamente, en cada lado del Pa Kua está uno de los ocho trigramas radicales del *I Ching*. El modo en que estos trigramas se hallen colocados en torno de los diferentes lados del Pa Kua determina de qué clase es este. Existen dos disposiciones de estos trigramas y por tanto dos tipos de Pa Kua: el Yin Pa Kua y el Yang Pa Kua.

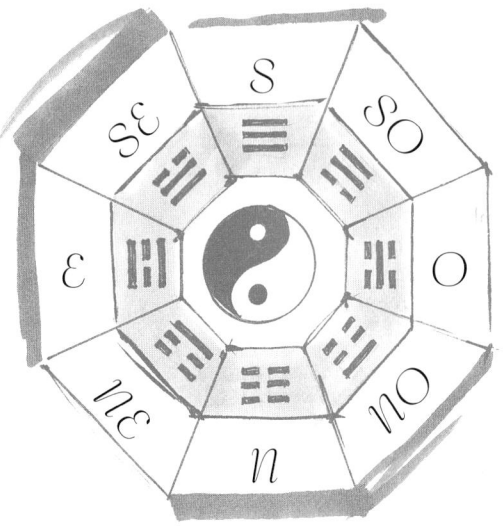

*La disposición de trigramas del **Yin Pa Kua** crea una energía protectora yin cuando es colocada fuera de la casa.*

El Yin Pa Kua

Aquí los trigramas se hallan dispuestos conforme a lo que se ha descrito como pauta cíclica, en donde aparecen situados como pares de opuestos. Esta ordenación recibe por lo general el nombre de Temprana Disposición Celestial. El trigrama más importante, Ch'ien, que representa al cielo y al patriarca, se halla ubicado en el Sur, y directamente opuesto en el Norte se encuentra la matriarca, el trigrama K'un. Estos dos son, respectivamente, los trigramas definitivos yang y yin. En consecuencia, no hay nada más yang que Ch'ien ni nada más yin que K'un. De la colocación de los trigramas en el Yin Pa Kua se dice que posee un poder intrínseco capaz de controlar el chi shar o energía asesina. Así se emplea la disposición en torno del Pa Kua para desviar las flechas venenosas de los caminos rectos, las confluencias T y otras estructuras nocivas. El Yin Pa Kua constituye esen-

cialmente un instrumento remediador en la práctica del feng shui.

Nunca ha de ser exhibido o colgado dentro de la casa. Jamás debe ser utilizado para contrarrestar las flechas venenosas que se hallen presentes en el seno del hogar. Al destruir el chi shar de la flecha emponzoñada, también dañará a los residentes que inadvertidamente sean alcanzados por el Pa Kua. Recalco con fuerza este punto porque soy consciente de la existencia de individuos que se hacen pasar por maestros del feng shui y venden espejos del Pa Kua recomendando que se cuelguen dentro de la casa. Por favor, no lo hagas, porque resulta muy peligroso.

15 Entendimiento del Yang Pa Kua

Este es el diagnóstico del Pa Kua empleado para analizar el feng shui y el flujo del chi de todas las habitaciones de que consten hogares y oficinas.

L A colocación de los trigramas en este Pa Kua es la Posterior Disposición Celestial, y aquí reflejan la premisa de que la relación entre los opuestos de la Temprana Disposición Celestial ha dado lugar a cambios. La filosofía que radica tras este Pa Kua es la de la inevitabilidad del cambio. En consecuencia, el trigrama situado en el Sur ya no es Ch'ien sino Li, y el trigrama del Norte ya no es K'un sino Kan. Los trigramas definitivos yang y yin se encuentran ahora colocados respectivamente en el Noroeste y en el Sudoeste.

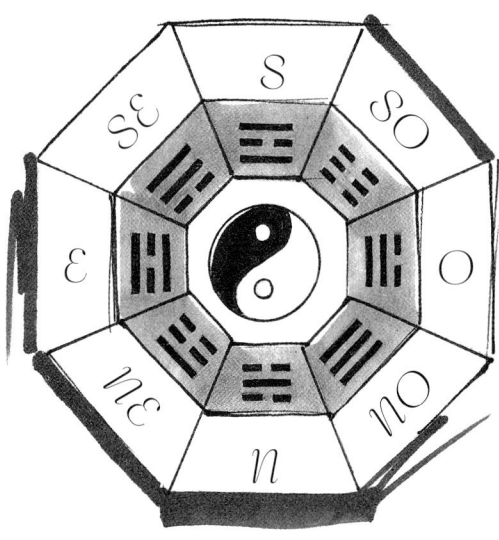

Colocación de los triagramas

Si dedicas algún tiempo a tomar nota de la disposición de los trigramas y su colocación en torno de este Yang Pa Kua, comenzarás realmente a comprender la base fundamental de la práctica del feng shui. Por ahora te basta con saber que utilizamos el Yang Pa Kua para el análisis de nuestra práctica del feng shui y no el Yin Pa Kua, que es más adecuado para las moradas del yin o tumbas. Para la práctica del feng shui, has de aprender por tanto los atributos de cada uno de los lados del Yang Pa Kua.

El Pa Kua contiene seis anillos que proporcionan una información diferente al profesional del feng shui (véase indicación 16). El primer anillo se refiere a la aspiración en la vida, por ejemplo perspectivas profesionales o reconocimiento y fama; el segundo, a la dirección de la brújula; el tercero, al color del

*El **Yang Pa Kua** es el utilizado en el análisis del feng shui. La diferencia entre este y el Yin Pa Kua estriba en el modo en que están dispuestos los trigramas. La disposición de los trigramas que aquí aparece es la conocida como Posterior Disposición Celestial. Refleja la esencia del yang feng shui, la naturaleza cíclica de la energía, y muestra el modo en que cabe ponerla en marcha para crear y acumular preciadas cantidades de energía yang. Es esta energía joven la que aporta vida, actividad, éxito y gozo a los espacios vitales. En los trabajos avanzados del feng shui, se combinan ambos Pa Kuas para analizar las masas terrestres en torno del hogar.*

Elemento; el cuarto, al Elemento, como Agua o Fuego; el quinto, al trigrama; y el sexto, al propio carácter de este.

16 Cómo emplear el Yang Pa Kua en la práctica del feng shui

Llegamos a la primera y más fácil manera de practicar el feng shui. El Pa Kua posee numerosos y diferentes anillos con diversos atributos para promover tu hogar.

Lo denomino método de las Ocho Aspiraciones de la Humanidad, tal como se hallan expresadas por los ocho trigramas radicales del *I Ching* que están dispuestos en torno del Pa Kua octogonal. Advierte que cada lado representa una dirección. Como son ocho los lados, se encuentran expresadas las ocho direcciones de la brújula en torno de un punto central.

En las páginas anteriores aprendimos a tomar direcciones y a identificar las diferentes direcciones y los sectores de la casa. Ahora tendremos que analizar el Yang Pa Kua con objeto de transferir a tu hogar los atributos de cada uno de los ocho lados del Pa Kua y de tal modo que la calidad del chi en cada sector de tu casa sea promovida a través de técnicas del feng shui preliminares, pero extremadamente fundamentales.

Estudia primero las numerosas capas de significados asociados con cada uno de los ocho distintos lados del Yang Pa Kua que aquí aparece. Fíjate en que cada sector de dirección contiene distintos atributos que brindan claros indicios sobre la manera en que una parte de cualquier espacio vital puede ser fortalecida, vigorizada y promovida. La energía de un sector específico tiene también un aspecto yin o yang y cada uno es representativo de la energía del Elemento correspondiente a tal sector bajo esta disposición de los trigramas. En las páginas siguientes quedarán explicadas las implicaciones prácticas de cada una de las capas mostradas en el Pa Kua. Más tarde, cuando sepamos ahondar y comencemos a utilizar las fórmulas del feng shui, los atributos de las direcciones que aquí se presentan en el Pa Kua cobrarán una significación todavía más honda y mayor; dedica, pues, un cierto tiempo al estudio de estos atributos.

Del Yang Pa Kua es posible derivar muchos anillos de características y de simbolismos de elementos que proporcionan una significación a los sectores de la brújula.

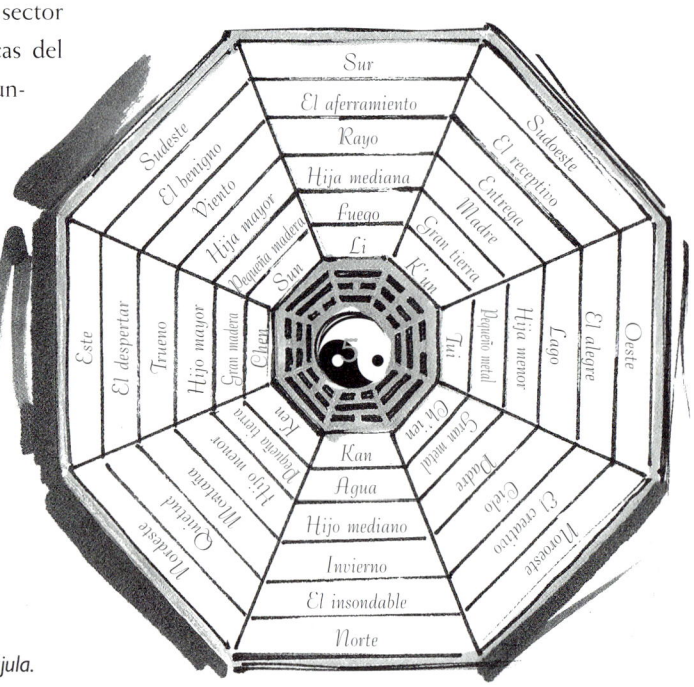

17
Estimación de cada uno de los sectores del Pa Kua

Cada sector de la casa debe ser cuidadosamente estudiado para ver si existen allí desequilibrios de la energía que deban ser corregidos mediante el empleo de los atributos del Pa Kua.

EL uso del Pa Kua pone de relieve los efectos de la ausencia o del relieve de sectores que pueden ser malos o buenos en función del impacto que ejerzan en el feng shui personalizado de los residentes. Un examen minucioso de los sectores indica asimismo el efecto de formas, colores y del empleo de las habitaciones en la fortuna general de la familia.

El modo en que estimes los sectores depende de que utilices el método Lo Shu o el del Gráfico de Tarta. Difiere muy considerablemente el espacio abarcado conforme a cada uno de los dos métodos. Si

El método del Gráfico de Tarta

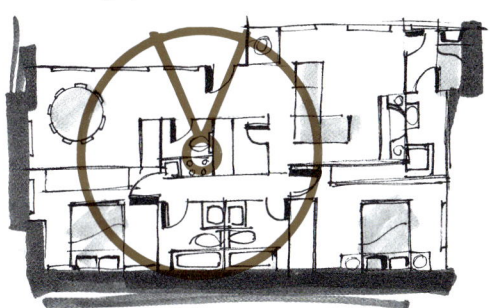

El método Lo Shu

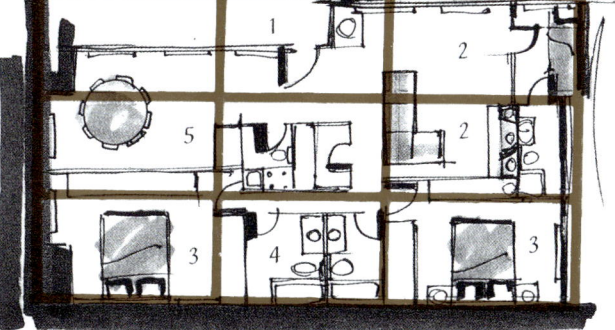

observas los dos métodos usados abajo en los planos de nivel principal, verás cómo difieren considerablemente las estancias y los rincones llamados a corresponder a distintas direcciones de los sectores de la brújula. Si no estás seguro acerca del método que deberás emplear, tal vez desees seguir mi ejemplo y prescindir por completo del Gráfico de Tarta. Siempre he usado el método del Cuadrado Lo Shu para delimitar habitaciones porque me parece el más práctico.

Por añadidura, es posible que a los lectores les interese conocer que los números del Lo Shu constituyen en realidad la base conforme a la cual se hallan expresadas muchas de las más poderosas fórmulas del feng shui. En secundo lugar, habida cuenta de que la mayoría de las estancias de casi todas las casas son cuadradas o rectangulares, el empleo del método de las casillas resulta mucho más fácil desde un punto de vista práctico. Quizá alguno de nosotros consideremos que ciertas estancias corresponden a dos o incluso tres sectores distintos. En tales casos, el saber convencional al que se atienen muchos maestros reputados del feng shui sigue los atributos indicados por el área máxima abarcada en el suelo.

1. *La entrada se halla en el sector septentrional.*
2. *El cuarto de estar se encuentra en el Este y en el Nordeste y se expansiona de modo tal que quedan de relieve el Este y el Nodreste.*
3. *Los dormitorios están en el Surdeste y en el Sudoeste.*
4. *Los cuartos de baño se encuentran en el Sur.*
5. *El comedor está en el Oeste.*

18   Las ocho direcciones y los Cinco Elementos

Probablemente el hecho más significativo que conviene retener en la memoria con respecto a las ocho direcciones es el elemento asociado con cada uno de estas.

D E HECHO, la importancia de los Cinco Elementos —Tierra, Metal, Agua, Madera y Fuego— domina tanto la práctica del feng shui que quienes más saben acerca de la interpretación de los Elementos son considerados los mejores maestros del feng shui en el mundo. Los profesionales de este calibre son aquellos cuyo conocimiento de los Elementos es tan profundo que les basta mirar a un edificio para obtener de inmediato señales potentes de los Elementos de allí que les informen acerca de su suerte.

En consecuencia, para sacar el mejor partido de tu práctica necesitas aprender qué Elemento está asociado con qué dirección. Entendido esto, puedes aportar a tu hogar sentimientos excelentes y un buen chi, garantizando el equilibrio y la armonía de los elementos dentro de cada uno de los sectores. Aquí el Pa Kua simple muestra qué Elemento está asignado a cada una de las direcciones, basándose en la denominada lámina de la Tierra en la brújula. Tienes que advertir que en la práctica del feng shui hay tres láminas: la lámina del Cielo, la lámina de la Tierra y la lámina del Hombre. En el feng shui avanzado, las tres láminas se hallan integradas en la práctica y eso refleja la armonía entre el Cielo, la Tierra y el Hombre. Cada una de las láminas utiliza un Norte diferente, y en la de la Tierra, el Norte es el magnético. No sucede así en las otras láminas. Los principiantes solo necesitan emplear la lámina de la Tierra como punto de referencia, pero resulta útil estar in-

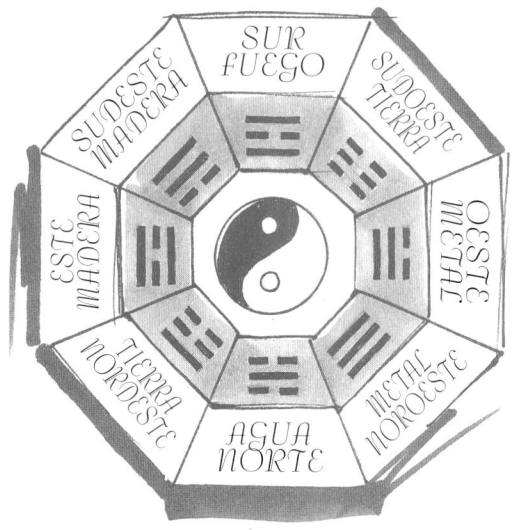

Cada dirección está asociada con un elemento: Fuego, Tierra, Metal, Agua o Madera.

formado acerca de las demás láminas porque no es la misma la asignación de los Cinco Elementos a cada una de las direcciones en las restantes láminas. Cuando lo sepas, no sentirás confusión al encontrarte Elementos asignados a direcciones diferentes de las de aquí.

Elementos Yang

En la práctica general del feng shui aplicamos los Elementos que están asignados conforme al Yang Pa Kua (que aquí aparece). Advierte qué Elemento se halla representado en cada una de las ocho direcciones.

19 Las ocho direcciones y sus significados

Los ocho trigramas primarios, que son las raíces de los 64 hexagramas del *I Ching*, constituyen símbolos poderosos y combinaciones de tres líneas rectas continuas o interrumpidas.

STOS trigramas simbolizan colectivamente una trinidad de principios mundiales que se hallan reconocidos como el Sujeto (Hombre), el Objeto con forma (Tierra) y el Contenido (Cielo). Cada trigrama posee unas series múltiples de significaciones, símbolos y connotaciones. Se hallan dispuestos en torno de los ocho lados del Pa Kua octogonal en dos secuencias reconocidas de las que proceden un gran número de significados que pueden ser muy eficazmente empleados por un profesional del feng shui.

De hecho, se formulan con frecuencia amplias referencias a los trigramas porque sus significaciones brindan indicios valiosos al profesional en cuanto que los trigramas no solo se corresponden con los puntos cardinales y las direcciones de la brújula, sino que también representan uno de los Elementos. Esto se expresa como un aspecto «blando» o «sombrío» que posee una connotación yin y otra yang y también representa a un miembro específico de la familia. En las moradas yang (es decir, las residencias de los vivientes) la significación derivada de las secuencias de los trigramas ofrece conocimientos valiosos sobre el modo en que cada una de las direcciones puede poseer efectos de largo alcance en diferentes aspectos de la fortuna para todos los residentes de una vivienda.

Por tanto, los significados de los trigramas expuestos en el Yang Pa Kua indican que cada dirección simboliza una suerte diferente. Para fortalecer la fortuna de los sectores se requiere una promoción inteligente del Elemento y de su sector relevante. Mira la lista inmediata.

- El Sur afecta a la suerte del reconocimiento. Cuando es promovido aporta honor, fama y una buena reputación. Cuando se ve afligido, causa vergüenza, desgracia, y en el peor de los casos puede conducir al encarcelamiento.

- El Norte representa el éxito en el trabajo. Cuando es promovido, el triunfo sobreviene con facilidad. Cuando se ve afligido, aparecen constantemente bloqueos y obstáculos que impiden que se produzca el éxito.

- El Este aporta buena fortuna a los hijos de la familia y, adecuadamente fortalecido, crea una suerte excelente para la prole.

- El Sudeste trae crecimiento, expansión y riqueza. Cuando se ve afligido, causa pérdidas económicas y mengua de bienes. Muy sensible a los activadores físicos aquí dispuestos. Cuando se ve afligido, padecen los hijos y queda afectada la armonía familiar.

- El Oeste aporta buena salud; cuando se ve afligido, afecta a las mujeres de la familia.

- El Sudoeste representa la fortuna del matriarcado. Cuando se ve afligido, sufren las relaciones y mengua la suerte del matrimonio. Fortalecido, trae la felicidad de la pareja.

- El Nordeste aporta suerte en los estudios y en la literatura. Cuando es fortalecido, este sector proporciona una suerte excelente.

- El Noroeste afecta al patriarca de la familia y proporciona influencia, protección y poder a los residentes. Cuando se halla afligido, causa un daño lamentable al cabeza de familia.

20 Las ocho direcciones y la familia

Otra dimensión del análisis del feng shui del Pa Kua se concentra en los ocho trigramas y en la fortuna asociada con diferentes miembros de la familia: el padre, la madre, tres hijos y tres hijas.

E L feng shui de cualquier hogar debe incluir siempre una investigación de sectores que representan a importantes miembros de la familia, como el padre y la madre. Tienes que asegurarte de que sus rincones de trigramas no se vean afligidos en manera alguna y, si lo están, adoptar medidas inmediatas para remediar la situación. Lee las asociaciones que figuran a continuación y pondéralas atentamente.

El padre está en el noroeste

En el noroeste se halla el trigrama Ch'ien, el más poderoso e importante de los ocho, porque representa al padre. El bienestar, la prosperidad y el rango de la residencia dependen del grado en que sea propicio este rincón de la casa. Vale la pena cerciorarse de que la parte del Noroeste del hogar o del cuarto de estar no se torne desfavorable de cualquier modo, bien debido a la presencia de cuartos de baño, de objetos de ángulos tajantes, de colores equívocos o de la ausencia de un fuerte yang o energía masculina. Contrarresta todas esas aflicciones mediante la disolución o bloqueo de todo lo que pueda ser nocivo allí. Cuando el Noroeste de cualquier casa se halla afligido o falta, revela a un patriarca débil o inexistente. Toda la familia padece, así que coloca una luz brillante dentro de los cuartos de baño del Noroeste para combatir el efecto negativo y haz fuerte la energía del elemento Metal mediante la inclusión de sonerías y empleando pintura blanca.

Cada una de las ocho direcciones del Yang Pa Kua se halla asociada con un miembro de la familia. Comprueba las áreas de tu casa que representan a cada una de las personas. La eliminación de las aflicciones en tales sectores puede contribuir a mejorar su suerte.

La madre está en el Sudoeste

En el Sudoeste se halla el trigrama K'un, igualmente importante, que es el arquetipo de lo maternal o de la madre tierra. Este trigrama de rincón, representado por tres líneas yin quebradas, simboliza la nutrición y la entrega. Posee un fuerte poder yin y significa las relaciones, el matrimonio y el bienestar de la familia. El rincón también afecta a la fortuna de las mujeres de la casa, así que no deberá hallarse afligido en modo alguno. Aquí es posible que los cuartos de baño supongan obstáculos a la felicidad en los ma-

Los ocho trigramas primarios

Los ocho trigramas poseen propiedades yin y yang. Advierte que el Ch'ien, por el padre, posee tres líneas continuas, denotando un grado máximo de yang o energía masculina. K'un es el opuesto y significa el máximo de energía femenina o yin.

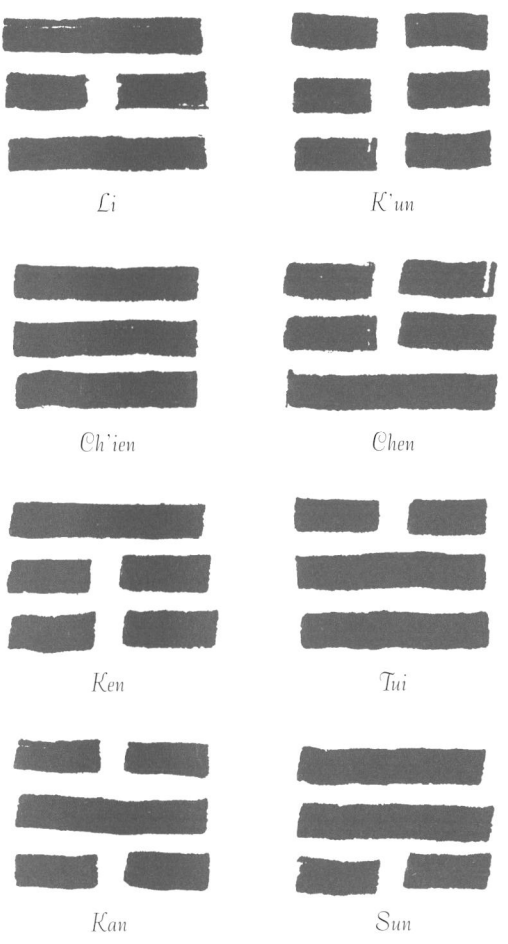

Li   K'un

Ch'ien   Chen

Ken   Tui

Kan   Sun

trimonios de las hijas. Cabe curar este sufrimiento pintando la puerta de un color rojo intenso por fuera o mediante la colocación de una planta alta dentro del cuarto de baño. La matriarca de la familia padecerá cuando el Sudoeste se halle afligido; asegúrate, pues, de hacer algo al respecto. Cuando el Sudoeste

esté protegido de tal modo, quedarán fortalecidas todas las más nobles cualidades de la maternidad, aportando buena suerte a la familia.

El hijo mayor está en el Este

La tercera localización importante a la que prestar una gran atención se encuentra en el Este, en donde el trigrama gobernante es Chen, que encarna el espíritu del primer descendiente masculino. Cuando este rincón se halla afligido, el hijo mayor corre un riesgo. Si se torna propicio, brilla con fuerza aportando honores a la familia. Cuando un cuarto de baño ocupe esta zona, cuelga de allí unas sonerías. Si falta el Este, pon una gran planta cerca del área ausente con el fin de estimular el chi afortunado para el hijo mayor.

La hija mayor está en el Sudeste

En el Sudeste reside el trigrama Sun, que encarna al espíritu de la hija mayor. Este es el rincón que aporta prosperidad. Una vez más, es preciso que este espacio se halle protegido y que no falte.

Localizaciones de los hijos menores

• El Norte (trigrama Kan) representa al hijo mediano de la familia.

• El Sur (trigrama Li) significa la hija mediana.

• El Nordeste (trigrama Ken) es el lugar del hijo menor.

• El Oeste (trigrama Tui) representa el sitio de la hija menor, que aporta alegría.

21   Las ocho direcciones y el cuerpo

Las orientaciones del feng shui en el hogar y el flujo continuado del chi por los diversos sectores afectan asimismo al bienestar y la salud de los residentes.

El trigrama Ken se relaciona con las manos.

El trigrama Li está vinculado con los ojos.

En función del grado en que esté afligido cada uno de los sectores, pueden plantearse problemas específicos que amenacen a las partes del cuerpo simbolizadas por las diferentes direcciones. Estas se hallan basadas en los trigramas del sector y en sus Elementos.

Las partes internas del organismo se ven afectadas cuando los Elementos del hogar son débiles y se encuentran afligidos. Así, cuando el sector del Fuego (Sur) está negativamente influido, bien por la falta de armonía causada por la colocación del mobiliario, unas formas inconvenientes, unos colores discordantes o en razón de nocivas estrellas volantes (formulación del feng shui), entonces el órgano interno asociado con el Elemento Fuego determinará problemas al residente que permanezca en el Sur. El entendimiento de la relación entre los órganos del cuerpo y los Elementos según las ocho direcciones proporcionará, pues, una gran amplitud a tu práctica del feng shui.

El corazón y el intestino delgado corresponden al Elemento Fuego; los riñones son del Elemento Agua; los pulmones y el colon pertenecen al Elemento Metal; el hígado es del Elemento Madera, y el bazo y el estómago son del Elemento Tierra. Eso significa que cuando el Norte padezca, los residentes que allí duerman y que no se sientan bien pueden sufrir problemas de los riñones o de la vejiga. Cuando el Este y el Sudeste manifiesten problemas de salud, quienes allí se encuentren tal vez padezcan afecciones relacionadas con el hígado o la vesícula biliar. Quienes estén en sectores de la Tierra, el Sudoeste y el Nordeste, son vulnerables a trastornos del estómago o del bazo.

Las orientaciones en el seno del hogar se hallan también asociadas con partes del organismo. Así, el Noroeste está vinculado con la cabeza. Si el Noroeste se halla, por ejemplo, negativamente afectado, los residentes que allí duerman tal vez sufran jaquecas y otros trastornos asociados con la cabeza. Mediante el empleo del mismo análisis, presento a continuación un sumario de las partes del cuerpo afectadas conforme a los sectores afligidos de la casa.

Lenguaje corporal del feng shui

- El Norte (trigrama Kan): Oídos
- El Sudoeste (trigrama K'un): La enfermedad ataca a las mujeres mayores y a la nariz
- El Este (trigrama Chen): Pies y cabellos
- El Sudeste (trigrama Sun): Nalgas y dolores del cuello
- El Oeste (trigrama Tui): Boca
- El Nordeste (trigrama Ken): Mano y dedos
- El Sur (trigrama Li): Ojos
- El Noroeste (trigrama Ch'ien): Cabeza

22 Las ocho sustancias indicadas por los trigramas

Existe una relación estrecha entre las diferentes fórmulas del feng shui y los trigramas del Pa Kua. El conocimiento de las ocho sustancias asociadas con cada trigrama promueve un saber valioso al respecto.

A la izquierda: piedras doradas en el Noroeste crean la suerte del patriarca.
A la derecha: un pez en el Norte del cuarto de estar trae la suerte de la riqueza.

AQUÍ resumo las ocho sustancias y sus orígenes de trigramas y direcciones de la brújula. El **Fuego** se vincula al trigrama Li en el Sur. Esta sustancia es también uno de los Cinco Elementos. El trigrama simboliza el brillo del fuego y el deslumbramiento del sol. Representa la gloria, el aplauso de las masas. Li denota asimismo actividad y calor. El simbolismo de la sustancia del Fuego es el de un gran hombre que perpetúa la luz, progresando en eminencia. El color de Li es rojo, el rojo intenso que caracteriza a las celebraciones y a las ocasiones felices. Para beneficiarte del chi del Sur, fortalece el Fuego en este rincón.

El **Cielo** está asociado con la jefatura, enormes fuerzas yang y el poder. El trigrama es Ch'ien y la dirección corresponde al Noroeste, el lugar del patriarca. Para atraer la suerte del cielo, pon en acción una energía dorada simulada por objetos metálicos. Con el fin de lograr un buen feng shui para el padre, coloca un montón de pulidas piedras decorativas en el rincón del Noroeste. Cubre de pintura dorada las piedras para simular el oro. Esta es una buena técnica, porque el Elemento del Noreste es Gran Metal, y en términos del feng shui el metal es como oro. El montón de piedras representa al Elemento Tierra en donde se encuentra el oro. Las energías creadas se encuentran en un equilibrio armonioso.

Tierra y Montaña. Estas sustancias básicas se hallan representadas por los poderosos trigramas K'un y Ken. Correspondientes al Elemento Tierra, suponen las fuerzas de la sabiduría maternal que significan auténtico vigor, sustento y felicidad relacionada con la familia. Aquí resulta excelente un montón de rocas, pero no agotes la energía de la Tierra, pintándolas de dorado. También es muy conveniente un grupo de cristales. Las direcciones son Sudoeste y Nordeste.

El **Agua** es la sustancia del poder y de la riqueza. Puede aportar una gran prosperidad o dificultades y sufrimientos; en consecuencia, el chi del agua ha de ser encauzado cuidadosamente. Posee un efecto de doble sentido: colocada en el Norte, el agua trae suerte, pero debes distinguir entre el fluir del agua y su auténtica colocación. Es más fácil operar con las características del agua que obtener la fortuna gracias a su corriente; un acuario en el rincón septentrional del cuarto de estar, por ejemplo, resulta siempre conveniente y beneficioso.

Las otras tres sustancias se hallan simbolizadas por el lago, el trueno y el viento. Se corresponden con los trigramas del Oeste, del Este y del Sudeste. Pinturas y objetos decorativos animan las energías de estas sustancias.

23

El yin y el yang de las cuatro direcciones cardinales

En la práctica del feng shui es útil desarrollar una sensibilidad ante las energías yin y yang. A la hora de disponer todos tus promotores del feng shui, este entendimiento supone la diferencia entre el éxito y el fracaso.

DE una forma semejante a la colocación de la última pieza del rompecabezas del feng shui, la energía yin y yang torna completa toda la imagen. Comprender, pues, sus manifestaciones constituye un punto de partida crucial para el desarrollo de los instintos del feng shui.

Los chinos creen que las fuerzas yin y yang se proporcionan mutua existencia. Así, el yin es pasividad, oscuridad, noche, frío, silencio y quietud; el yang, por otro lado, es positivo, diurno, brillo, cálido, calor, sonidos y actividad. Uno no puede existir sin el otro; sin el yin del frío no hay yang cálido, y sin la luz solar yang, no puede existir luz lunar yin. Otro atributo de la cosmología del yin-yang es que uno contiene la semilla del otro. En el yang hay, por tanto, siempre un poco de yin, y viceversa, de tal modo que cuando surge un exceso de uno de los dos, se dice del espacio afectado que se halla desequilibrado y carente de armonía. Al producirse una situación tal, está claro que allí no puede haber buena suerte alguna.

En consecuencia, en el feng shui el equilibrio del yin-yang requiere la presencia simultánea de ambas fuerzas. Pero como operamos con energía vital cuando hablamos del yang feng shui, es crucial que el entorno tenga siempre energía yang y que nunca haya un exceso de yin. El mantenimiento de este equilibrio delicado entre las dos fuerzas constituye en realidad la esencia de la práctica del feng shui, en lo que de hecho se trata.

Yin y yang para lo masculino y lo femenino

Los aspectos yin y yang de las direcciones suelen estar indicados por los signos + y −, más y menos, positivo y negativo. Cada una de las ocho direcciones contiene, pues, los aspectos tanto yin como yang. En las direcciones cardinales Norte, Sur, Este y Oeste hay más yin que yang, pero esto significa un yang fuerte y un yin débil. Tal situación denota, desde luego, un yang joven, ascendiente y vibrante. La distribución de las fuerzas yin y yang en las cuatro direcciones cardinales es por eso yang yin yin o más menos menos en la primera, segunda y tercera subdirección de cada sector.

Si, por ejemplo, en el Norte hay Norte 1, Norte 2 y Norte 3, el Norte 1 es yang y el Norte 2 y el 3 yin. Los varones han de optar, pues, siempre por el Norte 2 y el Norte 3 como sus direcciones septentrionales más adecuadas, mientras que las mujeres deben elegir en todo momento el Norte 1 como su dirección septentrional propicia. Al obrar así, descubrirás que contribuyes a consolidar la presencia del yin y del yang, fortaleciendo el equilibrio que te aporta en la vida el éxito y la buena fortuna.

Presta siempre atención a este punto concreto cuando operes con tus direcciones y los rincones de tu casa, utilizando este método. Advertirás que el empleo de este método representa el modo óptimo de garantizar que opere en tu favor el feng shui.

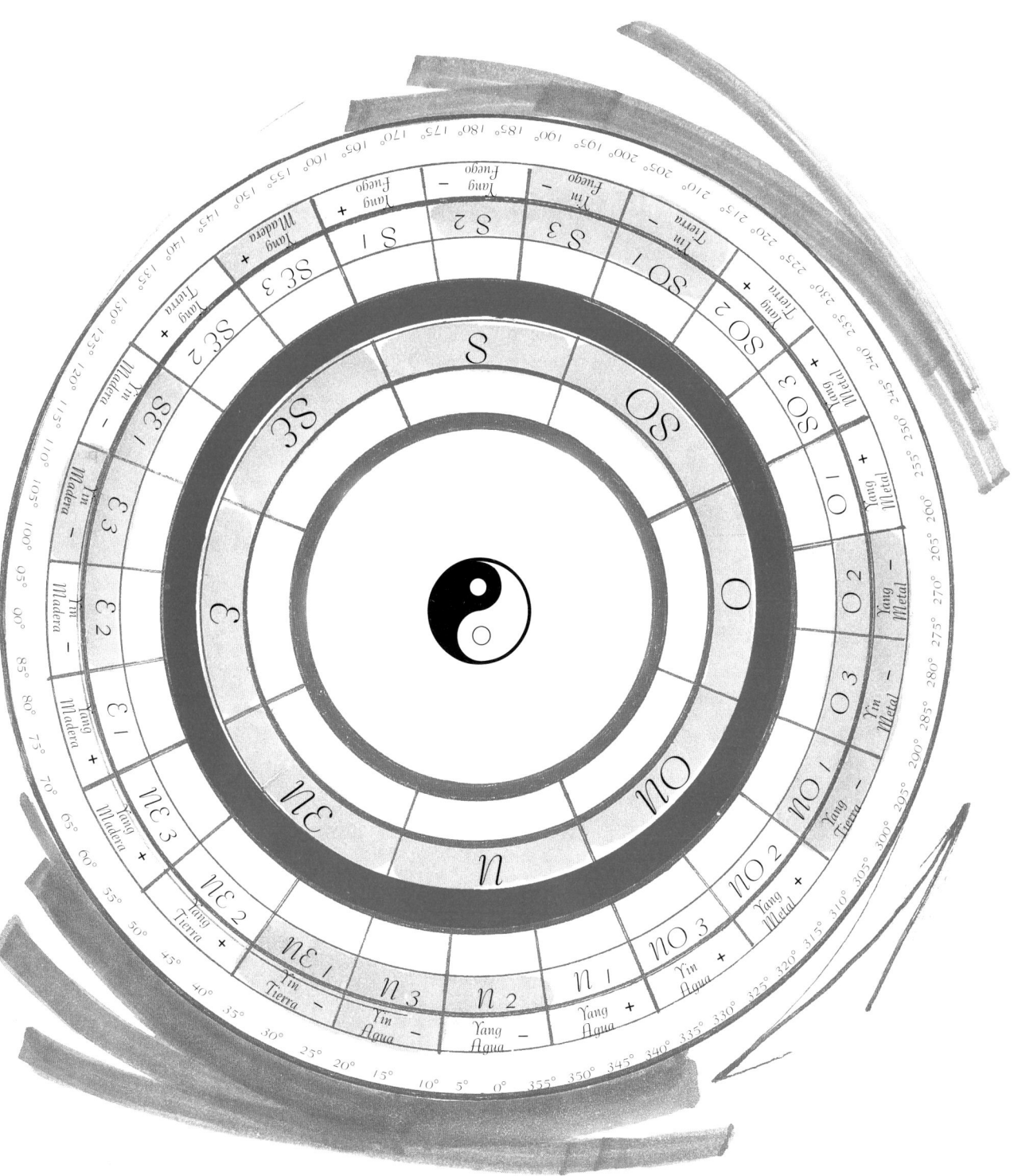

Una brújula Luo Pan china con las ubicaciones del yin y el yan para los cuatro puntos cardinales y las cuatro subdirecciones.

24 El yin y el yang de las cuatro direcciones secundarias

Las direcciones secundarias de la brújula también contienen aspectos del yin y del yang. Como sucede con las cuatro direcciones cardinales, es muy importante estudiar sus atributos.

EN las direcciones secundarias, los aspectos del yin y del yang se hallan también marcados por los signos + y –.

Existen, asimismo, subdirecciones más y menos, así como connotaciones positivas y negativas de las direcciones. Pero aquí, en el Nordeste, el Sudeste, el Noroeste y el Sudoeste (véase la brújula de la indicación 23), hay más energía yang que yin. Esta situación supone un yin fuerte y un yang débil. Indica un yin joven, ascendiente y vibrante, mientras que el yang ha envejecido y se halla cansado. La distribución de las fuerzas del yin y del yang en las cuatro direcciones secundarias es por eso yin-yang-yang o menos-más-más en las subdirecciones primera, segunda y tercera de cada sector. Así, por ejemplo, en el sector del Sudoeste hay Sudoeste 1, Sudoeste 2 y Sudoeste 3. El Sudoeste 1 es yin y el Sudoeste 2 y el 3 son yang. En consecuencia, los varones han de optar por el Sudoeste 1 como la dirección sudoccidental más adecuada, mientras que las mujeres deben seleccionar Sudoeste 2 o 3 como su dirección sudoccidental más propicia.

Esa circunstancia marca la presencia del yin y del yang, y a su vez fortalecerá el equilibrio que te aporta un buen feng shui. No olvides recordar esta particularidad cuando operes con las direcciones y los rincones de tu hogar, y sobre todo cuando abordes las direcciones personalizadas del feng shui de las Ocho Mansiones (véase capítulo 4).

Se trata realmente de una decisiva distinción que te garantiza el éxito en tu trabajo del feng shui. En la página anterior de la indicación 23 aparece una ilustración de las direcciones de la brújula que tiene marcadas las subdirecciones y claramente trazados el yin y el yang. Tales subdirecciones reciben por parte de los profesionales avezados del feng shui la denominación de las 24 montañas, que en sí mismas contienen claves ulteriores para descifrar fórmulas complejas del feng shui. Ahora ya sabes que este término se refiere simplemente a las tres subsecciones de las ocho direcciones de la brújula.

2

Adaptación
del feng shui
a interiores

25 Regulariza la forma del plano del piso principal

La forma y la estructura de cada mueble y elemento decorativo en el interior del espacio vital de cada hogar poseen unas implicaciones para un feng shui tanto bueno como malo.

LOS principios básicos concernientes a unas formas favorables o desfavorables se hallan basados en las circunstancias de que sean regulares o irregulares, de que falten o destaquen rincones, el atributo del Elemento de la propia forma y si esta se asemeja a un símbolo afortunado u hostil.

Formas propicias

Son un cuadrado perfecto o las rectangulares, tanto en el plano horizontal de las estancias como cuando representan la configuración vertical de edificios o muebles. Constituyen las formas de mayor regularidad y resultan las más eficaces a la hora de lograr un buen feng shui.

Formas desfavorables o difíciles

Se estima que crean desequilibrios y un flujo inseguro del chi. Las disposiciones en donde el suelo de la estancia reviste una forma extraña determinan que la fortuna de los ocupantes sea incierta e inestable. Para mejorar su suerte, es preciso regularizar tales formas mediante una colocación diestra de los muebles, a través del empleo de colores en el suelo y las paredes y con una iluminación que suscite perspectivas diferentes. Esfuérzate siempre por regularizar la apariencia de cualquier habitación mediante su decoración interior con el fin de que resulte más propicia.

Formas irregulares

Suscitan la ausencia de ciertos rincones y siempre crean problemas en el feng shui de un interior. La gravedad del problema depende del rincón que falte. Si divides la disposición de tu hogar en nueve casillas iguales (véase indicación 13) y determinas luego las direcciones de la brújula en cada una de las casillas podrás identificar la dirección de la brújula representada por el rincón ausente.

Formas propicias

Formas desfavorables

26

Formas propicias
para interiores del hogar

Cuando aludo a formas, me refiero tanto a la configuración del diseño de toda la casa como a la disposición de cada una de las estancias y de las paredes correspondientes a cada habitación.

Es siempre preferible optar por una forma simétrica regular. En términos del feng shui, todo lo que es irregular o asimétrico indica que algo falta o está incompleto. Un cuadrado entero es por eso siempre mejor que una versión angosta de esa figura y por tal razón no suelen considerarse convenientes para un buen feng shui las ventanas salientes a modo de mirador. Cabe igualmente eliminar las pequeñas irregularidades en los rincones de una estancia. El Pa Kua (o forma octogonal), instrumento de diagnóstico empleado en el feng shui, es siempre considerado como una configuración propicia, sobre todo cuando se utiliza en mesas de comedor o mesitas bajas.

Las mesas cuadradas de comedor son muy convenientes para una familia reducida. La forma sugiere un equilibrio perfecto y una simetría afirmada que crean relaciones cordiales y armoniosas.

Color y forma

La pintura de las paredes debe resaltar siempre la regularidad de su forma.

He aquí algunas recomendaciones sobre el empleo de la forma y del color para lograr la armonía y el éxito de la familia. Las paredes rectangulares más altas que anchas (sin parecer incompletas) están especialmente indicadas en los ángulos del Este y del Sudeste, porque esta forma significa desarrollo y éxito. Esta es la forma del Elemento Madera, y la Madera sugiere la estación de la primavera, una época de crecimiento.

Las formas perfectamente cuadradas, que corresponden al Elemento Tierra, son ideales para el come-

La mesa de comedor en forma de Pa Kua resulta excelente para una familia en donde convivan tres generaciones. Puedes distribuir las sillas conforme a las mejores direciones de cada persona

dor y para la mesa de este, ya que no solo reflejan la estabilidad de la energía básica, sino que la Tierra también representa a la madre. La energía de la forma cuadrangular se halla muy equilibrada y es muy propicia para la armonía de la familia.

Las formas redondeadas denotan el Elemento Metal y resultan adecuadas para las áreas del Oeste y del Noroeste. Es una buena idea crear con diestras técnicas pictóricas un espacio perfectamente redondeado en cualquier pared del Noroeste con objeto de suscitar la buena fortuna del patriarca de la familia. Píntalo dorado para aumentar su irradiación y el simbolismo de la buena suerte. No hagas ese espacio demasiado extenso porque podría resultar avasallador en una residencia hogareña. En grandes salas de oficina, sin embargo, ese espacio grande será ideal dispuesto en el Noroeste.

Vinculación con los elementos

En las paredes septentrionales del cuarto de estar y del comedor puedes utilizar el color para conseguir las formas ondulantes de su Elemento Agua. Así proporcionarás suerte a la carrera profesional de los residentes. Cubre la mitad inferior del muro con esta forma para resaltar la naturaleza básica del agua. El resultado contribuirá al logro de un mejor reconocimiento del trabajo realizado y también promoverá tus posibilidades de ascenso.

En términos de formas, constituye una buena idea evitar el empleo de la del Elemento Fuego. La forma del fuego es triangular y se la considera desfavorable e inadecuada para un interior, sobre todo porque el fuego dentro del hogar puede ser uno de los signos de peligro. Un exceso del Elemento Fuego se revelará abrumador porque la fuerza destructiva del fuego es capaz de aniquilar cualquier buena fortuna que llegue a tu espacio vital. De la misma manera, el agua en el techo supone también un peligro en el feng shui; puede significar que te ahogas y privarte de influencias positivas.

La forma del Elemento Madera

Las paredes rectangulares están indicadas en el Este y en el Sudeste.

La forma del Elemento Tierra

En aras de la armonía, las formas cuadradas son las mejores en el comedor.

La forma del Elemento Metal

Los círculos resultan adecuados en el Oeste y en el Noroeste.

La forma del Elemento Agua

Crea en azul una forma ondulada para el Elemento Agua en el Norte con el fin de obtener suerte profesional.

27

Identifica y aborda las formas desfavorables

Reviste importancia identificar las formas desfavorables para mejorar el flujo del chi en tu hogar. Es posible que tales formas existan en la configuración de tu casa y que estén presentes en la colocación de los muebles.

ALGUNAS de las formas desfavorables más comúnmente halladas y que se reflejan en los planos son aquellas emanadas de una combinación desequilibrada de cuadrados y rectángulos, de modo tal que se advierte la ausencia de algunos rincones y el carácter incompleto de otros espacios.

Los ejemplos aquí mostrados corresponden a las formas en S, N y T. Para remediar el desequilibrio, si no eres capaz de alterar estructuralmente una estancia en razón de la parquedad del espacio o del presupuesto o porque resides en un apartamento, entonces será muy conveniente mantener bien iluminado ese rincón con objeto de incrementar allí la energía yang. De otra manera, la buena fortuna estará ausente de tal área.

Tratamiento de las áreas omitidas

Por lo general, el medio más oportuno de abordar las áreas ausentes es utilizar espejos que lleguen hasta el suelo y susciten el efecto de añadir visualmente un nuevo espacio al rincón omitido. Pero este remedio solo puede ser utilizado fuera de dormitorios y cocinas. Otro método aceptable estriba en promover la energía de cualquier área ausente creando allí más energía yang, bien con sonidos, con colores intensos o con objetos en movimiento. Así fortalecerás el chi que se ha tornado allí lento, conseguirás que se mueva y lograrás una compensación al desequilibrio de la energía en tales lugares.

Diseño en forma de S

Diseño en forma de N

Debes mantener bien iluminados los espacios vacíos.

Diseño en forma de T

28 Rincones ausentes y lo que significan

Se identifican los rincones ausentes conforme a cual sea el omitido en términos de su dirección de la brújula. Su efecto dependerá de que el ausente represente tus buenas o malas direcciones.

INDICA qué miembro de la familia verá su suerte menguada o afectada. También muestra qué clase de fortuna es la que falta.

Según el método Pa Kua del feng shui, cada uno de los ocho rincones de la brújula de cualquier hogar o estancia tiene asignado un tipo de suerte o de aspiración en la vida. Para averiguar cuál es la clase de fortuna afectada, es necesario determinar primero qué dirección de la brújula representa el rincón omitido. Tienes que recordar, como se mencionó en la indicación 7, que debes utilizar una buena brújula para calcular la orientación de las habitaciones de tu casa, y que después que hayas superpuesto las casillas del Lo Shu sobre el plano del nivel principal, podrás advertir inmediatamente qué rincón falta. Sigue leyendo para ver qué tipo de suerte falta del hogar y a quién corresponde. Toma nota además de los remedios sugeridos para cada rincón.

El sector del Sur

Afecta a la fortuna del respeto, el honor, el reconocimiento y la fama de los que desempeñan puestos relevantes o están relacionados con empresas importantes. Si falta ese rincón, podría verse comprometido el buen nombre de la familia o de su patriarca. Para cambiar y corregir aquí la suerte, añade un espejo o alguna luz intensa. El miembro de la familia que se verá afectado por esta fortuna es la hija mediana.

El sector del Sudoeste

Este atañe a la suerte relacionada con el cariño, la familia, el matrimonio y el enamoramiento. Si falta tal área, sobrevendrá un agravio para la vida social y la estimación de la familia. La madre se verá intensamente perjudicada y también menguará la fortuna de las mujeres del hogar. Para corregir la ausencia de un sector del Sudoeste, coloca allí un conjunto de cristales de cuarzo dotados de una luz fuerte.

El sector del Oeste

Un rincón omitido en el Oeste reduce la fortuna de la generación siguiente. A tus hijos les resultará difícil colmar sus ambiciones; carecerán de motivación y quizá se sientan marginados de la familia. Las que saldrán peor libradas serán las hijas más pequeñas, porque el área occidental corresponde a la hija menor. Corrige aquí el desequilibrio de la fortuna, colocando varias sonerías de seis o siete varillas metálicas. Despertarán la energía del metal, logrando enderezar el equilibrio.

El sector del Noroeste

En este espacio, un rincón omitido menguará severamente la suerte del patriarca; en ocasiones es posible que el marido sea acuciado a abandonar el hogar. A la familia le resultará asimismo difícil atraer a

Remedio a los rincones omitidos

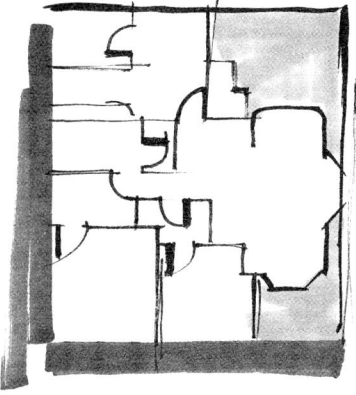

Este plano del nivel principal muestra la ausencia de los rincones del Sudoeste y del Noroeste, que mengua la popularidad de la familia.

personas solícitas o protectoras, circunstancia que considerará como una grave aflicción. Los chinos identifican esta suerte como una de las más importantes a la hora de progresar y alcanzar el éxito. Reviste una importancia crucial el fortalecimiento de esta sección mediante espejos o una ampliación. Si ello no es posible, cuelga seis conjuntos de sonerías de seis varillas para compensar la ausencia del rincón.

El sector del Norte

La ausencia de un sector socava aquí las perspectivas profesionales y el potencial de éxitos de los miembros de la familia. A cualquiera carente de un rincón del Norte le resultará difícil obtener un ascenso en su trabajo o medrar después. El mejor remedio consiste en colocar agua, bien en forma de movimiento como el de una pequeña fuente, o un acuario de peces. Eso crea agua yang que promueve el chi de este rincón y contribuye a corregir el desequilibrio. Un sector omitido en el Norte afecta particularmente a la suerte del hijo mediano.

El sector del Nordeste

La ausencia de un rincón afecta aquí a la fortuna del conocimiento de la familia. Revestirán una gran dificultad los empeños literarios y a quienes se sometan a un examen les costará mucho salir airosos de la prueba. Un rincón omitido en este lugar es una mala noticia para familias con hijos todavía en edad escolar o que realizan estudios universitarios. El mejor modo de corregir la ausencia de un rincón del Noreste consiste en colocar una gran piedra o poner de relieve la energía de la Tierra en este sector pintando la pared con un destacado color terrestre, como el amarillo. Un rincón omitido en el Noreste afecta al hijo menor.

El sector del Este

Un rincón ausente en este lugar afecta a la buena salud de la familia, y los hijos de esta se verán especialmente afligidos. Corrige este espacio mediante la colocación en el Este de una planta robusta y sana. Un sector ausente en el Este es también muy malo para la fortuna de los descendientes, puesto que mina la fortuna del hijo mayor.

El sector del Sudeste

Se trata de una zona en donde una ausencia resulta especialmente funesta porque afecta a la suerte de las propiedades y de los ingresos del rincón. Cuando falta esta parte de la casa, también padece la riqueza familiar afectada de un modo negativo. Establece el equilibrio en el sector pintando la pared de un color verde intenso mediante la colocación de una planta grande. O, mejor aún, cuelga un espejo en la pared y haz que se refleje allí la planta, creando un efecto de jardinería en este lugar específico.

Si empleas una característica yang del agua, también harás milagros en pro de tu riqueza y de tu prosperidad. Un rincón ausente del Sudeste reduce la suerte de la hija mayor.

29 Empleo de espejos para remediar la ausencia de rincones

Los espejos son potentes difusores de energía y pueden ser utilizados en ciertas situaciones para abordar la ausencia de algunos rincones en el hogar. Pero ten cuidado: si los colocas en el sector erróneo, son capaces de originar un desastre.

AMÉN de emplear en el hogar los remedios de los Elementos, como ya se ha indicado, una manera más enérgica de abordar la ausencia de rincones consiste en crear una ampliación o instalar una luz fuerte para elevar la energía de la zona omitida. Por lo general se requiere una superficie cubierta al objeto de que el remedio alcance su pleno efecto. Pero si sufres limitaciones presupuestarias o de espacio, tal vez optes por usar un espejo que ocupe toda la pared con el fin de crear un espacio en donde no existe.

Colocación de espejos de pared

Esta solución solo debe ser empleada fuera de un dormitorio. Es siempre importante recordar que al resolver un problema del feng shui no debes crear otro. Si colocas un espejo de pared dentro de un dormitorio, aportará una gran cantidad de energía perturbadora, que puede tener consecuencias desgraciadas. En consecuencia, el tabú principal en lo que atañe al uso de espejos para compensar la ausencia de rincones se refiere a no colocarlos en las paredes de un dormitorio.

En el boceto de la derecha, el rincón ausente de este apartamento se halla ocupado por el vestíbulo del ascensor. Aquí, como se indica, es bastante fácil colocar un espejo en la pared del cuarto de estar. Si el rincón ausente corresponde a una dirección de la brújula en donde la suerte de una familia es considerada

A la hora de remediar la ausencia de un rincón como el que aquí se muestra, que está ocupado por el vestíbulo del ascensor, utiliza siempre espejos en el cuarto de estar o en el comedor, pero no en cocinas o dormitorios. Debes cuidar de que cualquiera que instales no refleje un cuarto de baño, una escalera, una cama, una puerta o una perspectiva desagradable.

como particularmente importante para las aspiraciones de los residentes, hay que aplicar de manera decidida el remedio del espejo. El dispuesto en este punto tendrá el efecto de expandir visualmente el espacio y de compensar la ausencia del rincón.

30 Recomendaciones para el uso de espejos de pared

Los espejos de pared pueden constituir excelentes características del feng shui si son colocados correctamente para ampliar un espacio propicio o lograr una ampliación visual como remedio a la ausencia de un rincón.

PERO también reviste importancia recordar los lugares en donde no es conveniente en modo alguno de su colocación.

Colocación de espejos

- Los espejos de pared y de cuerpo entero deben ser suficientemente grandes para que no «corten» la cabeza o los pies de alguien; por tanto, es mejor que arranquen del suelo.

- Idealmente, el espejo de pared debe reflejar un espacio propicio y por consiguiente no captar un cuarto de baño, una escalera, un fogón o un horno, y, más importante todavía, no ha de reflejar la puerta principal; de otro modo, crearás la salida inmediata de un flujo de nueva energía chi que acaba de entrar en la casa. Si has instalado de ese modo un espejo, pon algo entre este y la puerta para forzar al chi a parar y desviarse.

- Es mejor no instalar espejos en ningún lugar del dormitorio, sobre todo si reflejan directamente la cama. Esta es una aflicción seria y, en el mejor de los casos, suscitará noches de insomnio y, en el peor, problemas agudos entre los dos miembros de la pareja que duermen en la cama. Si has de contar con un espejo en el dormitorio, jamás lo pongas frente a la cama y cúbrelo de noche.

- Los espejos son excelentes en el comedor porque simbólicamente doblan la comida que hay en la mesa. Pero no coloques un espejo que refleje el fogón de la cocina,

Las piezas de un espejo han de ser grandes y no provocar distorsiones. Unas plantas sanas reflejadas en el espejo doblan simbólicamente el chi propio de la planta.

porque eso acentúa el Elemento Fuego y posee el efecto de suscitar accidentes entre los residentes.

- Son preferibles los espejos de una sola pieza a los de varias, pero si utilizas estas, asegúrate de que no susciten ningún grado de distorsión.

- Los espejos colocados directamente sobre una chimenea constituyen una excelente característica con tal de que no reflejen la puerta. En espacios reducidos como un saloncito angosto, pasillos o pequeños rincones, los espejos se revelan espléndidos conductores del chi. Un espejo en la pared resulta además muy adecuado para romper la monotonía de un corredor largo y estrecho y con el fin de reducir la velocidad del chi.

31 Las esquinas prominentes pueden fortalecer la suerte

Al construir ampliaciones de una casa, se prolonga la fortuna de una esquina y cabe considerar promovida la suerte del miembro de la familia representado por tal rincón.

PERO las ampliaciones que sobresalen deben ser analizadas según el atributo del Elemento de la forma de la extensión. Tienes que cerciorarte de que la forma de la ampliación no represente un Elemento que choque con el Elemento de la esquina o con la forma general de la casa. Es posible realizar este análisis mediante el estudio de las relaciones de los Elementos según los tres ciclos de estos (véase capítulo 3).

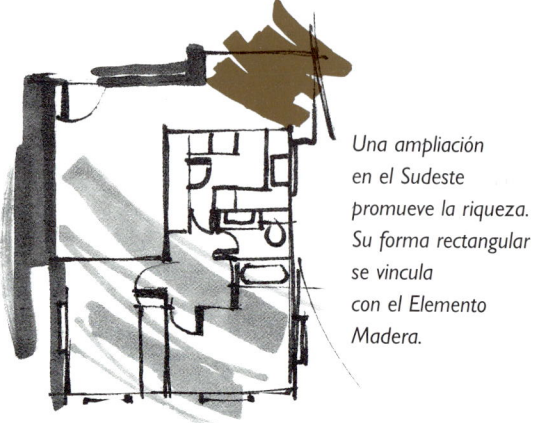

Una ampliación en el Sudeste promueve la riqueza. Su forma rectangular se vincula con el Elemento Madera.

Ampliaciones del comedor

En el ejemplo que presento puedes advertir que esta vivienda posee una esquina sobresaliente en el comedor. Se trata de una circunstancia favorable, puesto que el comedor ejerce un efecto importante en las fortunas de la familia. En este caso, la esquina representada es además la del Sudeste y su fortalecimiento promoverá la suerte económica familiar. También beneficiará a la hija mayor (o única) de la familia. Como esta ampliación no resulta demasiado grande, no avasallará al resto de la casa; y la forma general del hogar es rectangular, lo que significa el Elemento Madera. Ya que la extensión se encuentra en el Sudeste, el Elemento Madera resulta todavía más realzado. Finalmente, la forma de la ampliación rectangular se halla además bien equilibrada con el resto de la casa, así que en términos generales constituye una muestra excelente de una ampliación muy afortunada.

Construcción en el Oeste

Si la prolongación se encuentra en el Oeste, la suerte de los hijos queda promovida, de modo tal que puede ser útil si experimentas problemas en la constitución de una familia. El Oeste beneficia asimismo a la hija menor. Pero una ampliación circular es mejor, porque se relaciona con la forma del Elemento Metal del Oeste.

Cuando la ampliación que proyectes sea un rectángulo que vayas a sumar a otro rectángulo, estará bien equilibrada y no surgirán problemas de choque de Elementos, puesto que la prolongación y la parte principal de la casa tendrán la misma forma.

Si añades una prolongación semicircular, sumas Metal a la Madera, acción contraproducente ya que el Metal destruye la Madera. Tampoco está indicado incorporar una ampliación circular a una casa cuadrada, puesto que el Metal agota a la Tierra.

32 Vinculación a tu hogar de formas de elementos

Existen cinco formas básicas que se vinculan a los cinco elementos y estos brindan unos indicios cuando necesitas analizar la conveniencia de las formas de objetos, muebles y estructuras dentro de tu espacio vital.

Cuadrados o rectángulos

LAS formas cuadradas o rectangulares son por lo general las de utilización más adecuada y representan respectivamente, a los elementos Tierra y Madera. Muebles tales como mesas y armarios resultan convenientes en tales formas básicas porque significan apoyo, seguridad y estabilidad, que están asociadas con la energía fundamental de la Tierra y la energía de crecimiento de la Madera. La forma cuadrada se presta por sí misma fácilmente a la promoción del feng shui radicado en indicaciones de la brújula, y es una de las mejores para su empleo en el hogar; carece de rincones omitidos o sobresalientes, se halla perfectamente equilibrada y se asemeja al Cuadrado Lo Shu. La forma de la Madera suele ser un rectángulo alargado y es considerada muy propicia.

Formas circulares

Las formas redondeadas o circulares corresponden al Elemento Metal. Estructuras redondas y mesitas bajas despiden una intensa energía asociada con el Elemento Metal. También significa oro o dinero, razón por la cual estiman tanto los chinos las mesas redondas de comedor. Se cree que la forma representa asimismo al cielo. Las ampliaciones semicirculares y las ventanas a modo de mirador tienen la consideración de favorables aunque, constituyendo la mitad de un círculo, presentan la connotación desafortunada de ser incompletas.

Los círculos se vinculan con el Elemento Metal, los triángulos denotan el Fuego, y las formas onduladas representan al Elemento Agua.

Formas del fuego

Las formas puntiagudas y triangulares con una cúspide se hallan vinculadas al Fuego y significan por tanto una creciente energía yang. Esta forma suele ser demasiado fuerte para la mayoría de las personas, ya que el yang chi puede predominar en exceso. No suelo recomendarla por tanto para interiores.

Formas del agua

Estas formas son onduladas. Se trata de un Elemento óptimamente representado como tema de objetos artísticos decorativos y en motivos de tramas y diseños para la ornamentación de interiores o en configuraciones de cortinas, por ejemplo, en vez de ser empleado como integrante de muebles o estructuras. Lo que importa es constituir un campo de energía del Elemento deseado y cabe lograrlo de cualquier modo que te atraiga.

33 Formas y sus asociaciones simbólicas

Según muchos maestros del feng shui tradicional, también es posible analizar las formas como energía favorable u hostil en función de su apariencia y de la palabra, el objeto o el animal a que se asemejen.

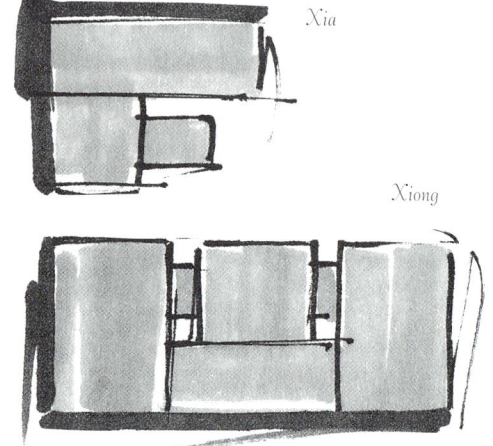

Enotros tiempos se prestaba una atención especial a evitar el empleo de formas que se parecieran a caracteres chinos con significaciones desafortunadas. De modo similar, el diseño de los edificios y los planos de las plantas de estos adoptaban la forma de caracteres con significaciones propicias.

Se estiman desfavorables las dos formas de arriba porque se refieren a los términos chinos que significan «Xia» o «abajo» y «Xiong» o mala suerte. Estas dos formas son por eso consideradas muy inoportunas.

Las formas aquí mostradas se asemejan a los caracteres chinos «Ji», que significa buena suerte, y «Wang», que significa Rey. Como ambas formas tienen la consideración de propicias, se estimaba que el diseño del plano de una planta o de un mueble en tales formas aportaría buena fortuna al usuario y al hogar.

Formas escalonadas o estrechadas

Las formas que semejan escalones o que presentan un estrechamiento hacia la mitad son estimadas desfavorables en razón de unas connotaciones juzgadas negativas. Los chinos siempre se han mostrado suspicaces frente a todo lo irregular y asimétrico, puesto que un desequilibrio de este género constituye un anatema para la buena fortuna. Si no tienes seguridad respecto de una determinada forma, será siempre mejor que optes por aquellas que parezcan completas y equilibradas, con todos los lados de una altura y una anchura similares.

34

Formas propicias
para mesas

Una de las mejores formas de mesa de comedor que cabe emplear en el hogar es la redonda, aunque también pueden promover tu suerte la rectangular, la cuadrada o la octogonal del Pa Kua.

ESCOGE siempre con cuidado la mesa del comedor, porque resultan significativas para el feng shui.

Mesas redondas de comedor

Son siempre las preferidas por los chinos porque, amén de representar el propicio elemento del oro, una forma circular también denota que discurrirá fácilmente todo lo relacionado con la riqueza y el bienestar continuado de la familia. Se considera que padres e hijos disfrutarán de una mayor probabilidad de mantener relaciones armoniosas cuando la mesa del comedor sea redonda. Habitualmente, sin embargo, la mesa redonda de comedor exige al menos la presencia de ocho o más personas con tres generaciones juntas a la hora del ágape. Eso significa que la suerte de la riqueza de la familia se extenderá a lo largo de las generaciones.

Mesas cuadradas y rectangulares de comedor

Una mesa cuadrada de comedor significa la estabilidad del Elemento Tierra, pero no debe reunir a más de cuatro personas. Se considera menos favorable el hecho de tener a ocho en torno de una mesa cuadrada.

Las mesas rectangulares jamás deben ser demasiado largas hasta el punto de sugerir que los miembros de la familia pierden contacto entre ellos. Aunque las mesas largas no estorbarán el crecimiento de la ri-

Una mesa redonda de comedor es siempre favorable; una mesa cuadrada atrae la estabilidad del Elemento Tierra.

queza de la familia, en poco contribuirán a su unidad. Por tal motivo los chinos casi nunca tienen una mesa rectangular larga en los comedores de sus hogares.

Mesas Pa Kua del comedor

La mesa de comedor Pa Kua u octogonal es ideal para el trazado de las ocho distintas direcciones, cada uno de cuyos lados resultará específicamente indicado para un determinado miembro de la familia. Mi propia mesa del comedor familiar tiene la forma Pa Kua, que simboliza a los Cinco Elementos, tornándola muy propicia. Pero coloco en el centro una bandeja giratoria. Ha sido especialmente diseñada en vidrio (para significar la energía estable de la Tierra) sobre el que se talló el símbolo muy propicio del doble pez.

Cuando la mesa del comedor posea un diseño favorable con un máximo de energía yang y se halle constantemente repleta de manjares, las fortunas de la familia subsistirán intactas y se expandirán con el paso de los años.

35

Formas de la suerte para objetos decorativos

Jarros y cuencos rebosantes de agua y de flores constituyen siempre en el hogar un buen feng shui. Al tiempo que generan energía yang, tales objetos decorativos representan a lo mejor de los Cinco Elementos.

ME explicaré. En el feng shui es posible reducir todo el Universo a cada uno de los Cinco Elementos: Tierra, Agua, Fuego, Metal y Madera, y estos poseen siempre un lado yang o un lado yin. Para que las casas disfruten de una buena fortuna y sus residentes gocen de un éxito constante en la búsqueda de la felicidad y de la prosperidad, el lado yang de los Cinco Elementos debe hallarse presente en el seno de los hogares.

Desequilibrios entre los elementos

Si el chi de cualquier casa degenera hasta el punto de que haya un desequilibrio entre los elementos por obra de la escasez o del exceso de uno de estos, sobrevendrán entonces la enfermedad y la mala suerte. Por otra parte, cuando se hallan presentes elementos tales como el Agua, la Tierra y la Madera que son más yang que yin, el feng shui del espacio queda inmediatamente realzado y fortalecido, determinando que el chi discurra en torno con facilidad.

Jarrones y cuencos llenos de agua y con flores crean una buena energía yang.

Jarros de flores

Jarros y cuencos con agua y flores crean de manera muy eficaz la energía yang. Pero es siempre mejor elegir jarros y cuencos que posean formas favorables, porque así contribuirán todavía más a la promoción del chi dentro del hogar. Los jarros resultan más convenientes cuando poseen un cierto cuello y una base más gruesa, pues esta forma indica que el jarro es capaz de retener su buen chi. Jamás debe dejar en casa jarros vacíos en pie. Ha de retirarlos o echar allí algo de agua. Un jarro vacío puede ser causa de una pérdida de ingresos que determine una mengua del nivel de vida en el hogar.

Cuencos vacíos y dispuestos

También los cuencos deben ser gruesos y poseer un borde marcado. Se considera a los cuencos de un modo diferente al de los jarros porque su forma es por naturaleza favorable. Puedes dejarlos vacíos, y muchas casas chinas se hallan desde luego ornamentadas con grandes cuencos en tal estado. Eso significa que el recipiente se halla dispuesto para recibir un buen chi que penetre en el hogar.

Los cuencos de cerámica, cristal u otro material de base terrestre como la porcelana o la china se revelan especialmente propicios, puesto que se cree que aportan una excelente energía básica de la Tierra.

36

Evitar la diferencia de niveles en el hogar

La diferencia de niveles en una casa puede ser fuente de problemas para las personas que vivan allí, especialmente en el caso del patriarca. La inestabilidad de la energía existente será quizá origen de diversos tipos de mala suerte y de infortunios.

LOS profesionales experimentados del feng shui rechazan por lo común la diferencia y multiplicidad de niveles dentro de una casa. Y sucede así porque tal circunstancia es capaz de suscitar serias tergiversaciones en el flujo del chi y afectar a la entrada fácil de la buena fortuna en un hogar. Además, los niveles diferentes determinarán una inestabilidad de la energía. Prefieren que el área principal de residencia tenga un solo piso, y desde luego consideran como fundamentalmente desfavorables aquellas casas constituidas con niveles múltiples. Por mi parte, confesaré que he visto a hogares de niveles múltiples padecer los infortunios más inesperados y horrendos.

Casas con diferencias entre niveles

Una familia notable padeció las consecuencias de una catástrofe después de mudarse a una nueva casa construida con cinco niveles distintos. La multiplicidad de niveles creó dentro del hogar un entorno de inestabilidad que se tradujo en serios problemas para el cabeza de familia. Y aconteció de tal modo porque en este caso la puerta principal se hallaba localizada en el sector del Noroeste y en el más bajo de los cinco niveles. Casi inmediatamente después de trasladarse a la nueva mansión, el padre fue acusado de malversación de fondos.

En otra familia, el patriarca padeció un ataque de apoplejía que lo dejó parcialmente paralizado al poco

Una planta de crecimiento vigoroso situada en el más bajo de dos niveles sugiere desarrollo y movilidad ascendente e igualará los dos planos de energía.

de instalarse en su nueva casa. Esta presentaba también una multiplicidad de niveles. En este caso tal circunstancia se había agravado en razón del hecho de que los techos dejaban ver unas vigas hostiles que parecían cernerse sobre los residentes sentados debajo. Probablemente ambas características muy desfavorables crean la desolacións en la salud y la longevidad de la familia.

37 Remedios eficaces para las casas de dos niveles

Si vives en una residencia de dos niveles y no puedes mudarte, tienes que crear alguna energía básica para estabilizar el ambiente inestable que allí existe.

En el caso de que ocupes una casa de dos niveles y nada consigas hacer para modificar la situación de la existencia de dos o más niveles diferentes del suelo, entonces el remedio más indicado es llevar a la casa gran número de plantas decorativas. Así realzarás la fuerza del chi de la Madera; y como la energía de esta controla a la energía de la Tierra, lograrás que haya dentro del hogar un entorno más estable y firme.

Las plantas decorativas echarán además raíces simbólicas en el suelo y crearán una estabilidad adicional en beneficio del feng shui del hogar. Este remedio es el mejor para superar la inestabilidad de la energía básica provocada por la diferencia de niveles.

Recuerda siempre, por añadidura, que el más bajo de los niveles del suelo debe ser la estancia utilizada como cuarto de estar, mientras que el superior ha de ser empleado como comedor.

La colocación de plantas sanas en el nivel inferior promueve el Elemento Tierra cuando existe una diferencia de planos en el suelo, con un incremento de la estabilidad. Come siempre en el nivel superior e instala el cuarto de estar en el nivel inferior.

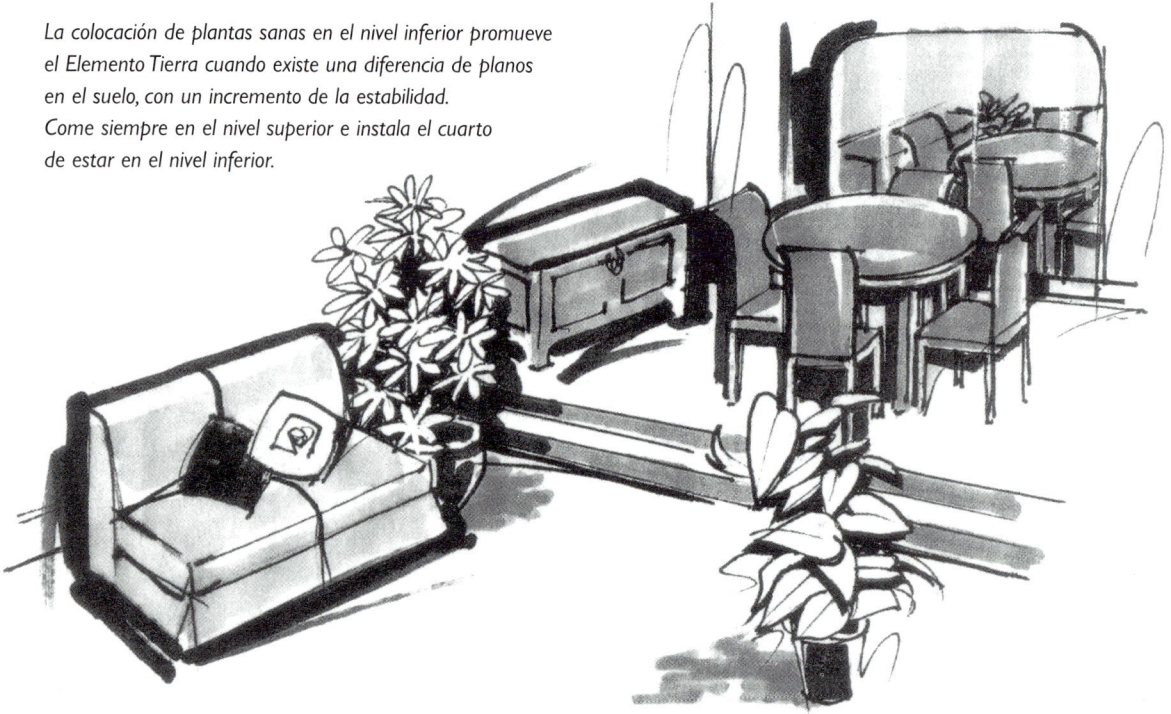

38 El chi debe serpentear

La esencia del buen feng shui está siempre relacionada con el flujo de energía positiva. La propicia siempre fluye lentamente, serpenteando, mientras que la energía violenta y desafortunada se desplaza con rapidez y en línea recta.

Estas características propicias y desfavorables del flujo del chi se aplican por igual tanto en un entorno amplio como en el más reducido del cuarto de estar. Para disfrutar de un buen feng shui resulta imperativo que dispongas tus muebles y coloques tus entradas de tal manera que el chi que penetre en tu espacio llegue lenta pero positivamente. Deberás conseguir siempre que el chi reduzca su velocidad, serpentee, se desvíe y acumule.

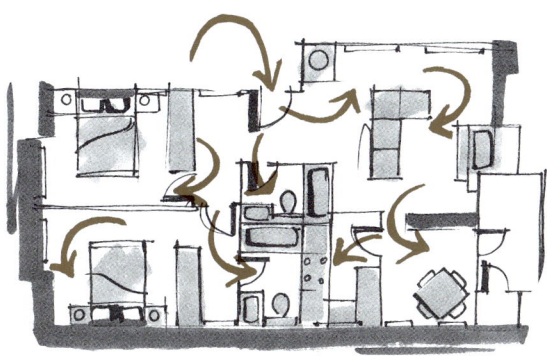

El chi necesita fluir libremente en torno de la casa, sin encontrar a su paso obstáculos que lo detengan.

Chi sano

El chi jamás debe penetrar precipitadamente en una casa. Eso puede ocurrir cuando proceda de un sendero largo y recto que llega hasta la puerta principal o si aparece al final de un largo pasillo ante la entrada de tu apartamento (véase indicación 51).

Has de cuidar de que el chi siempre permanezca vibrante y de que nunca se estanque. Eso sucede cuando hay estancias que han permanecido vacías y desocupadas durante un periodo prolongado, si existe un hacinamiento o cuando nunca se abren las ventanas, de modo tal que predomina un olor a rancio. Las estancias jamás limpiadas tienden asimismo a crear energía añeja.

Flujo del chi

Una vez que entiendas cómo se mueve y circula el chi, serás capaz de aplicar los principios de su flujo a la disposición de tu hogar y a la colocación del mobiliario. Coloca siempre en el centro de cada habitación un mueble situado de tal manera que estimule al chi recién llegado a desplazarse en torno. El chi penetra en tu casa a través de la puerta principal y escapa por las puertas secundarias, las ventanas y la puerta trasera. Dentro del cuarto de estar el chi se mueve suavemente por el espacio vacío y se detiene ante muebles, objetos decorativos o plantas. Cuanto mayor sea la cantidad de chi que consigas que se desvíe y gire, tanto mejor. Las puertas importantes dentro de la casa no deberán hallarse nunca frente a frente, ya que esa circunstancia crea un flujo recto en vez de una corriente serpenteante de energía. Un buen chi llena las estancias con una energía vibrante. Deja, pues, que circule con fluidez antes de esfumarse. El chi propicio es siempre sutil y lento y llena el aire con una energía crujiente y limpia.

39 Coloca diestramente tus puertas

Todas las puertas de tu casa ejercen un efecto significativo en su feng shui, siendo la principal la que reviste mayor importancia al respecto.

S E suele definir la puerta principal como aquella más frecuentemente empleada por los residentes para entrar y salir de la casa. Por lo común no es difícil su identificación. A veces, sin embargo, existen dos o más puertas a las que cabe considerar como la principal conforme a otras definiciones (véase también indicación 10). Estas son las restantes denominaciones de puerta principal:

- La puerta que se enfrenta con la orientación general de la propia casa.

- La puerta en la dirección que posee el máximo de energía yang (como la situada frente a la vía principal).

- La puerta mayor de la casa.

Determinación de la puerta principal

Cuando existe duda sobre la identificación de la puerta principal, los maestros del feng shui acostumbran a elegir aquella que sigue la orientación general de la casa. Pero si dispones de varias opciones, entonces es aconsejable poner en claro que designas a la puerta que más te parece la principal. Si se halla además frente a una de tus direcciones propicias, entonces ciertamente te aportará algo de buen feng shui. Cuando todos los habitantes de la casa, incluido tú mismo, consideréis una puerta como la principal, ese juicio os ayudará a concentrar allí vuestro chi personal.

Si una estancia dispone de dos puertas, es mejor que se encuentren en diagonal una respecto de la otra en vez de enfrentarse directamente. Eso obligará al chi a serpentear, acumulando por tanto una energía propicia.

Colocación acertada de las puertas

En cualquier caso, presta una cierta atención a todas las puertas de tu hogar, desde la principal a la trasera, así como las intermedias y las situadas dentro de cada una de las estancias más importantes. Asegúrate de que se hallen dispuestas de un modo diestro para que no se enfrenten directamente una con otra. He aquí unas cuantas recomendaciones que puedes seguir con objeto de realizar una comprobación:

- Las puertas deben ser del mismo tamaño, si bien en términos ideales la principal ha de tener unas dimensiones un tanto superiores.

- Es más conveniente que las puertas se hallen colocadas en diagonal una respecto de la otra en vez de enfrentarse directamente.

40 Cuenta con una puerta maciza frente a un espacio iluminado

La puerta principal de tu casa debe ser maciza y estar constituida de madera. Es así porque por tal lugar penetra la energía chi y se la considera como la «boca» del hogar.

PARA que una puerta, sobre todo la principal, tenga la consideración de propicia resulta necesario que sea maciza. Eso significa que una puerta de madera maciza siempre será preferible a otra de cristal. En tiempos antiguos, todas las puertas principales de las mansiones familiares chinas no solo estaban hechas de madera maciza, sino que aparecían grandes, fuertes e imponentes. Sucedía de tal modo porque se dice que la puerta principal es la «boca» del hogar y el símbolo de la entrada. Como medida de protección, requiere por tanto ser fuerte y segura.

De dos puertas situadas una frente a la otra se dice que se hallan en confrontación. Determinan que el chi se desplace en línea recta, creando una «energía asesina». La situación más ideal es aquella en que una puerta principal se abre a un espacio abierto tanto dentro como fuera de la casa. Otra manera de promover un feng shui excelente consiste en colocar una luz potente sobre el espacio inmediato y frente a la puerta.

Apertura a un espacio iluminado

Idealmente, debe conducir hacia dentro a un lugar iluminado y hacia fuera a un espacio igualmente con mucha luz. Puede tratarse, respectivamente, de un vestíbulo y de un jardín. El efecto del área clara permite que el chi se asiente, integre y acumule antes y después de entrar en la casa. El efecto reductor de la velocidad del chi transforma todo lo que quizá se haya revelado afligido u hostil en algo más cordial y atrayente. En mi propio hogar, he creado espacios iluminados tan grandes como habitaciones a un lado y otro de la puerta principal. También he colocado fuera un par de perros Fu * y una alfombra roja entre los dos. De esta manera me aseguro de que el chi no experimente ningún problema en la identificación de mi puerta principal.

Mas como tengo una segunda puerta principal (para atender al hecho de que mi marido y yo poseemos distintas direcciones propicias), hago lo mismo con esta, aunque aquí el efecto de la iluminación del espacio sea mucho menor.

Feng shui nocivo

Una importante ventaja adicional de contar con dos puertas «principales» es la circunstancia de que me permite cerrar una durante los años en que se halla afligida por las nocivas estrellas volantes (véase el último capítulo). Se trata de un beneficio relevante que nos libra del mal efecto de las estrellas hostiles y de la enfermedad, mediante el empleo de una puerta alternativa. Recuerda que el chi que afecta a tu feng shui no es estático. Se muestra dinámico y cambia constantemente, influido por la energía tanto tangible como intangible. La práctica del feng shui estriba en el entendimiento de la naturaleza, el flujo y las particularidades de esta energía, lo mismo buena que mala. En numerosas ocasiones el sentido común te ayudará a entender esta energía, pero cuando también conozcas los diferentes métodos de empleo de las fórmulas del feng shui, tu entendimiento de la energía será mucho más amplio. Utiliza, pues, siempre esa comprensión para proteger al feng shui de tu puerta principal. Sea cual fuere la fórmula que uses, si tu puerta principal disfruta de un buen chi y de una energía excelente, todos los residentes de la casa saldrán beneficiados.

Recuerda siempre:

- Las puertas deben abrirse siempre hacia dentro y jamás hacia fuera. La suerte ha de fluir hacia el interior y no escapar, a no ser que se trate de la puerta trasera. Esta es la única excepción.

- Evita siempre la «mirada cara a cara» de las puertas. Con esta expresión me refiero a los pomos enfrentados que a menudo empujan a los residentes a la confrontación, en vez de transigir unos con otros. Sustituye esos pomos por unas manijas largas.

Las manijas largas como la aquí presentada constituyen una buena solución al problemas de los pomos que se «miran cara a cara». La base circular es propicia, y la forma ondulada de la manija evita la creación de flechas envenenadas quizá suscitadas por un diseño más angular.

---

* Míticos leones-perros en cerámica o piedra, empleados como guardianes de los templos budistas y en la actualidad como motivo decorativo. (N de T.).

41 Neutraliza los bloqueos del éxito

Si hay fuera de tu casa estructuras que formen un «bloqueo» o un «obstáculo» a la penetración del chi, son capaces de limitar tu éxito y necesitarán ser veladas o eliminadas.

EL bloqueo del éxito sobreviene cuando hay estructuras en forma de «obstáculos» que parecen amenazar o dañar a la puerta principal. Entre los ejemplos de bloqueos del éxito y de la armonía cabe citar columnas, ascensores que desembocan directamente ante tu puerta principal, árboles, esquinas de edificios y postes telegráficos. Es preciso neutralizar estos bloqueos del éxito colgando el poderoso espejo octogonal Pa Kua (véase indicación 14).

Pero el empleo del espejo Pa Kua requiere cautela. Solo opera cuando cuelgue fuera sobre la puerta principal. Si procedes de esa manera, coloca siempre el espejo frente al obstáculo que tienes que desviar y no, por ejemplo, de cara a la puerta principal de unos vecinos cordiales. Recuerda, una vez más, que nunca deberás colgar el Pa Kua dentro de la casa porque allí es capaz de hacer más daño que bien.

También es posible apartar del campo visual los obstáculos que afectan a la puerta principal. Puedes emplear al efecto gruesas cortinas, una pared, una mampara de un cierto tipo e incluso plantas de follaje, arbolitos o un seto. El método por el que optarás depende de tus propias circunstancias y de dónde se halle situada tu casa o tu vivienda. La clave estriba en bloquear o disolver la energía nociva que emana del obstáculo y se dirige hacia tu residencia.

Cuando la puerta principal se abre directamente frente a un único árbol o un sólido muro, se advierte de manera cotidiana el simbolismo de la obstrucción. Resulta una buena idea decorar el sector para disimular visualmente los obstáculos.

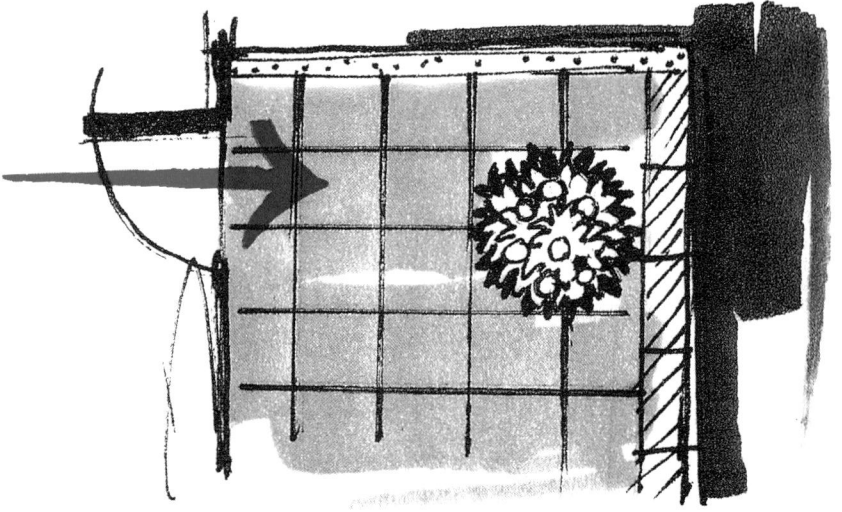

42 Superar al tigre feroz y al dragón herido

Existen varios remedios a los que es posible recurrir cuando tu puerta principal se enfrenta con estas dos aflicciones específicas del feng shui.

TIENES que comprobar si afectan a tu casa alguno de los dos tipos de aflicción o los dos. Son diferentes los problemas que pueden gravitar sobre casas y apartamentos.

Frente a la boca del tigre

Para las casas, eso significa enfrentarse con la entrada de una estación del metro, un largo túnel o, si vives en el campo, con una gruta o entrada cavernosa de algún género. Para los apartamentos, significa que tu puerta se enfrente con una escalera mecánica descendente, con un ascensor o con una descarga de basuras. Se denomina a estos ejemplos la boca del tigre porque el chi ante tu hogar es arrastrado de manera continua hacia abajo y por eso absorbe lenta pero firmemente tu riqueza y determina también una merma de tu salud. Vence la ferocidad del tigre colocando unos fieros leones ante la parte exterior de tu puerta. Se trata de los perros Fu, de los que se dice que poseen la misteriosa capacidad para enfrentarse con el tigre hostil y superarle.

Frente al dragón paralizado

Esta situación sobreviene cuando tu puerta principal se encuentra frente a un basurero, una descarga de desperdicios o una acumulación de desechos. Haz un esfuerzo para que quede limpia esa zona ante tu casa. Vale la pena invertir dinero en esa tarea. Otra situación

Evita colocar cubos de la basura cerca de la puerta principal. Aquí es mejor cambiar de lugar por el de la planta y remediar la presencia de tal cubo con una sonería colocada junto a la puerta principal.

igualmente penosa es aquella en la que tu puerta se enfrente directamente con algo que posea una trama de rejilla. Este efecto puede ser causado por una serie de luces que formen un entramado o cualquier tipo de valla en torno que se parezca al límite de una cárcel. A esta disposición se la llama el dragón herido o paralizado y el chi que por allí pasa camino de tu casa queda deteriorado, determinando tu mala suerte. Con ese tipo de fortuna serás incapaz de lograr ningún género de progreso en tu vida y la enfermedad se asentará con carácter habitual en tu hogar. Por lo común, cuando sospeches de la existencia de un dragón herido, habrás de colocar fuera de tu casa la imagen (pintura o escultura) de un dragón sano con el fin de superar la situación. No te preocupes de que sea bastante grande la figura del dragón.

43

Qué hacer cuando te enfrentes con un dragón dormido

Nunca es conveniente que tu casa se encuentre frente a un aparcamiento o un edificio abandonado, porque el chi rancio y estancado fluirá hacia tu puerta principal. Tienes que emplear remedios para abordar la aflicción de esta energía.

CUANDO la puerta principal del edificio del apartamento o de la casa en que resides se halla enfrente de un aparcamiento, el simbolismo es tan desfavorable como si significase que las cosas tropiezan con un cartel de alto colocado ante ti. Para superarlo, representa una buena idea colocar grandes sonerías a uno y otro lado de tu puerta principal. Pero nunca sobre el propio dintel, y jamás pases bajo una sonería. Los sonidos que susciten enmendarán todo lo que ha llegado a detenerse.

Dragones dormidos

Si te enfrentas con una casa abandonada y en ruinas o con un edificio vacío, tienes que saber que la energía que de allí procede hacia tu residencia se halla seriamente dañada. Los peores en estas circunstancias son los antiguos edificios históricos que hayan quedado deshabitados, porque el chi dentro de tales construcciones es rancio, añejo, viejo y adverso. Tal perspectiva podrá aportarte la ruina o un serio infortunio. Pinta tu puerta de un blanco brillante y utiliza gran abundancia de luces que rebosen de energía yang fuerte y viva. También es posible colocar plantas vigorosas fuera de tu puerta para superar el olor de estancamiento que llega de ese edificio. Los dragones dormidos, como tales construcciones, supondrán quizá un peligro. Si vives frente a un lugar en donde se alzaba un inmueble ahora derribado y construyen uno nuevo, el chi ya no es nocivo. Pero mientras se desarrolle el proceso de edificación, la energía se hallará desequilibrada y perturbada. Protégete de esta aflicción del feng shui mediante la colocación de algún tipo de mampara, la plantación de varios árboles, corriendo las cortinas o el empleo de algunas luces.

44 Remedios para puertas situadas en línea recta

Todas las puertas de la casa son conducciones naturales de energía. Pero cuando dos o tres se hallan dispuestas en línea recta, el chi se torna malévolo.

La colocación de las puertas en línea recta constituye uno de los tabúes más dañinos del feng shui y un problema habitual en los apartamentos. La mayoría de las puertas interiores suelen estar abiertas, y a lo largo de los años, a medida que aumenten los muebles y otras propiedades, tiende a ignorarse la existencia como parte del emplazamiento de puertas que se encuentran en línea recta. Si tal es el caso de la principal y la trasera, cualquier suerte que penetre en la casa escapará al instante por la puerta trasera. Esta es por eso una situación muy desfavorable.

Puertas enfrentadas

Cuando unas puertas se hallan cara a cara directamente, tienden a confrontarse, suscitando choques y una energía hostil. La colocación de un cuadro, la incorporación de un pequeño y decorativo mueble auxiliar o incluso una planta cerca de las puertas servirá para distraer al chi, representando así una cierta clase de curación. Es mejor no utilizar espejos que reflejen las puertas.

Alternativamente, alza un biombo para inducir al chi a fluir en torno. O cuelga una pintura o una sonería para suavizar el efecto y crear un equilibrio.

Otra manifestación de puertas afligidas, que puede pasar inadvertida a los residentes, es la existencia de una puerta corredera como paso a una galería y situada directamente opuesta a la de la entrada. Esta disposición suele ser corriente en grandes bloques de apartamentos. También aquí se disipará el chi casi en el instante de penetrar en la casa.

Aquí aparecen tres puertas emplazadas en línea recta. Con objeto de superar esta situación, es preciso emplear biombos, pesados cortinajes o mejor todavía armarios o mesas bajos ante la puerta del centro. Así el chi se verá obligado a desviarse.

45

Empleo de un caballo como protección

Tal vez existan frente a tu casa otras estructuras que sean causa de problemas, pero cabrá resolver estos. El empleo de un caballo alzado junto a la puerta principal es capaz de proporcionarte protección.

No todas las estructuras emplazadas ante tu puerta principal serán origen de grandes dificultades, así que evita la paranoia respecto de los obstáculos que puedan existir. Muchas de esas características solo determinarán inconvenientes y obstáculos fácilmente subsanables y no deberían constituir un motivo de preocupación para ti. Pero si ahora mismo comienzas a sentirte abrumado por el efecto de estructuras situadas en torno de tu espacio residencial, abandona esa impresión; la atención por el feng shui supone desarrollar una agudez visual y una conciencia de tu entorno. Te ayudará a desarrollar una sensibilidad respecto de las energías que rodean tus espacios residencial y laboral.

¿Qué se te enfrenta?

La siguiente lista menciona algunas pequeñas estructuras y características con las que tal vez se enfrente tu puerta principal, tanto dentro como fuera, y susceptibles de provocar tropiezos. Abórdalas y no te causarán daño.

Cuando colocas un solo caballo en el vestíbulo de tu casa, creas una maravillosa energía yang. Pero es posible que, encabritado, resulte avasallador. Así que sigue tu instinto a la hora de escoger un caballo para asegurarte de que no cree un desequilibrio.

Rasgos desfavorables

Comprueba si existen las aflicciones mencionadas a continuación:

- Enfrentamiento con formas problemáticas; por ejemplo, la de una lápida funeraria aporta enfermedades, mientras que la forma del fuego puede estimular las disputas.

- Hallarse frente a una boca de riego o un cartel de «Se vende» al otro lado de la calle.

- Enfrentamiento con cruces, tanto enhiestas como diagonales.

- Encontrarse ante el tocón de un árbol.

- Estar frente a postes, columnas y otras estructuras verticales.

- Hallarse frente a zonas de recreo infantil, porque toboganes y columpios pueden ser origen de algunos problemas. Y sucede así puesto que se asemejan a flechas envenenadas y determinan la mengua del chi que afecta a tu hogar. Y como por añadidura toboganes y columpios son empleados constantemente, su impacto negativo resulta magnificado.

Un caballo como protección

La superación de estos obstáculos constituye una tarea harto simple. El remedio nos exige seguir el ejemplo de una postura de las artes marciales: «Afirmarse como un caballo». Eso significa asegurarse con tal fuerza que nada pueda hacerte vacilar. El sinónimo del caballo es bien conocido entre los aficionados a las artes marciales. Saben cómo «chor mah», que significa consolidarte de tal modo que nada te conmueva. Aprende a asentar tu casa con fuerza y nada será capaz de alterar tu buena fortuna. La única manera de proceder al respecto consiste en colocar cerca de tu puerta principal la imagen de un robusto caballo erguido; las reproducciones del Caballo Tang son ideales al efecto. Se considera a la imagen del equino como símbolo de la buena fortuna. Además de aportar honor y reconocimiento para tu familia, también significa un fundamento estable.

46 Cuidado con el rayo que cae del cielo

Es posible que tu residencia padezca serias aflicciones en razón de la configuración de algunos edificios de viviendas u oficinas del entorno urbano, especialmente de los más próximos.

EXISTE un grave problema capaz de perjudicar a las personas cuyas residencias se encuentran cara al Sur o al Noroeste. Cuando esta sea la dirección hacia la que se orienta tu bloque de apartamentos, sal e investiga si se alzan enfrente dos edificios altos. Ya resulta bastante malo tener cara a cara una gran construcción; es como hallarse delante de una montaña. Pero si se trata de dos edificios y existe un estrecho vano o hueco entre ambos y tal abertura se orienta hacia la entrada de tu apartamento, entonces el efecto descrito en los libros como chi en forma de rayo y trueno de los cielos pasará por allí convirtiéndose en chi asesino que chocará con tu casa.

El chi que se precipita entre dos edificio altos en el Noroeste o en el Sur simboliza el cielo y el fuego, el rayo caído de las nubes.

Un edificio frente al Sur o el Noroeste

Solo deberás temer esta configuración cuando se halle en la dirección Noroeste o Sur a partir de su residencia. Es más nociva si se encuentra al Sur de tu edificio y frente a tu entrada. Para protegerte, es importante hacer «terreno» tu hogar. A tal fin, y cerca de la puerta de entrada a tu apartamento, tanto dentro como fuera, reserva un espacio de fuerte Elemento Tierra, por ejemplo un suelo de mármol auténtico, de imitación o de granito. Eso tornará «terreno» tu hogar para defenderlo del rayo de chi asesino que cae del cielo.

El remedio mencionado también resulta excelente en el caso de construcciones frente a grandes ante-

nas y vías férreas o en el de residencias que se encuentran bajo las aerovías. Se trata de graves riesgos para la salud.

Pero aunque tales rasgos no te amenacen, es una buena idea disponer ante tu puerta un espacio de material pétreo (cerca de 920 centímetros cuadrados). Puede testar constituido por hormigón, mármol, terrazo, pizarra o incluso cemento corriente, y ejercerá una protección muy eficaz. Si el vestíbulo de la entrada es de piedra, dispondrá de un sistema protector del feng shui. Pero en el caso de contar ya con una alfombra o un piso de madera, considera la conveniencia de instalar un piso de piedra.

47 Identifica tus rincones de la buena fortuna

Dentro del hogar, los rincones de la buena fortuna suelen ser aquellos desde los que es posible trazar una diagonal que a través de una estancia llegue a la puerta principal. Contarás en consecuencia con un rincón de la buena fortuna para la casa y otro para cada estancia.

Si falta ese rincón, tu suerte quedará menguada y deberás a buen seguro instalar un espejo para restaurar visualmente el área. Cuando esta esquina sobresale, se dice que la suerte se dobla si logras fortalecer allí correctamente el chi.

Hallar tus rincones afortunados

Identifica, pues, siempre los rincones afortunados de tu hogar y luego emprende el fortalecimiento del chi en cada rincón para que todo el mundo se beneficie. Examina la siguiente lista para ver cómo puedes proteger, y también consolidar, tus rincones de la suerte. En los dormitorios has de ejercer mayores cuidados y observar los tabúes habituales en tales estancias (véase indicaciones 53-67). Por lo demás, complácete fortaleciendo tus rincones de la suerte. En primer lugar, has de asegurarte de que cada uno de estos no tenga un aseo o una despensa en el otro extremo de

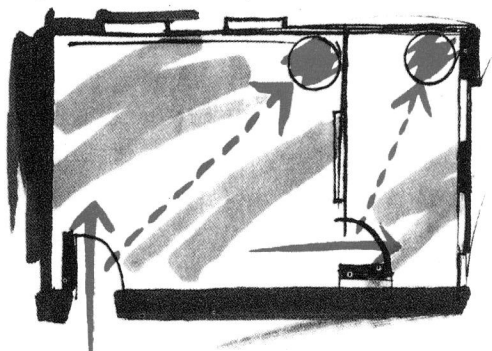

El rincón que se halla en diagonal respecto de la puerta es el de la suerte.

la pared. En el caso de un cuarto de baño situado cerca de la pared del otro lado, coloca allí un objeto metálico para que esa energía contribuya a contrarrestar la energía afligida que se filtre de tal lugar.

Fortalecimiento de tus rincones

Consolida el rincón de la suerte promoviendo su chi:

- Si el rincón se encuentra en el Sur de tu cuarto de estar, coloca allí una planta para simular la Madera, que alimente el Fuego del sitio.

- Si el rincón se encuentra en el Sudoeste o en el Nordeste, coloca luces brillantes para simular el Fuego que alimenta la energía de la Tierra allí presente.

- Cuando se trate de un rincón en el Oeste o en el Noroeste, coloca en tal lugar un grupo de cristales naturales o una estatua de mármol para crear chi de la Tierra que se sumará al oro o el metal del rincón.

- Si la dirección del sitio afortunado del cuarto de estar corresponde al Norte, pon allí una fuerte energía del Metal para promover el Agua, el elemento del Norte.

- Cuando se trate de un rincón del Este o del Sudeste, coloca un objeto relacionado con el agua bajo la forma de un acuario o de un pequeño surtidor de mesa, ya que el Elemento Agua promueve a la Madera.

48 Las escaleras curvas son las mejores

Las escaleras constituyen conductos relevantes del chi en cualquier hogar y es preciso cuidar de que resulten propicias.

CUANDO la escalera no es propicia, el efecto principal estriba en la dificultad de conseguir dinero y ascensos. En consecuencia, si tienes que vivir en una casa o en un apartamento con dos niveles principales, examina con atención la escalera. Las habituales en un edificio de apartamentos y utilizadas por todos los inquilinos se hallarán situadas fuera de tu espacio vital. Pero las escaleras comunes han de poseer también tantos rasgos de un buen feng shui como sea posible

Para empezar, has de lograr que tu escalera sea segura, sólida, ancha y no demasiado pendiente. Son muy desfavorables las escaleras de apariencia precaria con oquedades o agujeros.

Escaleras curvas

Se estima que las escaleras curvas son las mejores porque reducen la velocidad del paso del chi y determinan que serpentee a través de la casa. Las escaleras de caracol no resultan propicias y es preciso limitarlas a la intemperie dentro de un jardín. Pueden ser nocivas en el interior de una residencia y dispuestas en el centro del espacio residencial. En este caso se cree que se asemejan a sacacorchos que dañan el corazón del hogar. Si tu escalera serpentea, pero es sólida y está dotada de una barandilla adecuada, se la considera tan oportuna como otra completamente curvada. Cabe admitir las escaleras rectas; no causan daño alguno, pero tal vez necesites reducir la velocidad del chi si se encuentran frente a la puerta principal.

La posición de una escalera es óptima cuando se halla situada en un costado de la casa y preferiblemente en el del dragón, es decir en el Este, o también cuando esté en el lado izquierdo de la residencia (mirando hacia fuera). No te confundas con esta recomendación. El lado del dragón posee dos definiciones porque a veces se expresa en términos de una dirección de la brújula. Mas con el fin de proceder con seguridad, usa el lado izquierdo para denotar la vertiente del dragón dentro del hogar. Una escalera emplazada en el lado del dragón aporta movilidad ascendente en el terreno profesional y en los negocios.

Idealmente, las escaleras deben ser más anchas en la parte inferior que en la superior, porque eso significa un alud de riqueza que penetra hasta los confines más íntimos del hogar.

Asegúrate, además, de que la escalera no comience desde la puerta principal, porque el chi remontará los peldaños con una celeridad excesiva. En tal caso, utiliza algún tipo de biombo.

Las escaleras curvas atraen a tu casa un chi excelente.

49 Cuidado con lo que coloques bajo la escalera

Es muy importante tener conciencia de todo lo que pones bajo la escalera. Para empezar, nunca dejes allí algo que nunca desearías pisar.

UNA buena amiga mía incurrió por ignorancia en el error de colocar bajo la gran escalera de su hogar el ordenador y la mesa de estudio de su hijo. Visualmente, parecía una buena idea, pero en los tres meses que el pobre chico pasó allí haciendo sus tareas escolares sus calificaciones descendieron tan espectacularmente que toda la familia es ahora firme creyente en el feng shui. Como es natural, cuando retiraron la mesa de la escalera, las calificaciones volvieron a ser normales.

Tabús respecto del espacio situado bajo una escalera

Nunca pongas allí la mesa de trabajo o de estudio de nadie. Más todavía, jamás coloques un altar en ese sitio. Aparte del hecho de que tal gesto es harto irres-

Un trastero bajo la escalera es admisible, pero no pongas allí devocionarios o archivos importantes. ¡Pisarán encima día tras día!

petuoso, crea un karma muy malo que a su vez dará lugar a obstáculos en tu vida. Siempre he dicho a quienes pretendían colocar altares dentro de su casa que debían aprender a proceder correctamente y a observar además el feng shui de su emplazamiento. De otra manera, los altares harán más daño que bien. Y no se te ocurra pensar que los altares son sitios puramente espirituales que nada tienen que ver con tu feng shui. Tanto las prácticas espirituales como el feng shui están relacionados con la energía. Toma nota de las siguientes recomendaciones sobre las demás cosas que habrás de evitar.

Pérdida de riqueza

No montes un bar bajo la escalera. Ese es otro empleo habitual de tal espacio. Bien está que se halle próximo, pero si se encuentra debajo y dispone de un grifo, simbolizará la pérdida de la riqueza familiar: toda desaparecerá por el sumidero. Y si has tenido la desgracia de instalar grifos dorados, estos aludirán realmente a tu riqueza y todo tu oro escapará por allí. Ten, pues, cuidado.

Finalmente, nunca coloques debajo de una escalera algo relacionado con el agua o un estanque. Provocarás un daño a la siguiente generación del hogar y puede influir adversamente en su fortuna.

Cabe instalar un trastero bajo la escalera. Si lo llenas de objetos relacionados con la familia, obtendrás un buen feng shui.

50

¿Qué es lo que hay en lo alto de tu escalera?

En términos ideales, la parte superior de tu escalera debe hallarse frente a una pared adornada con imágenes inspiradoras o propicias. Pero nunca pongas escenas desagradables o fieros animales salvajes.

INVESTIGA, pues, lo que se halla frente a tu escalera cuando alzas la vista. Trata de que no sea una puerta que conduzca a un cuarto de baño. Bien está que desemboque ante un dormitorio, pero es preferible que esté frente a una pared decorada con algunas pinturas agradables o propicias. La pared debe hallarse al menos a 920 centímetros del final de la escalera. En mi casa, la escalera se encuentra ante un muro del que he colgado un gran thangka, un lienzo religioso tibetano del Buda Medicinal. Personalmente, creo que no hay nada más propicio que eso, pero tú habrás de optar por lo que te atraiga.

Una inspiradora obra de arte

Cuelga siempre algo que evoque buenas cosas para ti. Puede tratarse de la pintura de un paisaje interesante, de arte oriental, un barco de vela, todo lo que consiga que te sientas a gusto y que despierte tu atracción.

No pongas imágenes de animales fieros o salvajes porque crearán una influencia amenazadora.

Tampoco es buena idea colgar imágenes de montañas que puedan determinar el bloqueo de tu chi.

No serán asimismo convenientes, ni en definitiva servirán como motivo de tu inspiración, las pinturas con esquinas, triángulos y otras formas hostiles.

Probablemente comienzas a captar ahora la idea del propósito; utiliza, pues, las mismas recomendaciones cuando escojas papel para revestir las paredes.

Lo primero que adviertas al subir cada día tu escalera después del trabajo debe ser una imagen inspiradora o propicia.

Bastante malo resulta que una escalera se enfrente con una puerta, pero es aún peor si se trata de la de un cuarto de baño. Si se encuentra ante una galería, puede ser causa de una grave pérdida de riquezas, así que será mejor cerrarla. Surgirá el mismo efecto cuando se trate de una ventana. Cuando no sea práctica la clausura de la escalera, coloca biombos ante puertas, ventanas o galerías o cuelga pesadas cortinas.

51 Los pasillos son transmisores importantes de chi

Los pasillos afectan intensamente a la corriente de chi que fluye a través de la casa. Los pasillos largos han de hallarse decorados para distraer al chi y lograr que reduzca su marcha y se acumule.

PERO unos pasillos prolongados son también conductores de energía; decóralos, pues, de una manera atrayente. Porque si son largos y rectos determinan que el chi se torne dañino; los maestros del feng shui siempre previenen en contra de la colocación de habitaciones en su extremo. La idea estriba en distraer al chi para disminuir su velocidad. Cabe lograrlo colocando algo que bloquee la perspectiva visual de un largo pasillo: una planta en un gran tiesto, una pintura, una sonería, cañas huecas de bambú atadas con hilo rojo o un pequeño armario.

Si tu habitación se halla situada en el extremo de un pasillo prolongado, el efecto es como hallarse en el nexo de una T, en donde el aliento asesino se precipita directamente hacia ti. Recuerda, pues, que reviste importancia menguar la velocidad de la corriente del chi.

Un pasillo ancho que abunde en objetos atrayentes determina la disminución de la velocidad del chi.

Pasillos mal iluminados

El mayor problema de los pasillos largos y angostos estriba en que, si su iluminación es deficiente, atrapan energía yin o tornan rancio el chi existente. Nada puede haber más desfavorable. Suelo recomendar que, a ser posible, los pasillos sean curvos y que estén bien iluminados.

A la hora de elegir luz para los pasillos, debe hallarse concebida con el fin de estimular las mejores energías del feng shui. No tendrá que haber rincones sombríos en donde se estanque la energía beneficiosa, tornándose añeja e insustancial. Eso es lo que suscita un feng shui malo y puede manifestarse bajo la forma de enfermedades, languidez y fatiga. Siempre que te sea posible, has de permitir que penetre en los pasillos la luz natural. No obstruyas las ventanas próximas con persianas o cortinas. Allí en donde la luz artificial complemente a la natural, ha de ser suave e indirecta.

En el caso de las habitaciones que tienen salida a pasillos, es mejor que las puertas no estén enfrentadas, porque esa circunstancia sugiere un cierto tipo de conflicto entre los residentes en esas estancias. La colocación de cristales en una mesita próxima a esas puertas menguará el desarrollo de un chi hostil, ya que aportarán una excelente energía, sobre todo a los lugares bien iluminados.

52

Que aporten armonía los techos de tu casa

El feng shui de los techos se relaciona con la defensa. Los techos no son para vigorizar un buen feng shui, pero poseen el potencial de crear un desastre en el feng shui de cualquier hogar o edificio.

Es necesario que vigiles lo que tienes encima, dado que una energía nociva surgida de las alturas puede en ocasiones suscitar un grave daño. Muéstrate especialmente cauteloso respecto del grave riesgo de una viga al aire sobre tu cabeza, en especial cuando se trate de pesados elementos estructurales. Cuida también de los diseños inapropiados del techo, capaces de lanzar desde arriba flechas emponzoñadas. Cuando te llega de lo alto un chi malo, simplemente tienes que hacer algo, desplazando de esa trayectoria tu cama o tu silla o, mejor aún, a través de una cierta forma de camuflaje. Recurre a los falsos techos o a la escayola para ocultar las vigas o crear otras con las que componer un diseño. Yo prefiero tapar por completo las vigas al aire, empleando un material sólido.

Espejos por encima

Los techos dotados de espejos son también elementos infortunados porque tienden a crear discordia y perturbación en el seno del hogar y se revelan especialmente peligrosos en el dormitorio. Cuando duermes con un espejo encima de ti, la energía que te llega puede ser muy amedrentadora, así que conviene que lo quites.

El efecto de los aparatos de luz

Por lo que se refiere a los aparatos de luz, todo dependerá del destino que tenga la estancia. Las

Bien están unas cornisas elegantes, pero no duermas bajo nada que sobresalga.

lámparas complejas como una araña de cristal resultarán muy propicias en el cuarto de estar y en el comedor, pero vigila su empleo en el dormitorio porque son demasiado fortalecedoras. Es asimismo buena idea mostrarse prevenido con otros elementos que surjan del techo. Entre estos figuran los ventiladores, las tallas en madera y otras cornisas decorativas. La abundancia de esos rasgos determina el descenso de una energía insana y te recomendaría por eso que los eliminases.

Conviene también mostrarse precavido ante otras particularidades. Unas claraboyas para dejar entrar la luz resultan convenientes solo cuando no ocupan demasiado espacio ni se hallen situadas en el centro del hogar. El centro de la casa debe estar resguardado de los elementos. Los maestros del feng shui sostienen diferentes opiniones sobre la utilidad de espacios abiertos por donde penetre la luz exterior. En mi opinión, la llegada de luz natural exterior es muy buena cosa, puesto que nada aporta más vida que el yang natural de la luz solar. Pero siempre que no penetre en demasía y manteniendo bajo control su efecto. Unos techos de cristal o acrílicos utilizados con moderación traen la buena fortuna del cosmos.

53

Los dormitorios influyen en tu salud y en tu riqueza

Cuando dispongas en tu dormitorio de un buen chi, aportará felicidad a todo cuanto hagas. Un buen chi es especialmente importante en el dormitorio principal, puesto que la energía destructiva posee capacidad para suscitar problemas maritales.

EL feng shui del dormitorio ejerce una influencia significativa en la felicidad marital de una pareja, así como en el bienestar de los miembros de la familia. Cuando el chi del dormitorio es armonioso y conduce hacia una buena fortuna, cada uno de los integrantes de la familia disfrutará de unas relaciones felices y solícitas y desempeñará su papel apropiado en el seno del grupo. No conocerán afecciones, y decididamente no se producirá una separación marital o un divorcio.

Chi malo en el dormitorio

Si el chi en el dormitorio principal no es armonioso, se desarrollará a lo largo del tiempo un gran encono en el seno de la pareja. La relación no crece, falta el respaldo mutuo y no existe mucha felicidad marital. Puede incluso que en el matrimonio se introduzca una tercera parte que conduzca a la infidelidad, las frustraciones, las disputas y las recriminaciones. La comunicación rechina hasta interrumpirse y pronto se impone la energía de la infelicidad.

Un dormitorio con éxito

Recomiendo que las personas se afanen en lograr un buen feng shui del matrimonio porque este reviste una gran importancia a la hora de determinar la calidad de la relación que mantienen con el ser amado. Pero la cohabitación eficaz no se refiere solamente a la felicidad entre dos personas que se quieren. En este caso atañe al más amplio significado del término, porque cuando tu feng shui de la cohabitación es bueno, entonces la felicidad se manifiesta en todas las áreas de tu vida.

Disfrutarás del éxito en el trabajo y en todas tus restantes relaciones. Tu salud será excelente y decididamente contarás con un hogar feliz y con una gran vida familiar. ¿Cómo, pues, asegurarse de disponer de un buen feng shui en el dormitorio?

Para empezar, comienza por observar si la estancia presenta una forma regular. Las configuraciones más indicadas son las cuadradas y las rectangulares. Si la de tu dormitorio es irregular, será conveniente recurrir a elementos decorativos, efectos visuales y un mobiliario que logren una situación equilibrada.

Creación de simetría y de armonía

Recuerda que en el diseño de un buen feng shui, el equilibrio, la simetría y la armonía constituyen normas básicas. Descarta todo lo que se contraponga a estos y te hallarás en la vía adecuada hacia el logro de un buen feng shui. Si cuentas con un cuarto de baño anejo, margínalo y no construyas un dormitorio en forma de L. El cuarto de baño de un dormitorio en forma de L representa a menudo la causa de diversos problemas interrelacionados. Los dos más dañinos son aquel en que falta un rincón, y cuando el cuarto de baño se encuentra en la esquina de la es-

tancia que corresponda a la buena dirección de los ocupantes. Eso determina un apisonamiento de la buena suerte. Ese rincón es también susceptible de crear una flecha envenenada tal vez orientada hacia la cama. Si este es tu problema, disuelve el efecto mortal de ese lugar, bloqueándolo con un camuflaje inteligente en forma de cortinas o de armarios. Pero no caigas en la tentación de colocar plantas dentro del dormitorio.

Estimular la riqueza

Un recurso oportuno para los dormitorios consiste en dormir con un fortalecedor del feng shui situado bajo la cama. Hazte con una cajita de plata o de oro —es admisible que se trate de una imitación— y coloca dentro siete tipos diferentes de cristales. Entre

Si duermes en una cama herida por la aguzada punta de una flecha envenenada que tenga su origen en dos paredes, camufla el rincón con un mueble. La colocación de una mampara provisional, como se indica, simplemente empeorará las cosas; en vez de una tendrás ahora dos flechas envenenadas. Advierte que la puerta que da acceso al dormitorio también perjudica a quien allí se encuentre.

estos deben hallarse presentes los colores de los cinco elementos. Por ejemplo, citrino para la Tierra, jaspe para el Fuego, sodalita para el Agua, caoba para el Elemento Madera y plata u oro para el Metal. Cierra la caja y ponla bajo la parte de la cama en donde se halle la cabeza. Ese es un gran medio de fortalecer tu riqueza y tu relación.

54

Vigila lo que haya en torno de la cama

Cuando prestes atención al feng shui de tu dormitorio, tienes que apreciar todo lo que se encuentre en torno de la cama. Eso significa observar los objetos en términos de las ocho direcciones y también hacia arriba y hacia abajo.

RECUERDA que mientras duermes te hallas en tu estado más vulnerable. Ese es el periodo en que te encuentras en el nivel más hondo de la conciencia, y reviste mucha importancia que el chi circundante sea al tiempo sedante y propicio. Cabe lograrlo de maneras muy diferentes según los distintos métodos del feng shui, la más poderosa de las cuales consiste en la disposición de la cama, su dirección y orientación. Pero incluso antes de llegar a eso, resulta igualmente crucial apreciar lo que tienes alrededor mientras duermes.

La energía en todo

El feng shui está relacionado con la energía. Se considera que todo lo que halla en un espacio vital posee su propia energía intrínseca y que esta puede ser benévola o nociva. Se dice que, por lo común, todo lo que es cortante, puntiagudo o con filo despide un chi hiriente y dañino. Asegúrate, pues, de que no haya nada de eso que apunte hacia la cama o, peor aún, al lugar del lecho en donde descansa tu cabeza; de otro modo serás bombardeado por energía asesina mientras duermas. Incluso cuando tu cabeza esté orientada en la dirección más favorable, basada en eficaces fórmulas del feng shui, tal circunstancia no detendrá a la energía asesina. En consecuencia, un buen feng shui durante el sueño debe empezar por una atenta mirada en torno de la estancia. Examina también lo que existe alrededor de la cama. Desarro-

lla lo que yo denomino visión de 360° y luego mira hacia arriba y hacia abajo. Eso significa buscar al chi asesino que proceda de las diez direcciones, las ocho horizontales de la brújula y las dos verticales de arriba y de abajo.

Estudio de tu dormitorio

No es difícil, empero, eliminar, bloquear o disolver la presencia de objetos nocivos u hostiles. Pinturas, objetos decorativos, los bordes de los muebles y otros objetos del dormitorio cobran una nueva significación una vez que desarrolles una clara conciencia de su presencia. Hay una gran dosis de sentido común en el feng shui. Si sientes que te perturba algo que exista en tu dormitorio, atiende a tus impresiones y limítate a retirar el objeto perjudicial.

Si no te encuentras a gusto con algo que tu pareja, tu madre o tu hermano haya colocado dentro de tu dormitorio, guárdalo simplemente en un armario. En ocasiones, incluso juguetes blandos que parecen tan simpáticos y cariñosos a un niño muy bien pueden antojarse hostiles a otro. Mi consejo es ir con las sensaciones de la persona que duerme en esa cama. Pero no te excedas hasta el punto de caer en la paranoia; trata de mostrarte relajado cuando despejes ese espacio del dormitorio de tu hogar. A partir de entonces estarás ya dispuesto a empezar a estudiar otros aspectos del feng shui de tu dormitorio.

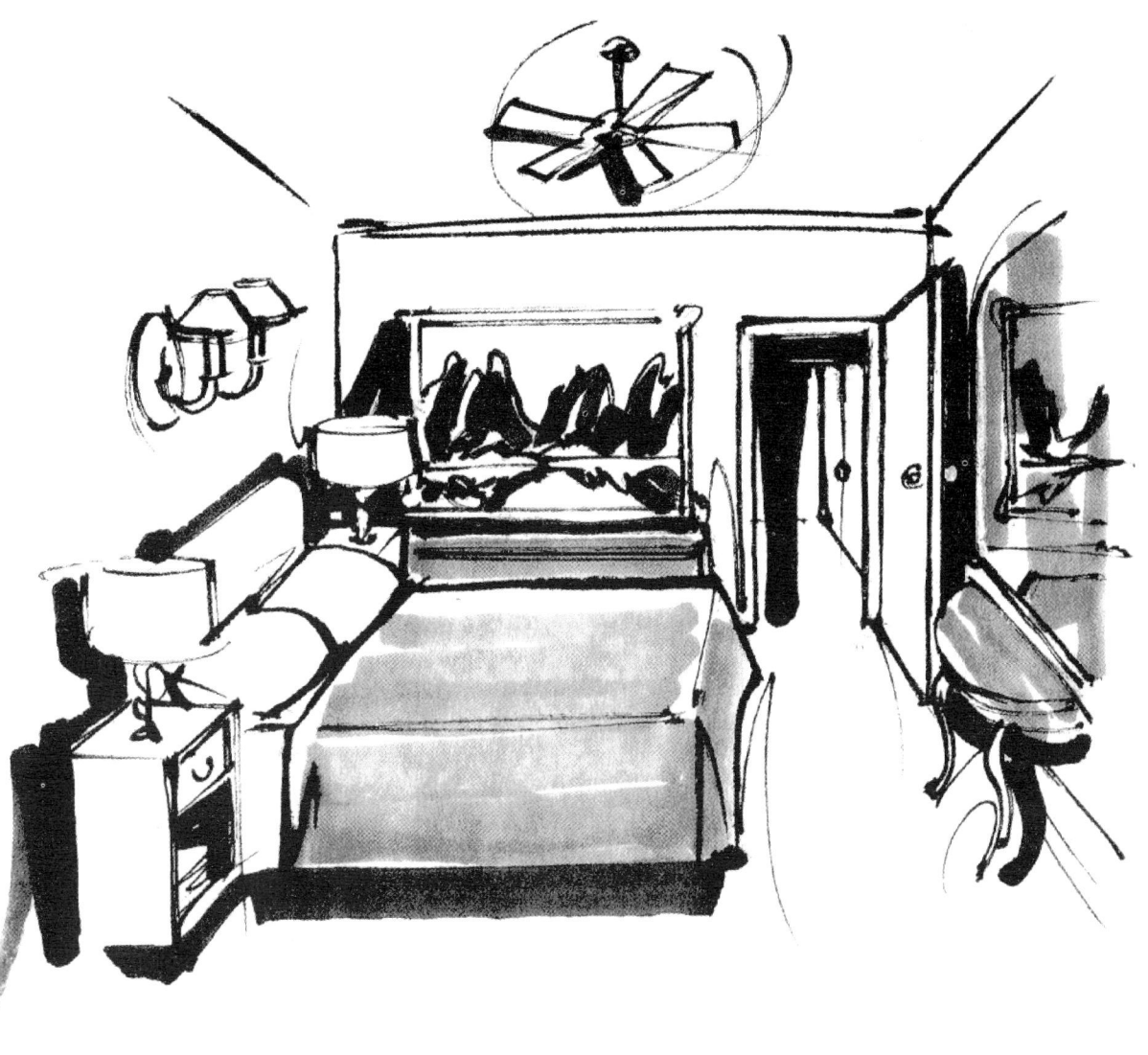

La cama se halla directamente colocada frente a un espejo grande. Este es problablemente uno de los peores ejemplos de espejos en el interior de un dormitorio; determinará que la relación entre los dos miembros de la pareja se deteriore con serias consecuencias. Constituye una buena idea eliminar ese espejo. El ventilador que se halla directamente encima de la cama tampoco resulta conveniente, pero está mejor sobre los pies que sobre la cabeza. No son una característica favorable las lámparas dispuestas sobre las cabezas de la pareja. Es mejor desplazarlas a los costados de la cama. El cuadro próximo a la cama estará muy bien si el motivo resulta adecuado para un dormitorio; temas inapropiados al respecto son los animales salvajes, el agua, un lago o una escena acuática o cualquier tipo de deidad. No es una buena idea colgar en tu dormitorio una imagen de Cristo o de Buda a menos de que estés soltero, en cuyo caso deberás colocar la pintura directamente detrás de ti y nunca enfrente con tus pies orientados hacia allí.

55

Examina los efectos del cuarto de baño en tu cama

Son varios los modos en que un cuarto de baño puede ser causa de un feng shui malo cuando duermes, y es preciso abordarlos firmemente para que seas capaz de beneficiarte de una buena energía del feng shui en el dormitorio.

ATENDIENDO a la colocación de la cama, existen diversas maneras de que un cuarto de baño perjudique al dormitorio

Cuando el lecho se halle colocado frente a un muro y el retrete esté al otro lado, eso significa que el dormitorio comparte una pared con el aseo, lo que supone siempre una pérdida de energía y el hecho de que el chi que llegue a la persona dormida se encuentre muy seriamente afectado. Esta no es una posición apropiada y conviene que la cama sea dispuesta contra otra pared. Si no puedes apartarla de ese lugar potencialmente nocivo, utiliza pintura o papel de color rojo para quemar de modo simbólico la energía nociva que se filtre. El único problema estriba en que el rojo no es el color ideal para un dormitorio. Pero resulta sobremanera menos dañino que la circunstancia de verte afectado por el retrete.

Mas se reducirá la energía mala si la taza del retrete es colocada contra otra pared del cuarto de baño. Con que alejes la cama tan solo un poco del muro

Un inodoro en el plano superior o compartiendo una pared con la cama es origen de una energía nociva.

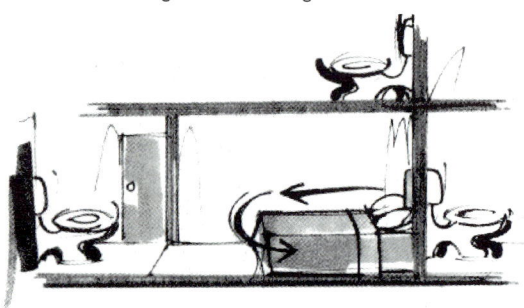

bastará para superar los efectos de un chi malo. Por lo demás, es siempre mejor correr la cama hasta otra pared. Ten presente que incluso si esta es la dirección mejor conforme a la fórmula Kua (véase capítulo 4), no debes utilizarla.

Un inodoro frente a la cama

Si tu lecho se halla colocado de manera tal que la puerta del inodoro se enfrenta directamente con la cabecera de la cama, está en una posición igualmente mala. De ser posible, cambia la situación del lecho. Si no puedes desplazarlo, siempre será mejor mantener la puerta cerrada o reformarla. En el caso de que haya espacio suficiente dentro del cuarto de baño, vale la pena colocar una cortina de plástico para bloquear la vista del inodoro.

Un inodoro en el piso superior

Cerciórate de que no haya un inodoro en el piso superior directamente encima de tu cama. Esta es una de las circunstancias más enojosas del hecho de vivir en un apartamento. Cuando residas en un bloque en donde sea similar la disposición de cada piso, el inconveniente menguará mucho, pero si difiere el diseño tienes que averiguar en dónde están localizados los inodoros del piso de arriba. Podrás entonces colocar de otro modo tu cama para evitar la influencia dañina de un inodoro inmediatamente situado encima.

56

Atención a las vetas de la madera del piso

Deberás cuidar asimismo de que en tu dormitorio no exista nada que interfiera tu chi del sueño.

La aflicción probablemente más evidente referida a este aspecto es el hecho de que las tablas del piso de tu dormitorio vayan en sentido contrario a la disposición de este. Por ejemplo, si tu alcoba es rectangular, las tablas deben extenderse siguiendo la longitud de la estancia en vez de hallarse dispuestas en el sentido de su anchura. De la misma manera, la veta de cada tabla debería ser recta sin parecer interrumpida por las vetas de las tablas adyacentes.

Por la misma razón, los pisos de madera entrecruzada o con un diseño en punto de espina no dan origen a un buen feng shui en el dormitorio porque representan una energía en conflicto.

Si tu alcoba padece algunas de estas aflicciones, cabe decir que su chi no estará en armonía con tu posición durante el sueño. El medio mejor de superar la situación consiste simplemente en tender una alfombra gruesa y de un solo color bajo la cama para que esta no toque el suelo.

Asegúrate de que las tablas de la base de la cama se hallen alineadas de acuerdo con la persona que allí duerme. En caso contrario, podrían enviar hacia esa parte una energía desequilibrada que con el tiempo se revelase bajo la forma de dolores y molestias corporales. Si sufres este problema, emplea un colchón grueso o cambia de cama.

Es preferible un colchón doble

Las parejas que duermen en camas dobles deben emplear un colchón de tamaño doble en vez de dos individuales. Aunque estos se hallen unidos por una cremallera, simbolizarán que existe división en algún punto de su relación.

57

La cama en ángulo plantea un problema difícil

Uno de los dilemas más enojosos en la práctica del feng shui del dormitorio sobreviene cuando tratas de optar por tu dirección mejor basándote en la fórmula de las Ocho Mansiones o de Kua (véase capítulo 4).

STA señala que cada persona nace con cuatro direcciones propicias de la brújula y otras cuatro desfavorables. Una de las aplicaciones más importantes de tal fórmula sobre las direcciones es la obtención de la más indicada para dormir. Aunque en teoría parezca bastante fácil descubrir tus direcciones propicias, en la práctica son escasas las estancias orientadas de tal manera que realmente consigas tener tu cama orientada exactamente en la dirección que deseas. Por lo general, la realidad será que para lograr las direcciones precisas tendrás que colocar tu lecho en un ángulo de las paredes.

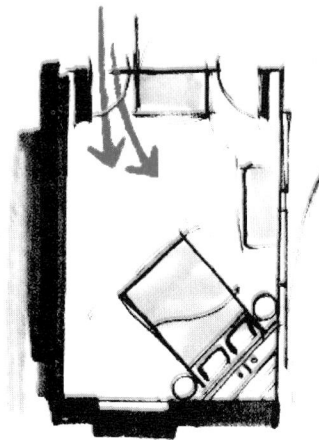

Cuando dispongas tu cama en un ángulo con objeto de sacar partido de tu dirección mejor, asegúrate de que el área triangular tras el lecho esté ocupada, de que en suma no permanezca vacía.

Coloca tu cama en una buena dirección

Para recurrir, pues, a tus buenas direcciones o rehuir las malas, es muy posible que hayas de situar tu lecho en un ángulo entre dos muros. Eso significará alinear tu posición del sueño para que tu cabeza reciba una buena fortuna y el chi del éxito de tu dirección óptima. Podría suponer que acabases durmiendo en una cama carente del sólido apoyo de un muro, lo que a su vez indicaría carecer de respaldo.

Mi opinión sobre la materia es la de que prefiero dormir con un muro completo y sólido tras de mí. Un maestro del feng shui no está de acuerdo con esta idea y se trata probablemente del exponente más ardoroso del feng shui de las Ocho Mansiones. Como lector, tú tendrás que decidir sobre esta cuestión. Yo me siento muy desconcertada y extraña cuando duermo en un ángulo de

las paredes de una estancia. Considero que esa disposición sufre una grave carencia de equilibrio y simetría, dos principios que constituyen los puntos de apoyo de la práctica de un buen feng shui. Y en consecuencia estoy resuelta a prescindir del empleo de la fórmula de las Ocho Mansiones si me veo forzada a elegir.

Afortunadamente, no se plantea este problema en mi propio hogar, porque desde el principio orienté la casa de tal manera que todas las habitaciones tienen paredes en donde resulta fácil aplicar los principios de la formulación del feng shui. Pero de residir en una casa alquilada o en un apartamento, deberás tomar sus propias decisiones. Si pretendes aprovechar tu dirección mejor y no deseas tener un espacio triangular vacío tras de ti porque tu cama se encuentre en un ángulo, coloca allí armarios expresamente concebidos para tal emplazamiento. Este es un recurso que se revela eficaz.

58

Toma nota de los tabúes del sueño en el dormitorio

Existen diversos tabúes del feng shui sobre la forma de colocar tu cama y disponer el mobiliario de tu dormitorio para evitar el chi nocivo.

CUANDO duermes, eres vulnerable a la absorción en tu sistema de un chi infortunado que se manifiesta en desgracias, accidentes o pérdidas. Con el fin de prevenirte al respecto, representa, pues, una buena idea conocer algunos de los tabúes básicos relacionados con la protección contra un chi nocivo en tu dormitorio durante las horas de tu sueño.

Camas en el suelo

Trata de no dormir en el suelo, porque puedes padecer una absorción excesiva de energía yin. El efecto no será tan malo si resides en un apartamento alto y el piso es de madera o está cubierto por una alfombra. Pero quienes viven en sótanos o en el nivel

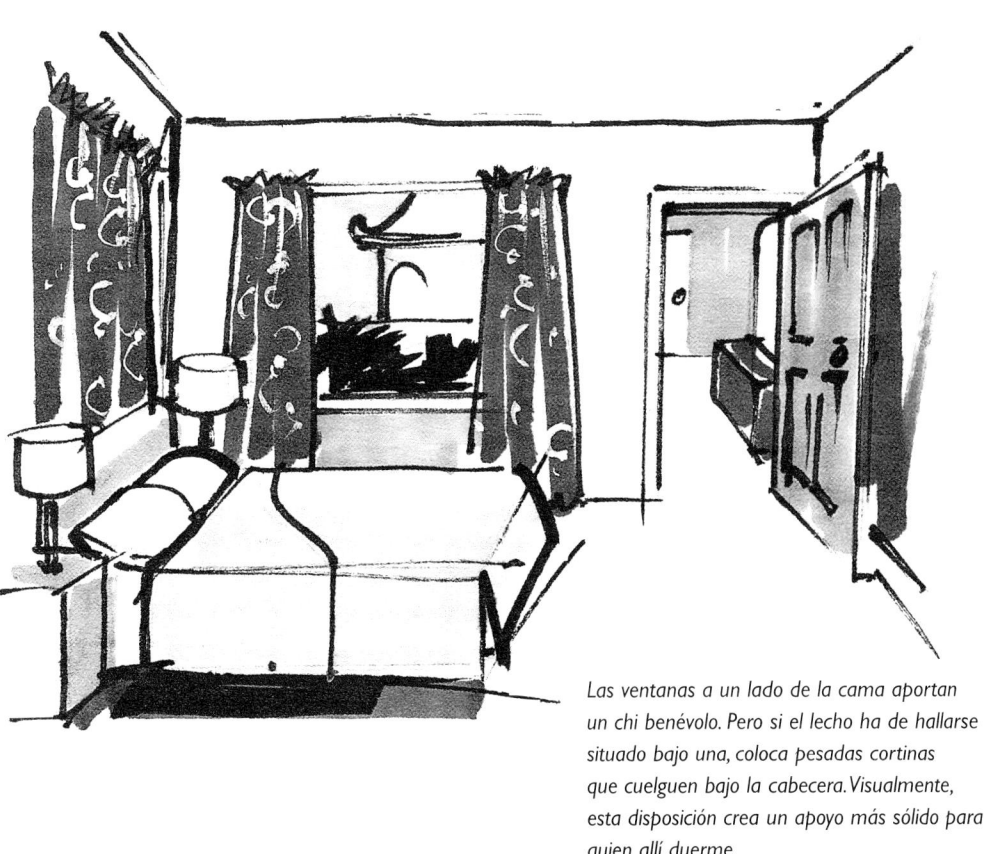

Las ventanas a un lado de la cama aportan un chi benévolo. Pero si el lecho ha de hallarse situado bajo una, coloca pesadas cortinas que cuelguen bajo la cabecera. Visualmente, esta disposición crea un apoyo más sólido para quien allí duerme.

del terreno, deberían abstenerse de dormir sobre el piso. Ese emplazamiento resulta todavía más infortunado si tus pies apuntan directamente hacia la puerta, pues se considera desfavorable tal posición. Tu suerte se verá desfavorablemente afectada y tu salud experimentará un cambio en sentido negativo

No duermas nunca en una cama que sea demasiado pequeña para tus dimensiones. Ese hábito limitará intensamente tu progreso profesional y empresarial. Simboliza además la incapacidad de crecer. Se ven particularmente afectados al respecto quienes duermen en lechos demasiado cortos para ellos. También quedará bloqueado el desarrollo de los niños, de manera tal que debes tomar nota de este problema del feng shui y cambiar las camas de tus hijos cuando crezcan. Un lecho harto grande siempre resultará mejor que otro que sea demasiado pequeño.

Dormir en literas superiores

Tampoco es una buena idea dormir en camas demasiado altas, porque en todo momento correrás el riesgo de un accidente. El medio mejor de prevención en tal eventualidad es asegurarse de que no te lesiones si caes de la cama. Por lo que se refiere a las personas, en general niños, que duermen en una litera superior, esta habrá de disponer de unos raíles que impidan su caída.

La cama debe tener su cabecera firmemente apoyada en un muro que proporcione sólido respaldo. Algunos maestros del feng shui no atribuyen una gran prioridad a esta exigencia específica y declaran que es admisible la existencia de un espacio entre la cabecera y la pared posterior cuando la cabeza apunte a la dirección favorable de acuerdo con el feng shui de las Ocho Mansiones (véase capítulo 4). Según mi propia opinión, siempre que falte detrás un sólido muro, el durmiente se verá sometido a un flujo de energía perturbada, inestable y desfavorable.

Emplazamiento del lecho respecto de las ventanas

En términos ideales, las ventanas de un dormitorio deben hallarse a un lado de la cama mejor que detrás o enfrente. En el caso de que estén situadas tras el lecho, necesitarán cortinas o persianas bien cerradas durante la noche. Las ventanas frente al lecho han de contar con una superficie ligera y transparente para difundir la energía excesivamente vigorosa que penetre por allí. Quienes se hallan en disposición de dormir con ventanas a un lado de la cama se beneficiarán del chi más fresco y benévolo.

59 Objetos sobre y debajo de la cama

Reviste asimismo importancia el mantenimiento de objetos en el dormitorio. Todo lo colocado por encima de la cama, incluso libros, es susceptible de perturbar el sueño. Los objetos dispuestos bajo el lecho también representan un problema. Es mejor mantener ese lugar despejado.

No es una buena idea tener encima de ti algo amenazador o pesado mientras duermes, y sobre todo en la cabecera del lecho. Puede perturbar el chi durante tu sueño o tornarlo inestable.

Los libros dispuestos en estanterías sobre el lecho significan que la persona dormida se halla abrumada por nuevos conocimientos. Si se trata de un estudiante, tal situación suscitará problemas con su trabajo escolar. Experimentará tensiones y presiones y su rendimiento comenzará a reflejarlas. Los libros de textos, notas y trabajos que haya de entregar para su calificación jamás han de hallarse bajo la cama; son especialmente inconvenientes. El simbolismo de dormir sobre tus libros y notas equivale a pisotearlos, y es preciso evitar tal situación a cualquier precio. Si has de guardar libros en tu dormitorio, colócalos en mesas laterales o en estanterías no enfrentadas directamente con la cama. Recuerda que los libros suelen representar la adquisición de un conocimiento y que este jamás debe quedar comprometido por un feng shui deficiente.

Ventiladores sobre la cama

No son recomendables los ventiladores que giran directamente encima del lecho. En otros tiempos, antes de la invención de los acondicionadores de aire, muchos funcionarios y militares de las colonias que vivían en países tropicales de Asia y de África solían dormir con un ventilador sobre su cama. Eso traía por lo general muy mala suerte. Los ventiladores encima de la cama representan en realidad flechas muy ponzoñosas que alcanzan el lecho y que es preciso rehuir. Emplea por el contrario ventiladores colocados en una mesa o en el suelo.

El acondicionador de aire no debe hallarse situado directamente encima del lecho o incluso en una pared lateral, porque tanto el chorro de aire frío como el propio aparato tienden a crear dentro del dormitorio remolinos de yin capaces de provocar enfermedades y noches de insomnio. En términos ideales, ponlo en el suelo o, de no ser posible, al menos a una cierta distancia del lecho.

Objetos preciados bajo la cama

Puedes guardar bajo el lecho dinero, joyas y otros objetos preciados. Eso crea buena fortuna y prosperidad para la persona que allí duerme. Cuando te entregas al sueño encima de tus joyas codiciadas y de tu dinero, significa que estás por encima de tales cosas. De hecho, según el feng shui ritual, cabe colocar diferentes tipos de piedras preciosas bajo la cama para crear distintos géneros de buena suerte y diversas clases de curación.

60 Remedio para un dormitorio afligido por la diferencia de niveles

En la actualidad resulta muy popular el dormitorio constituído en niveles diferentes, pero habrás de cuidar de disponer tu cama en el nivel superior para garantizarte unas buenas relaciones y felicidad.

ESTE tipo de dormitorio suele tener la cama localizada en el nivel inferior o más hundida, y esa no es una situación conveniente. Aunque los dos niveles estén separados por un solo peldaño, si colocas el lecho en el inferior resulta simbólicamente desfavorable. Y sucede así porque se cree que dormir en el nivel más bajo perjudica a todas las relaciones de tu vida y que siempre existirá entre los demás una tendencia a aprovecharse de ti. Serás ignorado en el trabajo, y si astrológicamente es en realidad mala tu suerte, cabe incluso que te conviertan en chivo expiatorio de todo lo malo que sobrevenga en tus ambientes social y profesional.

Duerme en el nivel superior

Nunca es, pues, una buena idea dormir en el nivel inferior. Si realmente deseas contar con una alcoba de diferentes niveles, asegúrate de dormir en el superior. En caso de no ser posible, prescinde de la diferencia de niveles o alza tu cama para que esté al menos tan alta como el plano superior.

Dormir en un nivel inferior es siempre desfavorable. Advierte también que debes tener cuidado a la hora de colocar un retrato de boda. En esta estancia se encuentra directamente frente a la puerta de entrada al dormitorio. Eso significa que se indica al matrimonio la puerta de salida y no será conveniente para la pareja que ocupe la habitación. Por añadidura, la puerta del cuarto de baño envía un chi malo hacia la cama.

61

Qué hacer con un dormitorio afligido por una escalera

Dos son las maneras en que un dormitorio puede verse afectado por el chi en rápido ascenso de una escalera. La primera sobreviene cuando la escalera se enfrenta directamente con la puerta del dormitorio.

SIEMPRE es más conveniente que al llegar al nivel superior la escalera se enfrente con una pared y no con una puerta.

Una cama frente a la escalera

El segundo modo en que una escalera es capaz de suscitar una inestabilidad en el dormitorio sobreviene cuando la cabecera de la cama apunta directamente a una escalera que desciende. Eso simboliza que tu vida comienza a ir cuesta abajo. Si esta descripción se corresponde con la de tu dormitorio, te recomiendo con viveza que lo traslades a otra habitación o que cambies de lugar el lecho.

Escaleras en apartamentos

Si vives en un bloque de apartamentos, representa una buena idea prestar atención particular a las escaleras comunes fuera de tu vivienda, ya que pueden significar connotaciones mucho más ominosas que la de una escalera de una planta a otra en una residencia unifamiliar. Las de apartamentos discurren por muchos niveles, sobre todo si resides en un piso alto. En el caso de alguna que se enfrente con la puerta de tu dormitorio, ese ir cuesta abajo supondrá quizá una terrible caída en tus asuntos. Desplaza tu cama de esa pared o, mejor aún, trasládate a otro dormitorio.

En ocasiones quizá no adviertas que duermes con tu cabeza apuntando hacia una escalera, tal como aquí se muestra. Investiga si este es el caso y, de serlo, traslada tu cama a otra posición; de otro modo el simbolismo de tal colocación significará que tu vida va cuesta abajo.

62 Soluciones para los dormitorios en forma de L

Es necesario prestar una configuración regular a los dormitorios en forma de L, y la manera de proceder dependerá del espacio con que cuentes para operar.

Nueva configuración de un dormitorio en forma de L

La ilustración de abajo muestra un dormitorio en forma de L con una nueva configuración para tornar regular el área destinada a dormir. Se ha diseñado una divisoria con el fin de crear un vestuario dotado de un espejo que no daña a quienes allí se encuentren. Advierte que:

- La divisoria, que también se utiliza como apoyo de la cama, debe ser sólida y firme. No tiene por qué alcanzar

la altura del techo, pero ha de tener consistencia suficiente para prestar un auténtico respaldo al lecho.

- El área situada tras la divisoria puede contar con un espejo porque este no reflejará la cama. Aquellos en los que aparece esta suelen causar problema entre los dos miembros de la pareja que allí cohabitan. Se considera por eso como un serio tabú del feng shui los espejos en los dormitorios. Pero en este caso el espejo resulta aceptable, puesto que no refleja el lecho.

- La localización de la puerta del dormitorio torna ideal la situación de la cama, porque se halla opuesta en diagonal al lecho (véase indicación 67). Pero repara en que se enfrenta directamente con el cuarto de baño. De tal manera, la primera disposición resulta conveniente mientras que la segunda presenta un carácter desfavorable.

Llegar a una transacción respecto de los principios del feng shui

Este ejemplo muestra por tanto cómo puedes regularizar la forma de tu dormitorio, empleando una divisoria sólida, pero además que no siempre es posible conseguir que todo sea perfecto en un dormitorio. Por lo común, y a la hora de abordar el feng shui de tu dormitorio, o en realidad de cualquier estancia, has de llegar a una transacción en lo que atañe a las formas recomendadas. En el feng shui debes sopesar tus opciones y optar luego por las soluciones que te permitan sacar el máximo partido de las realidades prácticas con las que te encuentras.

63

Qué hacer con los techos en pendiente y desiguales

Es indudablemente cierto que los techos bajos, inclinados y desiguales no representan un buen feng shui. Los techos bajos y desiguales suelen causar un desequilibrio y crear una sensación de aplastamiento.

CUANDO duermes en el lado de una estancia en donde el techo aparece inclinado, el efecto es el mismo. El chi shar te oprime durante el sueño y el chi de la mala suerte se acumula entonces alrededor de tu persona. Para que las cosas resulten aún peores, los dormitorios de techos bajos o inclinados son también muy pequeños y a menudo se encuentra en las áreas más altas de la casa. La energía que hay allí aparece con frecuencia exhausta e inestable. No deberías colocar en ese lugar a tu hijo o a tu hija, porque semejante aflicción tal vez sea causa de su mala suerte, que crece a lo largo del tiempo y tal vez sea difícil de expulsar. De ser posible, sácalos de ese dormitorio. De hecho, es más conveniente emplear tales estancias como trasteros.

Empleo de dormitorios en el ático

Pero cuando no tengas otra opción y hayas de utilizar este tipo de dormitorio indeseable, te recomendaría con fuerza colocar en el propio techo una serie de luces de bajo voltaje con objeto de elevar simbólicamente la energía de este. La habitación ha de ser certeramente pintada para que parezca más vertical que horizontal; emplea, pues, colores verticales un tanto diferenciados. Las tonalidades claras actúan mejor que las oscuras. De ser posible, crea en la habitación una ventana que aporte algo de luz, ya que la presencia de nueva energía yang

(sobre todo de la luz solar natural) perfeccionará considerablemente el feng shui de esa estancia.

Los techos planos son propicios

Advierte, además, que los techos mejores, seguros y equilibrados son los planos. Nunca tengas allí nada cortante o amenazador para quien ocupe la cama porque con el paso del tiempo quizá se convierta en causa de una enfermedad.

Los dormitorios con techos inclinados de un ático no son realmente convenientes para los niños porque su energía puede estar desequilibrada.

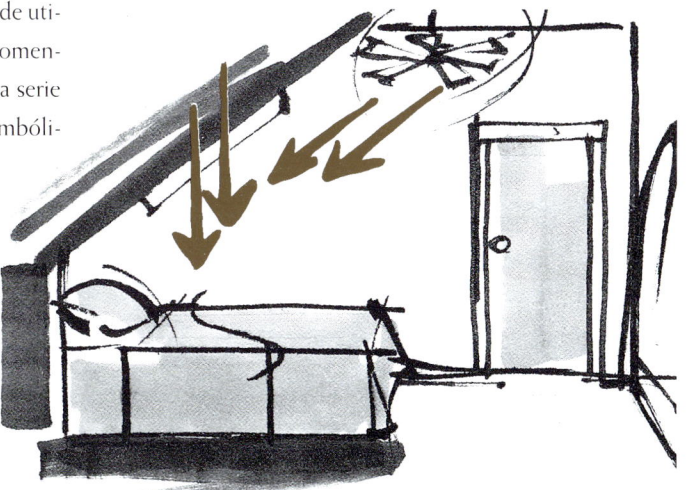

64

Cuenta en el dormitorio con una iluminación equilibrada

La iluminación de un dormitorio nunca debe ser fuerte en demasía porque puede crear energía yang que se torne agresiva y dañina en tal lugar. No te recomiendo, pues, arañas de cristal ni reflectores.

LAS luces superiores deben hallarse espaciadas de una manera regular. Han de ser pequeñas y de bajo voltaje. El número perfecto de estos puntos de luz empotrados es seis, como el de los cielos.

También constituye una buena idea colocar a cada lado de la cama y por encima de esta dos luces que se hallen bien equilibradas.

Si solamente deseas una luz, disponla en el flanco de la izquierda o del dragón. Es preferible a tenerla en el de la derecha o del tigre. Pero nada hay tan conveniente en el feng shui como el equilibrio. El emplazamiento de luces a uno y otro lado de la cama representa en realidad la situación óptima porque simbólicamente brindan la suerte del éxito aportada por el dragón y también la fortuna de la protección traída por el tigre.

65

Camas de princesa y con dosel completo

Las camas complejas y románticas con baldaquín entero o mediado merecen opiniones diversas a distintos maestros del feng shui.

ALGUNOS afirman que tales lechos aportan un buen feng shui porque son protectores y evocan el ambiente del seno materno, mientras que otros sostienen que camas como esas significan hallarse aprisionado.

Yo tiendo a compartir la primera de estas opiniones, puesto que me recuerdan camas de princesas, sugeridoras de un cierto lujo. Así que simplemente he de juzgarlas propicias. Cama de princesa es aquella dotada de medio baldaquín constituido con materia-les suaves y bellos. El baldaquín no daña a la persona que duerme debajo.

Los lechos de dosel completo disfrutan de un feng shui excelente. Tales camas suelen estar asociadas a la presencia de reyes y personajes poderosos. Se hallan bien equilibradas y más que adecuadamente protegidas. Proporcionan una sensación de seguridad, brindando a quienes las ocupan un sueño reposado e ininterrumpido.

66 El efecto de diferentes cabeceras

Me han preguntado a menudo acerca del feng shui de las cabeceras de cama, y mi respuesta ha sido siempre que los lechos dotados de este panel tienen siempre un feng shui mejor que aquellos en donde falta.

Y SUCEDE así porque, al margen de significar una integridad del lecho, la cabecera también ofrece algún apoyo a la persona que duerme. Pero existe espacio para la creatividad en el empleo de diferentes tipos de cabeceras. La diferencia puede estribar en la forma, los materiales utilizados, los colores y los diseños. En términos generales, las cabeceras de madera y tejido que constituyen un respaldo sólido pero suave disponen del mejor potencial para un buen sueño nocturno y una acumulación de energía chi sana y positiva. Las cabeceras de latón o de hierro suelen presentar oquedades entre sus barras, ofrecer escaso respaldo y no sirven de mucho en lo que se refiere a la acumulación del chi.

Formas de cabeceras para un feng shui bueno y malo

Semicircular

En forma de tortuga

Rectangular

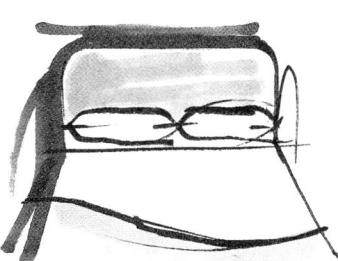

Una cabecera con una protuberancia semicircular ascendente representa un buen feng shui, pero el semicírculo transmite la sensación de algo incompleto.

Una cabecera en forma de tortuga se halla nás indicada para una cama doble. En un lecho individual se asemeja a una lápida y por eso no es del gusto de los chinos.

Una cabecera rectangular representa al Elemento Madera y significa un crecimiento robusto y sano. Este tipo de cabecera se halla equilibrada y resulta especialmente conveniente para los niños en la edad del desarrollo.

Minarete

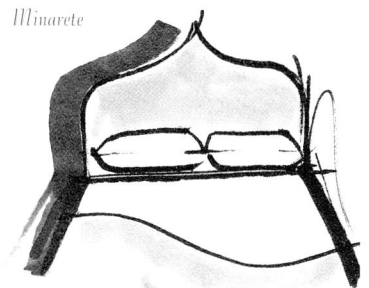

Ondulada

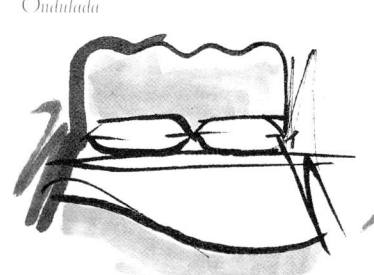

Triangular

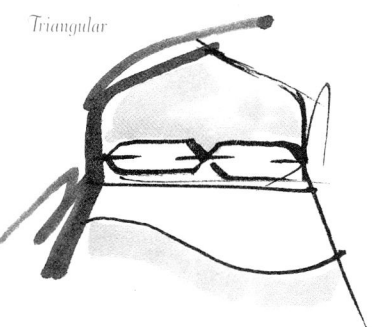

Conviene rehuir una cabecera con forma de minarete porque se estima que crea problemas relacionados con las extremidades. Esta configuración sugiere además al Elemento Fuego, y dormir con Fuego tras de ti significa ciertamente un feng shui malo.

Una cabecera ondulada significa el Elemento Agua; no es buena ni mala.

De listones

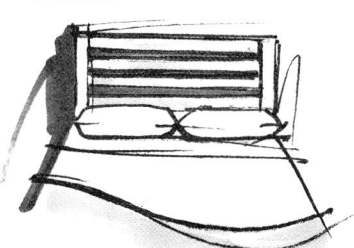

Se juzga que una cabecera de forma triangular representa al Elemento Fuego. Resulta excelente su uso si es escasa tu dotación de energía yang, es decir, cuando careces de fuerza, te sientes lánguido o no haces bastante ejercicio. Pero debes proceder con cuidado respecto de este tipo de cabecera, porque mientras duermes quizá se torne malévola la energía del Fuego.

Una cabecera de listones se asemeja a una escalera, lo que aporta mala suerte. Conviene evitar tal objeto, porque tiene la consideración de inestable.

Otras formas

Las cabeceras inclinadas deben presentar una suave curva y el hombre ha de dormir siempre en el lado del dragón. De una cama con tal cabecera se dice en ocasiones que se trata de un lecho del dragón y del fénix y es posible que sea afortunada y armoniosa cuando el varón es quien mayores ingresos aporta al hogar y el lecho corresponde al dormitorio principal.

Si la mujer de la pareja ejerce también una carrera profesional, la cabecera puede ser causa de competición entre los dos y de que en vez de un dragón y un fénix surja un chi de dos dragones que torne desequilibrada la energía.

Las cabeceras en forma de abanico se revelan muy decorativas y son susceptibles de adoptar diferentes estilos y pautas. Desde la perspectiva del feng shui, tales cabeceras son aceptables en tanto que se hallen adecuadamente equilibradas. Una cabecera en forma de abanico suele ser excelente para la crianza de los hijos, sobre todo de hijas, porque tiende a brindar un chi protector. Cuando las hijas crezcan, unas cabeceras decorativas en forma de abanico les proporcionarán buena oportunidades para el matrimonio.

67 Configuraciones buenas y malas de la habitación

El modo de disponer el mobiliario de un dormitorio se halla casi exclusivamente determinado por la colocación de la cama. En consecuencia, la configuración de un dormitorio será buena o mala dependiendo del sitio en que esté emplazado el lecho.

AUNQUE es necesario observar todos los tabúes del dormitorio y tengas que prestar atención a la manera en que estén situados los cuartos de baño en ese nivel y en otros pisos, existen también recomendaciones básicas en lo que atañe a la colocación buena y mala del lecho en el dormitorio.

El mejor trazado del dormitorio

Un diseño conveniente del dormitorio será siempre aquel en donde la(s) cama(s) esté(n) colocada(s) en el extremo más alejado de la estancia, opuesto diagonalmente a la puerta (véase ilustración abajo). Eso

Un buena disposición del dormitorio significa colocar la cama de modo tal que se halle diagonalmente opuesta a la puerta de la estancia. No debe incidir sobre parte alguna del lecho porque suscitará la irrupción de chi negativo hacia el ocupante.

permite a quien descansa ver por completo la puerta, para no quedar sorprendido por una súbita aparición. No importa hacia dónde se oriente la cabecera con tal de que la colocación de la cama se atenga a la forma natural del dormitorio.

Un trazado desfavorable del dormitorio

La ordenación deficiente de un dormitorio perjudica el sueño de quienes lo ocupan. Se mostrarán inquietos y les resultara difícil conseguir un buen sueño, pero lo que parece igualmente significativo es que también padecerán las consecuencias de una mala disposición del feng shui. Una ordenación de un dormitorio se revela inapropiada cuando la puerta incide directamente sobre la cama o cuando esta se halla alineada en cierto modo con la entrada de manera tal que su ocupante mantenga los pies o la cabeza orientados hacia allí.

Se denomina con frecuencia a esta situación la posición de la muerte, puesto que tal es el modo en que suelen ser colocados los difuntos. Esa posición se halla vedada en los hospitales y los chinos se muestran muy contrarios a este modo de dormir. Siempre se aseguran de no quebrantar jamás este tabú específico del feng shui del hogar, puesto que consideran que atraería la mala suerte.

Se conoce como posición de la muerte (extremo de la izquierda) a la circunstancia de dormir con los pies apuntando hacia la puerta y siempre se estima desfavorable.
No determina un buen feng shui toda colocación del lecho que suponga la apertura de la puerta hacia el costado de la cama o cerca de la cabecera. Y es así porque el chi corta simbólicamente el lecho y por tanto a sus ocupantes.

68

Buenas configuraciones para el comedor

El lugar más indicado para un comedor es el centro de la casa, puesto que fortalece la importancia del hogar. Pero si se halla demasiado cerca de la puerta principal, puede verse afectada la riqueza de la familia.

EL comedor es la habitación en donde se reúne la familia para comer, y esa circunstancia crea dos grandes implicaciones del feng shui. En primer lugar, determina la fortuna general del grupo y afecta al modo en que sus miembros interactúan y cooperan mutuamente. En segundo lugar, el comedor también influye en la capacidad de la familia para mantener su fortuna y su riqueza. En consecuencia, el comedor constituye una estancia muy relevante de la casa.

Comer en el centro del hogar

Idealmente, el comedor debe hallarse localizado en el seno del hogar, puesto que representa el corazón de la residencia. Eso realza y magnifica su importancia en el seno de la casa. Fortalece además la relevancia de la unidad familiar y crea el tipo de feng shui que garantiza el mantenimiento de su integridad.

El comedor nunca debe hallarse demasiado cerca de la puerta principal porque podría causar la disipación de la riqueza del grupo, que literalmente escaparía por ese lugar.

Una mala disposición

Nunca debe estar situado de tal forma que la propia mesa se enfrente con un cuarto de baño, ya que tal circunstancia crearía problemas de salud. Si ese es

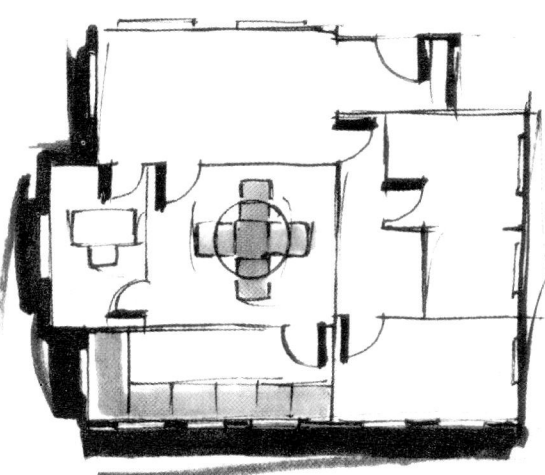

Cuando el comedor ocupa el centro de la casa, la familia permanece intacta y unida. Pero si se encuentra demasiado cerca de la puerta principal, los miembros del grupo tenderán a mostrarse indisciplinados respecto de su trabajo. Tampoco es una buena idea el emplazamiento harto próximo a los lados del dragón o del tigre. El centro promueve los sentimientos positivos de la familia.

el emplazamiento, trata de disimular la visión del cuarto de baño mediante una cortina o con alguna otra forma divisoria que lo oculte.

El comedor debe hallarse siempre a mayor altura o en el mismo nivel que el cuarto de estar. En el caso de que exista en la residencia una multiplicidad de niveles, siempre se considera más propicio que el comedor se encuentre en el superior.

69

Cómo situar la mesa del comedor

Reviste relevancia que concentres tu energía en asegurarte de que sea correcta la colocación de la mesa del comedor y que por tanto determine un buen feng shui.

PARA empezar, habrás de disponer de una mesa propicia (véase indicación 34). Cerciórate de que su superficie sea bastante grande. En términos generales, las mesas espaciosas tienden a crear un feng shui superior al de las reducidas. Pueden estar constituidas de madera o de cristal, con forma circular o rectangular, y, siendo redondas, las más recomendables son aquellas con un único pie grande y sólido. Y sucede así porque se cree que entonces la mesa se asemeja a un árbol de la riqueza, símbolo de buena fortuna para los chinos. Las mesas rectangulares deben ser suficientemente grandes para contar con seis patas propicias o incluso ocho todavía más favorables.

La posición correcta

Una vez seleccionadas la mesa y las sillas del comedor, el siguiente paso estriba en colocar correctamente la mesa.

Cuando se halle situada entre dos puertas, no será bueno el chi creado. Es mejor desplazarla fuera de la línea de fuego, puesto que de otra manera surgirá la llamada acometida del chi shar. Si no te queda más remedio que recurrir a esta disposición, entonces te recomiendo vivamente que cuelgues sonerías en algún punto próximo a la mesa, entre esta y la puerta. Así se reducirá la celeridad del chi y parte de su efecto negativo. Si una de las dos puertas se opone a la de un cuarto de baño, no es mala idea colocar un espejo de cuerpo entero en esta última, así lograrás el efecto de su desaparición simbólica.

Situación bajo una viga

Si la mesa del comedor se halla colocada directamente bajo una viga expuesta al aire, cualquiera que allí se siente experimentará el aplastamiento de su suerte. No es una buena circunstancia porque, con el paso del tiempo, la presión puede ser causa de migrañas y de otros dolores de cabeza y quedar seriamente afectado el estado general de la salud. Resulta mucho mejor desplazar la mesa hacia una posición menos amenazadora lejos de la viga.

Si la mesa del comedor se encuentra en un pequeño rincón angosto y el resto de la casa es espacioso y relevante, eso significa que la familia se ve empujada fuera de su residencia. Simplemente el feng shui así creado no es conveniente y hay que acometer unos esfuerzos para concebir una nueva disposición que otorgue más espacio al comedor.

Tampoco coloques una mesa de comedor entre dos columnas. Alternativamente, emplea como remedio eficaz plantas y sonerías.

Cuando sea visible la mesa de comedor desde la puerta principal, necesitarás montar una divisoria intermedia para que tal perspectiva quede disimulada. De otra manera, el simbolismo significará la salida del dinero y la simple pérdida de la riqueza de la familia.

Remedios para una colocación deficiente de la mesa

Colocar directamente la mesa entre dos puertas equivale a situar el cuenco de arroz de la familia en la línea de fuego. Cierra de modo permanente una de las puertas o desplaza la mesa hacia un costado.

La mesa queda aquí cortada en la mitad por obra de una viga tendida al aire en lo alto; ese hecho suscitará discusiones y desacuerdos familiares en torno de la mesa. Recurre a un techo falso para ocultar la viga o utiliza otra estancia como comedor familiar.

Cuando el comedor se halle demasiado próximo a un cuarto de baño, habrás de mantener cerrada la puerta de este o colgar una cortina bordada o estampada con figuras propicias.

70

Normas del feng shui respecto de la cocina

El feng shui de la cocina posee implicaciones importantes y significativas para la fortuna del hogar. Afecta también a la riqueza de los residentes.

SUCEDE así especialmente cuando son más habituales las comidas de la familia dentro que fuera de la casa. También resulta correcto decir que si la cocina posee una buena energía, que sea mantenida, la familia preferirá comer dentro en vez de fuera de casa.

Una buena cocina aporta prosperidad

El feng shui de la cocina afecta asimismo a la riqueza de la familia. Cuando se halla adecuadamente instalada en la mitad interior de la residencia, preferiblemente en el nivel del primer plano, y su localización no perturba algunas de las fuerzas intangibles relacionadas con las fórmulas del feng shui, entonces no solo conseguirás atraer prosperidad para la familia, sino que también la protegerás frente al desarrollo de situaciones de pérdida y la aparición de la mala suerte.

La colocación óptima

En términos ideales, la cocina nunca debe hallarse emplazada en el centro de la casa y desde luego jamás en el Noroeste, puesto que este representa fuego en la entrada del cielo. Su mejor enclave radica bien en la parte posterior o a un costado del edificio. Si la residencia dispone de un sótano, la cocina nunca debe estar tan baja, porque tal circunstancia significaría un agravio o infortunio serio a la matriarca.

Aquellos que siguen el feng shui de las Ocho Mansiones han de tener en cuenta que su cocina debe encontrarse en uno de los sectores desfavorables. Y conviene que tal suceda ya que posee el poder de presionar sobre áreas de intensa mala fortuna.

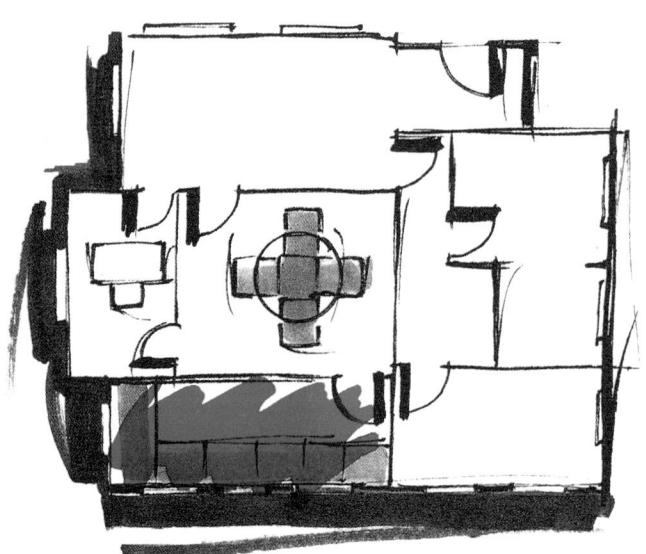

La mejor localización de una cocina se encuentra hacia la parte posterior de la casa, en el nivel del suelo.

71 Disposición del hornillo de tu cocina

Aunque la cocina pueda estar en uno de los sectores menos favorables de la casa, basándose en la fórmula del feng shui de la brújula, el hornillo debe gozar de una dirección propicia.

Es aún más importante cuidar de que la energía que alimente el hornillo proceda de tu mejor dirección. Esta nunca resulta inmediatamente obvia; examina por tanto con cuidado las conducciones del gas o de la electricidad. Un método más simple es asegurarse de que el hornillo, la tetera y la tostadora tengan sus enchufes frente a la dirección óptima.

Coloque el horno opuesto diagonalmente a la puerta y lejos de la pila.

Posiciones desfavorables

Regla adicional para la disposición del hornillo es que nunca se enfrente con la puerta principal, porque eso simboliza una pérdida de sustento y determina que la persona que aporta los ingresos pierda su medio de obtenerlos. Se trata, pues, de una aflicción seria y el hornillo tiene que ser trasladado, por difícil que la operación sea. De otra manera, cuando el periodo astrológico de la casa se halle bajo o cuando se tornen hostiles las estrellas volantes que penetren en la residencia, la pérdida de ingresos o del sustento será seria. El efecto negativo de tal acontecimiento puede ser irreversible.

Malos efectos desde arriba

También es crucial proteger el hornillo de cualquier energía perjudicial que proceda de arriba. El peor efecto se produce cuando el hornillo se encuentra directamente bajo un cuarto de baño del piso superior. No tan dañino, aunque asimismo negativo, es el hecho de que el depósito de agua esté situado en la vertical del hornillo. Eso determina una confrontación del agua y del fuego que suscita conmoción y disputas en el ho-

gar. Cuida también de evitar que haya directamente encima del hornillo algo que sea demasiado pesado. Podría tratarse de una viga estructural, una cama, un armario, un baño o de la instalación de una ducha.

Una ventana emplazada inmediatamente encima del hornillo es capaz de afectarlo de modo adverso y de aportar una inestabilidad al empleo. Evita también los espejos enteros o de piezas sobre el hornillo o cualquier otro elemento de la cocina. La razón estriba en que no doblan la cantidad de comida preparada, sino el peligroso efecto del fuego.

Con objeto de rehuir más feng shui nocivo, asegúrate de que el hornillo no esté enfrentado con una escalera, un frigorífico, un inodoro, un trastero, una puerta o la conducción del agua. Su mejor situación es la oposición en diagonal respecto de la entrada de la cocina, tal como indica la ilustración. Pero si entonces es afectado por la puerta trasera, pon una divisoria que bloquee la energía cuando esta penetre por esa entrada. Finalmente, el hornillo jamás debe estar cerca de una pila porque el Elemento Fuego reaccionará negativamente ante el Elemento Agua.

72 Los inodoros y los problemas que suscitan

En cualquier parte de la casa, los inodoros son causa de problemas; en consecuencia, animo de manera constante a la gente a que los suyos sean pequeños o queden fácilmente disimulados.

Si eres capaz de lograrlo, controlarás con dificultades menores el problema de la energía creada por los inodoros. De no ser posible, el modo más práctico de operar consiste en disolver o disipar sistemáticamente la energía dañina de un inodoro.

Nueva planificación de las puertas de inodoros

El sistema más eficaz de abordar la existencia de inodoros consiste en modificar la colocación de sus puertas para que no se enfrenten con otras y aporten infortunios. Si la entrada de un indoro se halla alineada, por ejemplo, con la principal, el simbolismo indica simplemente la desaparición de la riqueza. En este caso, proporciona un nuevo emplazamiento a la puerta del inodoro o píntala de rojo.

Disposición inapropiada del inodoro

Estos otros emplazamientos del inodoro pueden afectar adversamente a la casa.

- Frente al cuarto de estar crea un efecto negativo sobre la vida social y las amistades; de ser, pues, posible, desplaza su puerta
- Cuando la entrada del inodoro se halle frente al comedor, eso significa una mala época para la profesión y la eventualidad de que la familia dispute. La solución estriba en crear alguna barrera que bloquee la visión del inodoro. Cuando se encuentre al otro lado de un muro compartido con el comedor, provocará una pérdida del sustento.
- Si el inodoro se encuentra encima de la puerta principal, coloca arriba una luz para desviar simbólicamente la energía perjudicial

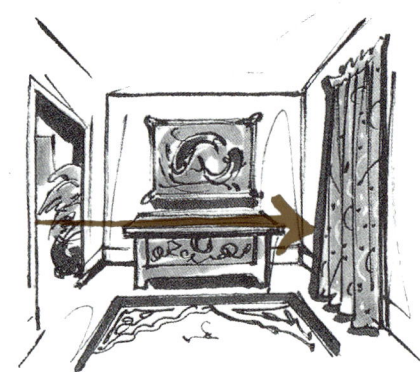

Si la puerta del inodoro se enfrenta con la del comedor, hazla desaparecer simbólicamente colgando de allí un espejo o una cortina.

- Cuando el inodoro comparta una pared con un estudio y la mesa se halle en el otro lado, puede ser causa de mala suerte en el trabajo.
- Si el inodoro comparte un muro con un acuario situado al otro lado, representará tal vez una pérdida de riqueza
- Cuando haya en el otro lado un tocador, puede afectar a tu apariencia

Dispersión de la energía perniciosa del inodoro

Existen varios modos de contrarrestar la energía negativa de los inodoros. Cabe instalar en su interior una luz intensa para introducir una fuerte energía yang. Alternativamente, es posible pintar la puerta de un rojo brillante, pero esta es una medida harto drástica. También puedes colgar un espejo en la parte exterior de la puerta del inodoro. Visual y simbólicamente, eso la hace «desaparecer»

73 Instalación de acuarios para obtener prosperidad

Uno de los métodos más populares entre los hombres de negocios chinos que creen en el feng shui consiste en instalar acuarios para conseguir la prosperidad de sus empresas.

EL mantenimiento en el hogar de un acuario de peces vivos es uno de los más fáciles principios básicos del feng shui. Entre los peces más estimados al respecto figuran las numerosas clases de carpas doradas, el pez dragón (también conocido como arrowana plateado o dorado) y la carpa japonesa (koi). Se estima que estas tre variedades de peces significan abundancia y prosperidad considerables. Su mantenimiento en un ambiente burbujeante brinda la dimensión adicional del agua yang, que es en sí misma fortalecedora de la buena fortuna. Este tipo de agua proporciona un vigor ideal, puesto que opera en un entorno controlado y cobra vida en sí misma, pero no hasta el punto de resultar abrumadora.

Colocación de acuarios o de pequeños estanques

Cabe considerar a los acuarios y los pequeños estanques que contengan cualquiera de las tres variedades antes mencionadas como uno de los rasgos básicos de que debes disponer en tu hogar si deseas utilizar el feng shui para promover tu riqueza. Existen desde luego maneras apropiadas e inapropiadas de tener un acuario. Para empezar, y con objeto de obrar con seguridad si no estás familiarizado con los modos más adelantados de precisar su emplazamiento óptimo, solo deben estar en el Norte, el Este o el Sudoeste del cuarto de estar. No errarás si pones el acuario en cualquiera de las tres esquinas indicadas. Utiliza una brújula con el fin de determinarlas. Recuerda que has instalado un acuario

para atraer la suerte de la abundancia, la riqueza y el éxito y que vale, pues, la pena cerciorarse de que el agua esté limpia y de que los peces se hallen sanos, ni sobrealimentados ni escasos de nutrición. Es posible que en ocasiones muera el primer grupo de peces. Sucederá así porque no hayas ajustado convenientemente el pH del agua. Es una lástima, pero sigue probando. Pronto lograrás que el agua sea la indicada y que los peces se sientan a gusto. Otro lugar excelente para un acuario o un pequeño estanque de interior es aquel de tu residencia en donde se encuentre la propicia octava estrella acuática. Para descubrir el punto en que esté, tienes que conocer que las estrellas volantes del feng shui como la octava estrella acuática se encuentran en diferentes lugares del hogar, en función de diversos factores que influyen en el horóscopo de las casas. Trata de conseguir mi libro sobre las estrellas volantes del feng shui con el fin de informarte al respecto. Mientras tanto, utiliza los rincones que aquí te he indicado. Poco después de haber instalado el acuario deberás advertir una diferencia en la suerte referida al dinero

Enclaves desfavorables

No permitas que el acuario se enfrente con la puerta principal, porque entonces operará como un espejo y eso indicará que tu fortuna va a desaparecer del hogar. Tampoco utilices el acuario como divisoria entre dos puertas, porque tal emplazamiento conducirá a una situación peor. Nunca coloques un acuario en la cocina, bajo una viga, frente a un inodoro o debajo de una escalera

74

El feng shui de los peces trae prosperidad

En el feng shui, los peces constituyen poderosos aportadores de la suerte para conseguir riquezas. Los más propicios son de color dorado o rojo, en simbolismo del dinero.

UNO de los más enérgicos y bellos feng shui piscícolas estriba en contar con el pez dragón o arrowana. Si no erez capaz de hallarlo, recurre a la carpa dorada; las ondulaciones que suscita suponen una preciada energía yang, y su presencia en tu hogar trae con presteza la prosperidad. Ten siempre nueve peces o múltiplos de nueve, incluyendo uno solo negro. La razón es que este absorbe simbólicamente cualquier chi negativo que penetre en el espacio circundante. No te desanimes si mueren uno o varios peces; no se trata de que hayas creado sin darte cuenta una mala suerte para ti mismo. Reemplaza cuantos ejemplares resulten necesarios y atiende siempre a que sus condiciones sean sanas e higiénicas. Eso estimulará la existencia de una óptima corriente del chi en el seno del recipiente y el dinero fluirá hacia ti en lugar de escapar de tu casa. Por tal motivo nunca coloques un acuario junto a la puerta principal y observa los tabúes del dormitorio; un acuario en tal estancia perturba la energía natural de allí y causará problemas de relación.

75

Empleo de sonerías de seis varillas contra la quinta aflicción amarilla

Para controlar la mala suerte de la quinta aflicción amarilla, resulta especialmente eficaz una sonería agitada por el viento, y a este efecto la más enérgica es la de seis varillas.

LA sonería debe ser completamente metálica, con varillas redondeadas y huecas y que, a ser posible, emitan un agudo tintineo al chocar una contra otra. Cabe utilizar también sonerías de cinco varillas, pero no son tan útiles como la variedad de seis. El sonido del metal contra el metal disolverá y agotará toda la energía negativa que haya en la estancia o en los rincones afectados. En el 2001 la quinta aflicción amarilla reside en el Sudoeste, así que esa esquina de tu casa debe contar con una sonería. Para saber en dónde estará la quinta aflicción amarilla en años sucesivos, dirígete a www.wofs.com.

76 Uso de sonerías como remedios del feng shui

Probablemente uno de los remedios más eficaces y enérgicos del feng shui estriba en el empleo de una sonería. De hecho, si deseas practicar el feng shui, debes familiarizarte con el uso adecuado (y el inapropiado) de las sonerías.

RECUERDA siempre que las sonerías constituyen uno de los medios más contundentes para disolver la nociva energía negativa provocada por el efecto intangible e invisible de estrellas volantes perjudiciales que entren y salgan de los espacios vitales suscitando destrucción, infortunio y accidentes durante su estancia temporal. Se dice que son las estrellas portadoras de los cinco fantasmas amarillos y los tres chi asesinos. Cada año, esas estrellas nocivas se instalarán en diferentes rincones de la casa a los que aportarán mala suerte durante ese periodo. Si el rincón en que se queden resulta corresponder al de tu puerta principal, es posible que toda la residencia sufra infortunio, accidentes y mala salud a lo largo de ese año. Y si se asientan en tu dormitorio, experimentarás todo el peso de la fortuna adversa.

Las sonerías metálicas constituyen maravillosos medios de protección y revisten un gran valor para fortalecer los sectores del Noroeste y del Oeste. Las sonerías de madera son menos eficaces.

Sonerías para conseguir protección

Muy a la manera de centinelas, es posible colgar las sonerías en rincones tranquilos para defenderlos contra la aparición de cualquier tipo de chi intangible y dañino. De tal modo, y aunque no estés familiarizado con las fórmulas más avanzadas del feng shui, lograrás proteger cada rincón mediante la colocación de una sonería enteramente metálica. Pero cuando la instales, ten en cuenta las siguientes observaciones:

- Nunca te sientes inmediatamente debajo de una sonería.

- Jamás la cuelgues directamente sobre una puerta o dintel.

- Colócala derca de donde sople algo de brisa, a ser posible junto a una ventana

Las sonerías son además excelentes para compensar:

- Esquinas que sobresalgan y vigas en el techo.

- Dos o tres puertas en línea recta.

- Puertas enfrentadas con un inodoro, una escalera, una ventana a modo de mirador u otra característica desfavorable.

77 Neutralización de las vigas del techo

Uno de los problemas más básicos con que tropieza cualquiera en el curso de su práctica del feng shui es el determinado por las vigas del techo al aire.

El peor tipo de vigas son aquellas pesadas y estructurales que pueden resultar extremadamente dañinas en altos bloques de viviendas, o en edificios residenciales baratos en donde el presupuesto no permite simplemente el ocultamiento de las vigas. Cuando se muestran visibles, suponen en el feng shui una dificultad advertida por todo el mundo en grados diversos.

Vigas en casas antiguas

También constituye un problema el conjunto de vigas al aire en antiguas mansiones. Yo pasé una noche horrible sin poder conciliar el sueño en una habitación de una de tales residencias, y verdaderamente no resultó divertido. ¡Descubrí que todos los miembros de la familia de la casa padecían intensas migrañas y que sufrían desde hacía tanto tiempo esa condición que habían aprendido a soportarla! Les recomendé que instalasen un techo falso para ocultar las vigas. Eso hicieron y así no solo se libraron de sus dolores de cabeza, sino que también mejoró su suerte de manera considerable.

Las vigas visibles más perjudiciales son las pesadas y estructurales. Las rectangulares de hormigón y acero se revelan peores que las vigas redondeadas de madera. Es preciso abordar esta situación, en especial cuando se encuentran en entradas, sobre mesas, lechos y espacios residenciales. Para empezar, ordena tus muebles camas, mesas, sofás y sillas de tal modo que no se hallen directamente bajo las vigas. Mas por mucho que hagas por aliviar el chi hostil que desciende de esas vigas hasta caer sobre ti, seguirás afectado por su existencia hasta un cierto punto. La cuestión estriba tan solo en determinar qué nivel de gravedad revestirá el chi negativo. Aleja pues, cualquier mueble para que no se encuentre bajo las vigas.

Abordar el problema de las vigas al aire

Son diferentes las maneras de operar en este caso. Es posible instalar un techo falso de escayola o de madera para ocultar las vigas o colgar en los extremos de cada una dos cañas huecas de bambú atadas con cintas rojas. Pon las dos inclinadas una hacia la otra. Así transformarás la energía hostil en una fuerza inocua. Cabe también emplear luces y pinturas para camuflar el efecto ominoso de las pesadas vigas de la parte superior. Las luces son capaces de imponerse a la energía hostil; usa, pues, cristales muy iluminados con el fin de eliminar las energías nocivas que emanan de esas vigas.

Un remedio último, posiblemente el mas enérgico, consiste en el acto simbólico de colgar un triquitraque rojo que anule esos travesaños. No resulta empero muy eficaz contra las vigas estructurales, así que será mejor que instales espejos en torno de estas para lograr su desaparición simbólica.

3

Aplicación de los

Cinco Elementos

a la promoción

del chi en el hogar

78 Cinco energías influyen en el chi del hogar

Los chinos creen que todo el Universo está constituido de cinco Elementos que son descritos como cinco tipos de energía chi: Tierra, Agua, Madera, Metal y Fuego.

ESOS cinco tipos de chi interactúan continuamente entre sí en una relación circular, destructiva, productiva y exhaustiva. El entendimiento de tales interacciones en el contexto de las dimensiones del espacio y del tiempo permite a quien practique el feng shui manipular el modo en que la energía manifieste suerte buena y mala en toda superficie residencial y laboral.

Entendimiento de los Cinco Elementos

Para obtener una auténtica eficacia en el feng shui práctico tienes que comprender la esencia de esos cinco tipos de energía. Y es así porque todo en el Uni-

La energía del Agua corre con fluidez. Aporta riqueza y éxito.

verso, y por tanto el conjunto de las estructuras, las formas, los colores y las orientaciones de tu casa, contiene una o varias connotaciones combinadas de los Cinco Elementos. En consecuencia, las estaciones, los colores e incluso los números poseen una equivalencia en Elementos. El conocimiento de la manera en que interactúan entre sí los chi de los diferentes Elementos y del modo en que sus atributos se manifiestan en cada rincón de la casa te permitirá producir en tu hogar una gran energía del feng shui. También te proporcionará los remedios para controlar, agotar e incluso destruir el chi dañino que aporta la mala suerte. Los Cinco Elementos representan por eso una inapreciable dimensión para crear un gran feng shui.

El Elemento Fuego es yang, que significa una energía brillante y muy activa. Aporta la vida y el progreso.

La energía del Metal es rígida y fría. Aporta valores y prosperidad.

Al mismo tiempo, incluso tu hogar o el edificio en que resides posee una energía intrínseca de un Elemento, y si eres capaz de identificar el de tu casa estarás ya en disposición de hacer algo para promover su energía de la manera más espectacular. Una vez que sepas cuál es el Elemento de tu hogar, su fortalecimiento en pro de la buena suerte se convierte en un regalo inestimable.

La práctica del feng shui se torna fácil y amena con el conocimiento de los atributos de los Elementos y del modo en que influyen en cada uno de los ocho sectores de la brújula. ¿Por qué? Porque todo lo que requieres saber es que cada una de las direcciones cardinales y secundarias de la brújula posee su correspondiente Elemento. La manera más fácil de crear un buen feng shui estriba en averiguar qué Elemento es el mejor para tu hogar y cómo puedes fortalecerlo. Al mismo tiempo, necesitas mostrarte extremadamente cauteloso respecto de una presencia demasiado intensa de los Elementos que dañan a tu casa. Esa circunstancia tiene unas implicaciones en tu empleo del color, en la colocación de los objetos e incluso en tu elección de las estancias para ti mismo y para cada uno de los miembros de tu familia.

La energía de la Tierra todo lo abarca. Beneficia al amor y a las relaciones familiares.

Fortalecimiento de diferentes áreas

También serás capaz de consolidar el Elemento de cualquier sector de la brújula dentro de cada una de las estancias de la casa. Una vez que hayas fortalecido cada uno de los Elementos en las ocho esquinas de tu hogar, este vibrará con energía positiva e intensa. El entendimiento de las cinco energías chi representa, pues, una parte crucial de la prática del feng shui; comprendiendo sencillamente cada uno de los Cinco Elementos conseguirás crear un buen feng shui.

La energía de la Madera es verde y vivaz. Aporta desarrollo.

79 Determinación del elemento de tu hogar

Cada edificio posee un trigrama y un Elemento que gobiernan la naturaleza de sus atributos del chi. Para averiguar cuál es el Elemento de tu casa, tienes que saber antes cómo está emplazada, lo que se deriva de su orientación.

ESA es la dirección en que se halla emplazada, opuesta a aquella con la que se enfrenta. Lo primero que has de hacer por tanto es colocarte en la puerta principal de tu casa, mirar luego hacia fuera y colocar directamente una brújula ante ti para precisar la dirección a que hace frente tu hogar. Esta dirección ha de ser deteminada en la puerta y de modo tan preciso como resulte posible. Aprende a leer y a emplear una brújula, porque casi toda la práctica del auténtico feng shui chino y sus recomendaciones se hallan basadas en direcciones de la aguja imantada.

Cómo precisar las direcciones

Cuando aludimos a cualquiera de las direciones estamos en realidad refiriéndonos a aquellas basadas en el Norte, es decir, el magnético de la brújula occidental. Todas las recomendaciones del feng shui se aplican por igual a los países del hemisferio septentrional y a los del meridional.

Si tu casa se encuentra de cara al Este, la dirección de su emplazamiento será el Oeste (y es así porque en términos del feng shui la dirección de emplazamiento es la opuesta de la de frente). Eso te permitirá determinarla velozmente. Quienes residen en apartamentos deben reparar en la entrada al bloque de viviendas para obtener la dirección de emplazamiento de todo el edificio.

Determinación del Elemento de tu casa

- **Si tu dirección de emplazamiento corresponde al Norte, entonces el Elemento gobernante es el Agua.**

- **Si tu dirección de emplazamiento corresponde al Sur, entonces el Elemento gobernante es el Fuego.**

- **Si tu dirección de emplazamiento corresponde al Este o al Sudeste, entonces el Elemento gobernante es la Madera.**

- **Si tu dirección de emplazamiento corresponde al Oeste o al Noroeste, entonces el Elemento gobernante es el Metal.**

- **Si tu dirección de emplazamiento corresponde al Suroeste o al Nordeste, entonces el Elemento gobernante es la Tierra.**

Hay diferentes medios de promover, fortalecer y respaldar el Elemento de tu casa o de tu edificio. Una manera muy eficaz estriba en emplear combinaciones cromáticas; para las casas del Agua, emplea, pues, las de blanco (porque el Metal produce Agua) y azul. Para las casas del Fuego, utiliza combinaciones cálidas de amarillo y rojo; para las de Madera, usa azul o negro (porque la Tierra produce Madera) con verde; para las casas de Metal, recurre al amarillo (porque la Tierra produce Metal) con blanco; mientras que para las casas de la Tierra has de emplear rojo (porque el Fuego produce Tierra) con amarillo.

80 Diferenciación entre chi pequeño y chi grande

Uno de los grandes secretos del feng shui práctico estriba en conocer la diferencia entre chi pequeño y chi grande. Esto es igualmente aplicable, sea cual fuere la fórmula o escuela del feng shui.

EN teoría, lo que esto significa es que puedes aplicar el feng shui a cada una de las estancias de una residencia o a la propia casa. La atención prestada a cada una de las habitaciones supone un fortalecimiento del chi pequeño, mientras que la otorgada a la casa se refiere al chi grande.

El sector oriental

Así que cuando hablamos de colocar la imagen de un dragón en el Este, estamos aludiendo a situarla en el sector oriental de toda la residencia. Pero también es posible ponerla en el sector oriental de cada una de las estancias para promover el chi pequeño. El efecto bueno y malo de objetos promotores o nocivos subsiste igual en fuerza y potencia tanto si aplicas el chi pequeño como si ejerces el chi grande. Esta circunstancia constituye una aclaración breve, pero extremadamente significativa que obtuve de maestros taoístas del feng shui, quienes se mostraron unánimes al respecto. Manifestaron de modo tajante que la energía, tanto propicia como desfavorable, es relativa; en consecuencia, el chi pequeño de cualquier rincón de una estancia resulta tan potente como el chi grande de la misma esquina de toda la casa.

Una aflicción del Sudoeste

Eso supone que cuando el Sudoeste de tu casa se halle afectado por un inodoro o falte y te inquietes por los efectos negativos de tal hecho en tu vida amo-

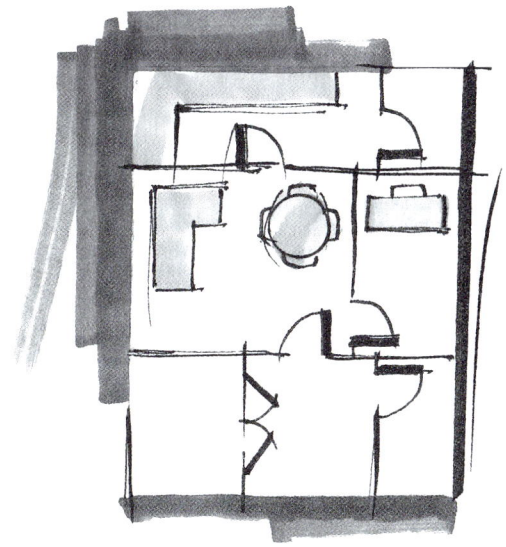

Si te falta un rincón, como el del Sudoeste, puedes fortalecer el «chi pequeño» promoviendo el rincón sudoccidental de otras habitaciones.

rosa, puedes optar en cambio por promover intensamente el chi pequeño del rincón del Sudoeste de tu dormitorio o de cualquier otra habitación que utilices con frecuencia. De tal modo devolverás una buena energía al Sudoeste y superarás su aflicción.

También es posible consolidar tu dirección propicia del feng shui (véase indicación 110), promoviendo ese sector particular de toda tu casa o mediante una concentración exclusiva en el cuarto de estar. La potencia de un fortalecedor del feng shui depende del grado en que emplees el espacio promovido más que de su tamaño.

81

Los dos ciclos de la interacción de Elementos

Los dos ciclos que definen el modo en que los Elementos interactúan entre sí constituyen un instrumento indispensable en la práctica del feng shui. Esos ciclos son productivos y destructivos.

BÁSICAMENTE, casi toda la práctica del feng shui requiere un entendimiento de estos dos ciclos. La manipulación correcta de la fuerza y de la debilidad de la energía del Elemento dentro de un espacio es lo que nos permite promover el chi allí o superar y debilitar el chi afligido.

Los Ciclos Productivo y Destructivo

La primera etapa de la interaccion de Elementos radica en los dos ciclos principales, el Productivo y el Destructivo.

El Ciclo Productivo opera a modo de un proceso «nutritivo»: el Agua produce Madera, la Madera produce Fuego, el Fuego produce Tierra, la Tierra produce Metal y el Metal produce Agua.

El Ciclo Productivo brinda numerosos indicadores sobre la manera de fortalecer cualquiera de los Cinco Elementos mediante el empleo de aquel que lo produce. Así que para promover la Madera empleamos el Agua, porque el Agua produce Madera; para promover el Metal utilizamos la Tierra, porque esta produce Metal, etc.

Con el fin de exaltar el chi de cualquier sector o habitación de la casa, tenemos primero que determinar el sector de la brújula y su Elemento y luego podremos aplicar el Elemento productivo.

El sector septentrional es Agua; empleamos, pues, un objeto metálico para promoverlo. El sector meridional es Fuego; empleamos, pues, un objeto de madera para promoverlo. Los sectores del Este y del Sudeste son Madera; empleamos, pues, accesorios acuáticos para promoverlos. Los sectores del Oeste y del Noroeste son Metal; empleamos, pues, tierra cerámica o cristales para promoverlos. Y finalmente los sectores del Sudoeste y del Nordeste son Tierra; empleamos, pues, objetos de fuego como luces o velas para promoverlos.

En el Ciclo Destructivo, el Agua aniquila al Fuego, el Fuego aniquila al Metal, el Metal aniquila a la Madera, la Madera aniquila a la Tierra y la Tierra aniquila al Agua.

El Ciclo Destructivo brinda medios eficaces para superar e incluso aniquilar a cualquiera de los cinco Elementos que pueda hallarse afligido. Con el fin de controlar la energía perjudicial de la Madera utilizamos el Metal porque este destruye a la Madera. Para superar el chi afligido del Metal usamos el Fuego porque este destruye al Metal, etc. Con objeto de promover, pues, el chi de cualquier sector, comprueba el de la brújula en que operas y su Elemento, para que seas capaz de aplicar el Elemento destructivo.

Para un Norte afligido, Agua, utiliza, pues, la Tierra (cerámica y cristales); para un Sur afligido, Fuego, utiliza objetos del Agua; para un Este y un Sudeste afligidos, Madera, emplea accesorios de Metal; para un Oeste y Noroeste afligidos, Metal, usa el Fuego (iluminación y velas), y para un Sudoeste y Nordeste afligidos, Tierra, utiliza como remedios objetos de madera.

Los ciclos productivo y destructivo

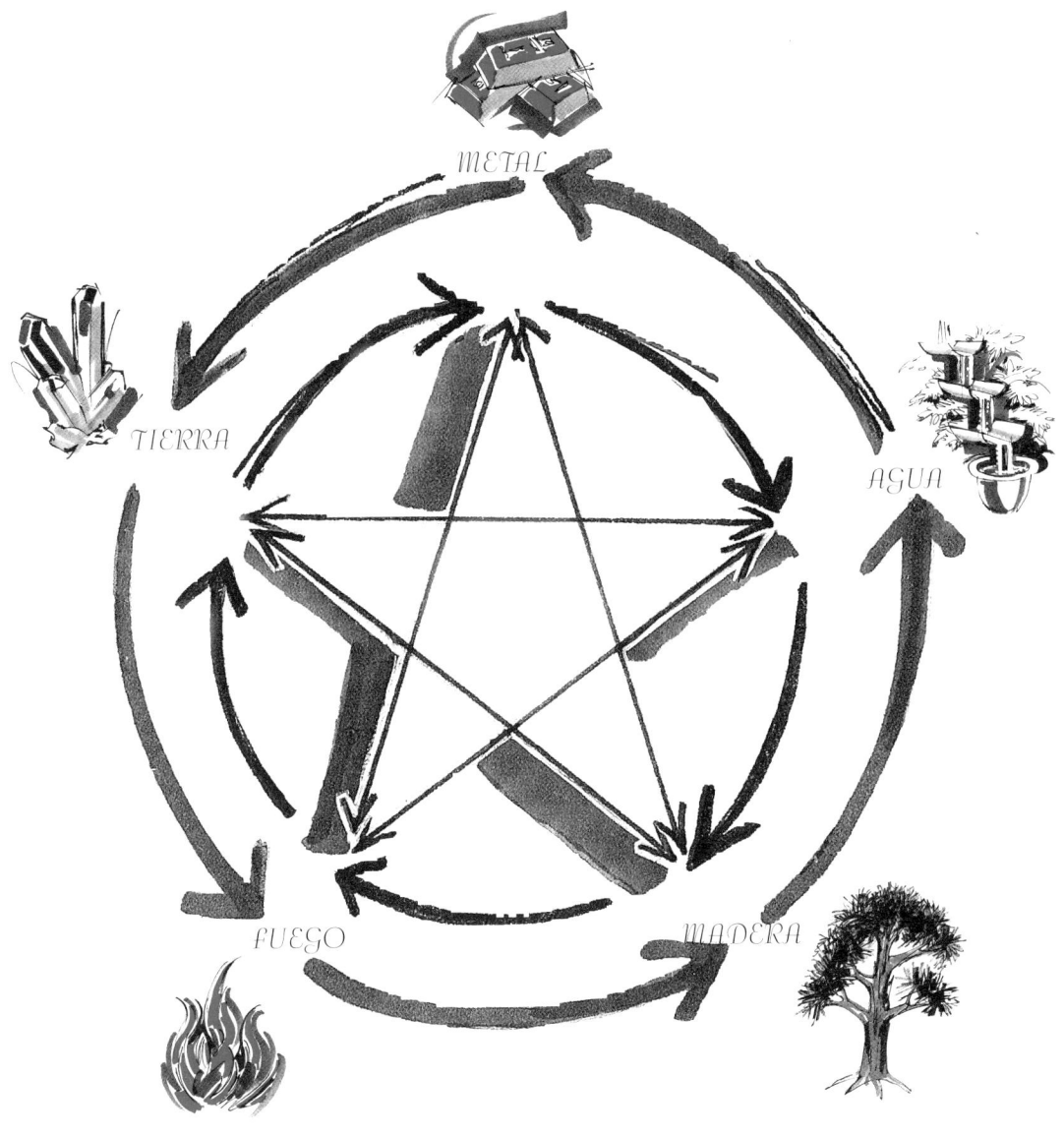

La ilustración de los Cinco Elementos muestra ambos ciclos. El productivo aparece como una corriente circular en el sentido de las agujas del reloj de manera tal que el Metal produce Agua productora de Madera, que a su vez produce Fuego productor de Tierra, productora de Metal. El ciclo destructivo aparece en la forma estrellada del centro. Aquí el Metal destruye a la Madera destructora de la Tierra, que destruye el Agua destructora del Fuego, destructor del Metal. El círculo exterior representa al Ciclo Exhaustivo.

82 La significación del Ciclo Exhaustivo

Existe un tercer ciclo de interacción entre los cinco Elementos, que es el Ciclo Exhaustivo. Puede ayudarte a superar las aflicciones del feng shui sin destruir por completo la energía chi de un rincón.

En el feng shui resulta siempre aconsejable comprender la necesidad del mantenimiento del equilibrio entre yin y yang. Cuando empleamos el Ciclo Destructivo para controlar los Elementos, tal vez estemos eliminando por completo el chi, cuya desaparición puede resultar demasiado drástica. Tal opinión se halla basada en el concepto de yin y yang, según el cual en el yang debe haber yin, y viceversa. Con el fin de conservar el equilibrio de este concepto del yin y del yang es preferible utilizar el Ciclo Exhaustivo en vez del Destructivo y debilitar la aflicción en lugar de aniquilarla. Eso es especialmente aplicable a la hora de emplear la estrategia de los Elementos para superar las estrellas volantes afligidas o nocivas.

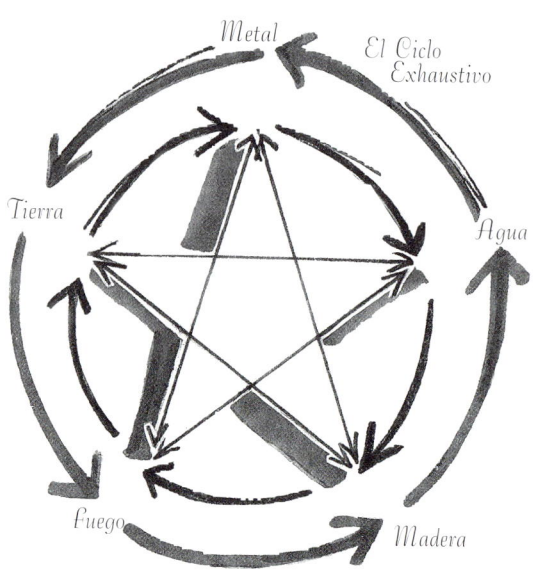

Cómo opera el ciclo

El Ciclo Exhaustivo funciona de la siguiente manera: el Agua debilita el Metal, el Metal debilita la Tierra, la Tierra debilita el Fuego, el Fuego debilita la Madera y la Madera debilita el Agua.

El método de las estrellas volantes, tan a menudo mencionado en el feng shui, constituye un sistema muy avanzado y eficaz de analizar, promover y corregir el feng shui de cualquier edificio. Explicar el feng shui de las estrellas volantes exigiría todo un libro consagrado a ese único tema. Los neófitos en el feng shui solo necesitan conocer el modo de emplear los elementos para superar las influencias de esas nocivas estrellas volantes.

Cuando exista un exceso de chi de Metal en un rincón de Madera (Este y Sudeste), habrás de añadir Agua, como por ejemplo en forma de un acuario, que debilitará el Metal mientras nutre además la Madera. Cuando haya demasiada Agua en un rincón del Fuego (Sur), añadirás energía de Madera, como por ejemplo una planta sana que extraiga Agua y al mismo tiempo produzca Fuego. Cuando los rincones de Tierra (Nordeste, Sudoeste y el centro de la casa) tengan demasiada Madera, aportarás energía del Fuego, como lámparas y velas, para debilitar la Madera mientras simultáneamente produce Tierra. Cuando exista demasiada Tierra en un rincón del Agua, el Metal debilitará la Tierra y promoverá el Agua. Emplea entonces una sonería o tres monedas metálicas. Cuando haya demasiado Fuego en rincones de Metal (Oeste y Noroeste), utilizarás Tierra para debilitar el Fuego. Cualquier vasija de barro o de porcelana será excelente al respecto.

83

Metal para superar a la «Quinta Amarilla» mortal

El Elemento Metal controlará y superará a una de las más peligrosas aflicciones del feng shui. Se la conoce como la estrella volante anual «Quinta Amarilla», que cambia de lugar cada año.

Si no es dominada, puede determinar que los miembros de una familia se vean afectados por un terrible mal y pierdan su riqueza; de estar presentes también otros rasgos negativos o aflicciones, la quinta amarilla es incluso capaz de lograr que una enfermedad se torne mortal.

- En el 2001 la Quinta Amarilla reside en el Sudoeste y representa un peligro extremado.

- En el 2002 la Quinta Amarilla se encontrará en el Este, bajo el control de la energía de la Madera.

- En el 2003 la Quinta Amarilla estará en el Sudeste, también bajo el control de la energía de la Madera.

Debilitamiento de la energía de la estrella Quinta Amarilla

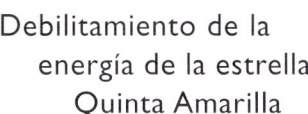

La estrella volante Quinta Amarilla es energía de la Tierra intensamente afligida. Resulta preciso debilitar su impacto, pues de otro modo la plena fuerza de su energía maligna se cebará en los residentes de una casa, sobre todo si el lugar de la Quinta Amarilla se encuentra en la entrada principal o en un dormitorio importante.

He aquí las localizaciones de la Quinta Amarilla durante los años 2001-2003.

Una sonería en forma de pagoda.

Empleo de una sonería metálica

El remedio más eficaz contra la Quinta Amarilla estriba en el Metal. ¿Por qué? Pues porque el Metal debilita a la Tierra. Y una de las mejores manifestaciones físicas del Metal que cabe utilizar es la sonería. Para superar en tu residencia las afliciones de la Quinta Amarilla, utiliza una sonería de seis varillas huecas. Si por añadidura tiene tejado de pagoda, resultará excelente porque apenas existe algo que sea más eficaz, a no ser que consigas hallar una sonería de seis varillas enteramente metalicas que posea forma de «wu lou» en vez de pagoda. El wu lou significa la buena salud y constituye un antídoto mayor contra la Quinta Amarilla. Se trata de un símbolo propicio adicional, ya que el percutor cental tornará aún más potente a la sonería.

No necesitas, pues, conocer el feng shui de las estrellas volantes anuales para prevenirte contra su aflicción. Lo que tienes que saber es cuán poderosa puede ser la energía de un Elemento como medio de protección.

84

Empleo de la energía del fuego en velas, luces y lámparas

El Fuego, asociado con el Sur, representa un Elemento poderoso, pero opera en ambos sentidos. No existe por sí mismo ni puede ser almacenado.

EL chi del Fuego se desplaza ascendente, aportando un éxito en la vida pública, fama, reconocimiento y logros brillantes. Pero tiene que ser controlado porque su exceso puede resultar fatal. Para beneficiarte de la energía del Fuego, proporciona de manera constante una buena iluminación al Sur de tu casa y de tus habitaciones. Deja las luces encendidas, sobre todo durante los meses invernales cuando es débil la energía del Fuego.

Energía de una vela

Las bujías son poderosas promotoras en el Sur, pero conviene no descuidarlas. Las llamas al aire se revelan extremadamente fuertes y pueden escapar a todo control.

Si por alguna razón se ve afligido el sector meridional, ya sea culpa de un inodoro de tu casa o más seriamente porque se trate de un año en que las estrellas intangibles sean nocivas en tal sector, no debes fortalecer a su Elemento.

El Sur afligido

Por ejemplo, en 1999 el Sur estuvo afligido por la estrella volante quinta amarilla mortal, que aporta pérdidas, bancarrota y graves enfermedades y accidentes. En ese año habría que haber apagado todas las luces del Sur para no fortalecer a la quinta amarilla. Y la causa estriba en que la quinta amarilla es energía afligida de la Tierra y el Fuego los promueve al producir Tierra.

Es probable que padecieran tales avatares quienes ignorasen este aspecto vitalmente importante pero no muy conocido de la dimensión del tiempo en el feng shui. Una destacada empresa manufacturera se vió afectada por tal desgracia. En fecha anterior a 1999 había instalado un intensa iluminación en su entrada, de cara al Sur. Las luces aportaron un desarrollo y una fama espectaculares. Pero en 1999 nadie se acordó de apagar los focos de la entrada. El hecho ejerció amplias repercusiones y en el 2000 la compañía se hallaba en manos de un administrador judicial. Y sucedió además porque en ese último año la dirección Sur estuvo afectada por la presencia de las tres muertes, otra aflicción de las estrellas volantes.

La próxima vez que el Sur sufra la presencia de la Quinta Amarilla corresponderá al 2008. No utilices, pues, en ese año fortalecedores del fuego en el Sur; habrás de reemplazarlos por el contrario con objetos de la Tierra que debiliten el Fuego. Entre los accesorios que simbolizan la Tierra figuran los ornamentos pétreos, los cristales, la cerámica y la porcelana. Menguarán la energía del Fuego y la mantendrán controlada. Emplea, además, sonerías para reducir la energía de las cinco muertes de la Tierra. Es siempre mejor debilitar que destruir la energía afligida de cada sector con objeto de mantener el equilibrio entre el yin y el yag.

Al matar la energía de un Elemento, creas un desequilibrio; por tanto, es más conveniente no usar Elementos que destruyan. Pero si la aflicción es muy seria, quizá tengas que recurrir a la muerte de la energía. Para el Sur, utiliza el Agua que aniquila al Fuego.

85

Promoción de las relaciones con el chi del fuego

La energía del Fuego es especialmente eficaz para la promoción de la suerte en las áreas de las relaciones en tu hogar. El Elemento del sector de la relación es K'un, o la Tierra, al que cabe fortalecer con chi del Fuego.

Si tu conocimiento del feng shui no alcanza a las poderosas Ocho Mansiones o fórmula de las estrellas volantes, puedes considerar simplemente el rincón del Sudoeste de tu casa o de las habitaciones como las áreas que representan la fortuna en tus relaciones. No es preciso que el feng shui sea difícil o complejo para que funcione. Todas las fórmulas se complementan y refuerzan entre sí. No se reemplazan una a la otra ni existe un rango de potencia y de celeridad en la apreciación de los resultados.

Localización de los sectores del Sudoeste

Para encontrar el sector del Sudoeste, recurre a una buena brújula orientadora con objeto de obtener su dirección. Recuerda que las direcciones no existen por sí mismas. Se hallan siempre expresadas en términos de un punto de referencia. Colócate, pues, en el centro de tu habitación para identificar el rincón del Sudoeste y sitúate en el centro de la casa con el fin de determinar su esquina sudoccidental. Este sector significa el trigrama K'un, que corresponde al gran Elemento Tierra. Fortalece esa energía con abundancia de la del Fuego. Pon allí cristales iluminados y lámparas rojas para crear una energía yang potencialmente fuerte y todo el mundo se beneficiará de un sesgo más favorable en sus relaciones. En el trabajo con compañeros, jefes y subordinados, y lo que es más importante con los seres queridos, un sector K'un bien fortalecido aportará interacciones más felices. Mejorará la vida social y las amistades cobrarán un significado más hondo. También se consolidará el amor en aquellos que buscan unas relaciones significativas.

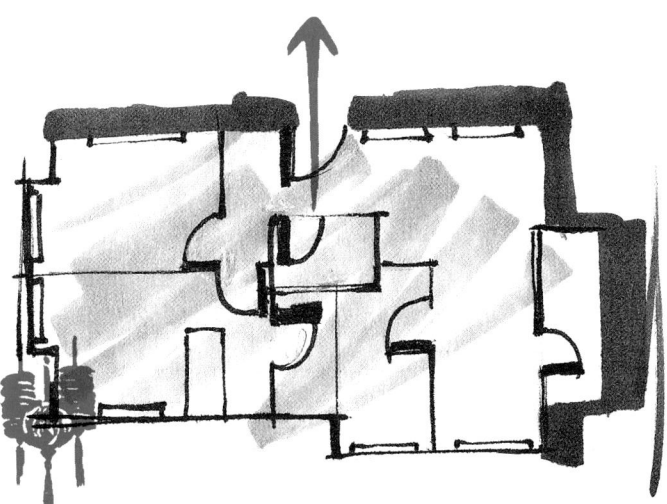

Unas lámparas rojas y unos cristales en el Sudoeste crearán energía yang que promoverá las relaciones.

86

Sintonía con el feng shui de tus relaciones

Si estás dispuesto a ir más allá en la práctica del feng shui, puedes utilizar la fórmula de las Ocho Mansiones para identificar tus direcciones peculiares respecto del amor, la salud, las relaciones y el propio desarrollo.

PARA esta fórmula te remito a la indicación 110 del capítulo 4 sobre las aplicaciones de las Ocho Mansiones. La fórmula revelará cuál es tu dirección mejor con el fin de promover la fortuna de tus relaciones. Esa dirección es conocida como el Nien Yen, y está basada en tu número del Kua calculado a partir de la fecha de nacimiento y del sexo. En función del sector que se halle especificado como tuyo para las relaciones y el amor, deberás fortalecer el Elemento correspondiente a tal sector. Solo se emplea la energía del Fuego si tu sector personalizado de las relaciones es el Surdoeste o el Noroeste, ambos pertenecientes a la Tierra. Advierte que es preferible utilizar el Elemento que produce el del sector en vez del propio Elemento de este. Atente al Ciclo productivo de Elementos de la indicación 79 para descubrir el que debes usar.

Empleo del feng shui de las estrellas volantes

Si estás informado acerca del feng shui de las estrellas volantes, serás capaz de sintonizar con mayor precisión aún el sector de las relaciones, complementando tu consolidación del Sudoeste y tu dirección personalizada del Kua. El feng shui de las estrellas volantes afecta por igual a todos los residentes. No se halla personalizado en relación con los individuos. Utiliza el horóscopo de los edificios (entre los que se incluyen las casas unifamiliares) basándote en sus atributos, aunque habrás de tener en en cuenta que

esta operación procede de un estudio más avanzado del feng shui.

Pero cabe lograr el fortalecimiento de los sectores de tu casa o de las habitaciones en donde existan estrellas de relaciones propicias, siguiendo el cuadro que aparece en la sección de estrellas volantes de este libro (véase indicaciones 182-187); allí determino los sectores para todas las casas construidas o renovadas desde el 4 de febrero de 1984 y que se aplicarán a las construidas o renovadas hasta el 4 de febrero del 2004.

Estos datos están basados en la orientación de tu casa, por la que se entiende la dirección con la que se enfrenta la puerta principal. Quienes residen en apartamentos deben utilizar como punto de referencia la entrada principal del edificio. ¡Recuerda que esos datos contienen aplicaciones simplificadas de las estrellas volantes para aquellos que no conocen el feng shui correspondiente!

Anotación de las direcciones de la brújula

Este es el único libro en donde figuran resumido tales cuadros. El sector de las relaciones propicias corresponderá al indicado por la dirección a la que se enfrente la puerta. Cuando quieras recurrir a las direcciones señaladas en los cuadros, emplea siempre una brújula adecuada para precisar las orientaciones de tu hogar. El feng shui emplea estas direcciones de la aguja imantada con el fin de manipular la energía intangible del chi de nuestro espacio, así que no olvides usar una brújula.

87 Fuego para promover la suerte en los exámenes

El Fuego constituye un excelente fortalecedor del chi del conocimiento y del saber. Basándose en el método Pa Kua, la dirección que representa el conocimiento es el Nordeste.

E L simple fortalecimiento del Elemento de tu rincón o estancia del Nordeste contribuirá a que se acumule el chi del conocimiento en el hogar. Ese hecho aportará una suerte próspera a aquellos residentes que se sometan a exámenes en la escuela o en la universidad. También ayuda a quien realice actividades de investigación o que se consagre a un serio trabajo de meditación. El Elemento del Nordeste es la Tierra y, como el Fuego crea Tierra en el Ciclo productivo de los Elementos, la esencia de la energía del Fuego es extremadamente eficaz para expandir esa suerte

El incienso que arda en el rincón del Noreste aportará la fortuna del conocimiento.

Promoción del Nordeste

Así que cuando estudies, trabajes o medites, debes colocar una pequeña vela encendida sobre una mesa del rincón del Nordeste en la estancia en que te encuentres. Cabe conseguir también el mismo efecto quemando algo de incienso. Este simula la auténtica creación de la Tierra por la energía del Fuego, porque al quemar incienso se crean cenizas. Por tal motivo, muchas tradiciones recurren al incienso en sus diversos rituales. Es excelente para despertar la energía del chi del espacio circundante y promover su potencia.

Los chinos se muestran muy inclinados a quemar madera de sándalo, y este ritual ha sido recomendado durante siglos por los eruditos que estudian durante la noche. Asimismo, puedes emplear como ayuda a la meditación algún incienso especial elaborado con hierbas o ramas de pino

Determinación de tu rincón del Nordeste

Si no resulta accesible tu Nordeste porque exista allí un inodoro o porque falte en razón de la configuración de tu casa, trata entonces de estudiar y trabajar en otra habitación que disponga de tal rincón.

También puedes identificar la esquina más propicia de la estancia para estudiar bajo el feng shui de las estrellas volantes. Pero el aprendizaje del feng shui avanzado de las estrellas volantes es harto complejo. En consecuencia, y por lo que atañe a la generación de la suerte en el conocimiento y en los exámenes, usa el método Pa Kua aquí descrito o el método de las Ocho Mansiones (véase indicación 110), que especifica tu direcciones propicias basándose en el año de tu nacimiento y en tu sexo, para impulsar la suerte que favorece el desarrollo personal. No utilices energía del Fuego si tu dirección propicia no corresponde al Nordeste o el Sudoeste.

88

La energía del fuego no debe ser demasiado fuerte

En el feng shui, la energía del Fuego tiene la consideración de un arma de doble filo. Es un Elemento vigoroso y apasionado que aporta un reconocimienrto y un éxito renombrados.

PERO asimismo posee potencial para perjudicar si llega a su cenit y opera sin control. En el peor de los casos, el fuego quema y mata cuando se encuentra sin embargo en su mejor momento. La energía del Fuego aporta un reconocimiento global de tu valía y de tus cualidades. Los políticos y todos aquellos que desempeñan profesiones que exigen especialmente un reconocimiento público se revelan muy susceptibles a los efectos beneficiosos y perjudiciales del Elemento del Fuego.

Pero el gran secreto de su aplicación consiste en no permitir nunca que opere sin control, así que no te

La colocación de linternas rojas estimula el chi del Fuego de un modo controlado, a diferencia de lo que sucede con las llamas, capaces de generar una excesiva energía del Fuego.

excedas en su fortalecimiento. Recuerda en toda ocasión que el Fuego es muy poderoso, puesto que se trata del Elemento yang definitivo. Un exceso de Fuego provoca una demasía de energía yang. Cuando falta por completo el yin, el yang deja de existir.

El Fuego requiere ser creado

El Fuego no existe por sí mismo, necesita ser creado. Al contrario de lo que acontece con otros Elementos, no es posible almacenarlo. Así que cada vez que desees utilizar chi del Fuego, habrás de constituirlo. Su esencia, sin embargo, puede surgir a través de símbolos de la luz que ofrecen menor probabilidad de resultar excesivos. Solo cuando creas llamas existe el peligro de una demasía del Fuego, así que ten cuidado con las velas.

Demasiadas luces

Cuando recurras a luces intensas, no las utilices hasta el punto de transformar tu rincón en un deslumbrante plató cinematográfico. Por la misma razón no enciendas tantas velas que llegues a crear el riesgo de que una caiga y provoque un auténtico fuego. Si usas colores rojos, no correrás el peligro de que el exceso de energía yang la torne malévola en vez de subsistir propicia y benévola. A la hora de emplear energía del Fuego para fortalecer rincones, revela templanza en la operación.

89 El reto del elemento agua

El chi del Agua es el elemento de la riqueza, pero, como el Fuego puede escapar a todo control. La energía del Agua se desplaza en sentido descendente, así que cuando rebosa posee un potencial para crear una intensa mala suerte.

EL *I Ching* previene enérgicamente contra el agua en su cenit, en la cúspide. Como el agua fluye hacia abajo, esa circunstancia crea una situación de extremado peligro, reconocido por el feng shui. Recomienda siempre evitar la existencia de grandes depósitos de agua en lo alto de edificios de muchos pisos. El azul y el negro, los colores que representan el Elemento Agua, nunca resultan recomendables para los tejados ni siquiera tampoco para los apartamentos situados en el último piso. Recuerda también que el desbordamiento del agua sugiere una pérdida de riqueza, de la fuente de esta y un posible riesgo.

El Agua puede aportar el éxito

El Agua trae prosperidad si es fortalecida correctamente y en las cantidades adecuadas. En el feng shui, el Agua se vincula con el Norte y su trigrama Kan. Así que cuando coloques un accesorio acuático en el rincón septentrional de tu hogar o de cualquier estancia (a excepción del dormitorio), el agua traerá la buena fortuna. He realizado asimismo cálculos respecto de las estrellas volantes para este periodo del 7 y el siguiente del 8; durante ambos, y según mis datos, el Norte se beneficiará de la presencia de accesorios acuáticos llenos de agua yang. Esta aporta una continua suerte yang. Como anteriormente, puede tratarse del Norte de tu casa, del de cada una de las habitacioens o incluso del Norte de tu jardín.

La puerta principal del apartamento se halla de cara al Norte. Resultará propicio colocar agua allí.

Fortalecimiento del Norte

Cuando promuevas tus áreas septentrionales elegidas, utiliza una brújula para identificar con precisión tales rincones y ten además en cuenta y observa los tabúes y las normas del feng shui referentes al empleo del agua; habrás de cuidar de no suscitar otros problemas mientras fortalezcas estas áreas de riqueza. Es posible que en el feng shui un conocimiento escaso resulte peligroso; así que esfuérzate por obrar con cautela cuando promuevas tus rincones, sobre todo a la hora de emplear el chi del Agua.

90

Los mejores rincones para el agua dentro del hogar

Si sabes cómo aprovechar correctamente el chi del Agua, conocerás el secreto del empleo del feng shui para atraer la suerte de la riqueza. Todas las fórmulas abordan la cuestión del agua.

SON operativos todos los distintos métodos de identificación de los rincones afortunados del agua, pero el grado en que generen la suerte de la riqueza en tu beneficio dependerá de tu propia fortuna. En el caso de algunas personas, en cuanto fortalecen adecuadamente el agua les sobreviene un alud de dinero, mientras que en otras puede manifestarse bajo la forma de un buen aumento de sueldo, ciertos ingresos adicionales por tareas autónomas o como nuevas oportunidades para ganar dinero. Las expresiones de la suerte de la riqueza son susceptibles de adoptar formas distintas, a veces del modo que menos esperas.

Rincones excelentes para el agua

Son operativos todos los distintos métodos de identificación de los rincones afortunados del agua, pero el grado en que generen la suerte de la riqueza en tu beneficio dependerá de tu propia fortuna. En el caso de algunas personas, en cuanto fortalecen adecuadamente el agua les sobreviene un alud de dinero, mientras que en otras puede manifestarse bajo la forma de un buen aumento de sueldo, ciertos ingresos adicionales por tareas autónomas o como nuevas oportunidades para ganar dinero. Las expresiones de la suerte de la riqueza son susceptibles de adoptar formas distintas, a veces del modo que menos esperas.

La suerte del dinero

Cada persona nace con un horóscopo astrológico peculiar, y de la misma manera es diferente la suerte para el dinero en cada individuo. Pero todo el mundo la posee. No yerres en este punto. Cada persona ha nacido con el potencial de hacerse rica. La única diferencia entre unas y otras estriba en el momento en que tal fortuna madurará y cuál será su magnitud. Lo que el feng shui es capaz de realizar consiste en acelerar la maduración de tu suerte para el dinero. Si los aplicas acertadamente, los accesorios acuáticos son excelentes al respecto.

Los accesorios acuáticos adoptan formas muy distintas. Por lo general, basta con un cuenco sencillo y decorativo dotado de una pequeña bomba o de un símbolo propicio. Este objeto del agua muestra a un perro Fu, un símbolo protector.

91

Empleo de métodos del rincón afortunado para fortalecer el agua

En esta indicación y en las dos siguientes se presentan diferentes métodos para promover el agua. Cada uno posee un enfoque diferente del emplazamiento del agua, que suscitará la aceleración de la maduración en tu suerte de la riqueza.

EL rincón afortunado de una estancia es aquel que se halla directamente en diagonal respecto de la puerta. Coloca el agua en los rincones afortunados de las diversas habitaciones en relación con la entrada. Si ese rincón de tu cuarto de estar se halla libre de obstáculos y carente de inodoros, trasteros o escaleras en sus inmediaciones, la disposicion de un accesorio acuático será allí sumamente propicia.

Cabe fortalecer además el rincón afortunado de tu comedor si el punto puede ser claramente identificado. El método del rincón afortunado procede del de la escuela práctia del feng shui. Si también corresponde a un rincón afortunado basándose en otro método de determinación del lugar propicio del agua, entonces deberás colocar indudamente en tal lugar un accesorio acuático para impulsar tus perspectivas de riqueza

92

El número del periodo para el agua propicia

Un segundo método empleado por los expertos del feng shui con el fin de identificar rincones favorables para la colocación de accesorios acuáticos está basado en los números de los periodos de las estrellas volantes.

SE ha calculado que durante el periodo actual de 7 y el próximo de 8, el agua resultará propicia colocada en el Norte, el Este, el Sudeste y el Sudoeste. Como el Norte es ya el rincón del Agua, su fortalecimiento será doblemente favorable. El Este y el Sudeste son rincones de la Madera que se beneficiarán también ampliamente de la colocación del agua (porque el Agua produce Madera en el Ciclo de los Elementos). Por consiguiente,

puedes colocar con seguridad accesorios acuáticos en esos tres rincones de tu cuarto de estar.

Por lo que atañe al Sudoeste, es el lugar de la Tierra y normalmente yo no me sentiría a gusto colocando allí agua, pero según este método este rincón será el mejor para el agua desde el 4 de febrero del 2004 al 4 de febrero del 2024, es decir, en el próximo periodo de 8.

93

Utilización de las estrellas volantes para la suerte del agua

Este es el método que prefiero usar. De hecho, he alcanzado repetidos éxitos con su empleo, contribuyendo a que tanto muchas personas como yo misma obtuviéramos ingresos superiores.

ESTE método simple es conveniente para quienes todavía desconocen las estrellas volantes y desean captar la esencia de la suerte de la riqueza en su hogar mediante el uso del chi del Agua basado en las estrellas volantes.

Puedes recurrir al cuadro del final del libro en donde he resumido los rincones más propicios para la riqueza en cada uno de dieciséis tipos de casas de este periodo de 7. Si la tuya ha sido construida o renovada durante el periodo de 7 (entre el 4 de febrero de 1984 y el 4 de febrero del 2004), serás capaz de emplear ese cuadro para identificar tu rincón de la riqueza, basándote en la dirección con que se enfrenta hacia fuera tu puerta principal. Recuerda el principio del chi grande y del chi pequeño; este rincón se refiere, pues, tanto a toda tu casa como a cada una de las habitaciones. Has de tener asimismo en cuenta los tabúes del agua cuando la fortalezcas conforme a este método (véase indicación 95); no coloques por consiguiente nunca agua en el dormitorio.

94

Cascadas que crean millonarios

Es muy atrayente pensar en todos los accesorios promotores y fortalecedores acuáticos agua que puedes colocar en los rincones del agua de tu hogar. Puede tratarse de cascadas o de acuarios.

PERO no fortalezcas más de un rincón de cada estancia. Un exceso de agua significará quizá una demasía de yin que te ahogará. Advierte además que los objetos que simulan contener agua con forma de largos tubos en donde se mueven unos peces artificiales no son accesorios acuáticos eficaces del feng shui. Para que los accesorios acuáticos operen deben poseer agua auténtica. Quizá se encuentre dentro de un recipiente que sugiera una cierta profundidad y un volumen. También es necesario que tal agua sea visible, porque solo entonces tendrá eficacia como símbolo de la creación de riqueza. Tal es el motivo de la gran utilidad de acuarios y estanques. En ambos, la presencia del agua denota su acumulación y su segura conservación en beneficio del hogar. En mi propio domicilio, yo empleo también recipientes de cerámica y de porcelana para mantener pequeñas carpas doradas en el rincón de la riqueza del comedor. Presentan una anchura comprendida entre algo más de medio metro a casi un metro y se hallan emplazados en el nivel del suelo. Resultan muy efectivos y constituyen unos objetos extremadamente decorativos, en especial cuando el agua aparece iluminada.

Empleo de fuentes

Cabe también utilizar accesorios acuáticos bajo la forma de diminutas fuentes que alzan al aire el agua, después caída al recipiente. Esa circunstancia determina un proceso muy yang de fortalecimiento y es muy conveniente para aportar energía yang al agua. He visto empleado este método con gran éxito, aunque personalmente prefiera los acuarios y los estanque en miniatura.

Agua en el jardín

Allí puedes montar una cascada en el rincón de la riqueza, cerciorándote de que el agua fluya hacia la entrada de tu residencia. Potencialmente, este método puede ser muy eficaz, pero exige un amplio desembolso. He visto que opera con gran éxito en las casas de varios empresarios amigos míos. Crearon cascadas en sus jardines y llegaron a ser muchas veces millonarios. ¡Su éxito, en lugar de ser moderado, alcanzó magnitudes increíbles y todos lo atribuyen a sus cascadas! Si dispones del terreno y del dinero suficientes y deseas llegar a ser realmente rico, utiliza el cuadro de la página para identificar el rincón de la riqueza del terreno (basándote en la dirección hacia la que se enfrente tu casa hacia fuera) y monta una cascada. Asegúrate luego de que cae el agua y fluye hacia tu casa.

Las cascadas artificiales dan lugar a un excelente feng shui, sobre todo cuando se hallan diestramente concebidas para combinarse de un modo armonioso con el espacio ajardinado. No deberán ser demasiado grandes, y entonces aportarán una enorme suerte de la riqueza. También es posible que sean muy pequeñas y especialmente construidas para realzar un espacio interior. Ambas deben operar con igual potencia. Las cascadas mejores disponen de seis niveles, puesto que así simbolizan la fortuna llegada del cielo.

95

Tabúes del agua: en dónde no colocarla nunca

Es importante observar con diligencia los tabúes del agua. No debes fortalecer ciertas habitaciones y partes de la casa, pues de otra manera podrías acarrear el infortunio.

CUANDO el agua está incorrectamente emplazada, se manifiestan diferentes tipos de mala suerte, pero quizá sobrevenga el peor al surgir problemas serios entre el marido y la mujer. Es posible que se rompa el matrimonio e incluso que salgan a la luz escándalos sexuales.

Agua en el cuarto de baño

Primeramente, nunca pongas en tu dormitorio accesorios acuáticos (tal como se hallan descritos en la indicación 95). La presencia siquiera de un pequeño volumen de agua en el dormitorio determinará pérdida de tu dinero y que seas engañado. La cantidad de dinero desaparecida dependerá de tu propia suerte, así que podría ser grande o reducida. El agua en el matrimonio es también causa de que se enfríe la relación entre el marido y la mujer hasta que eventualmente se extinga, porque la energía yin quedará afectada y originará que la relación se torne cada vez más incómoda y desgraciada. El agua en un dormitorio

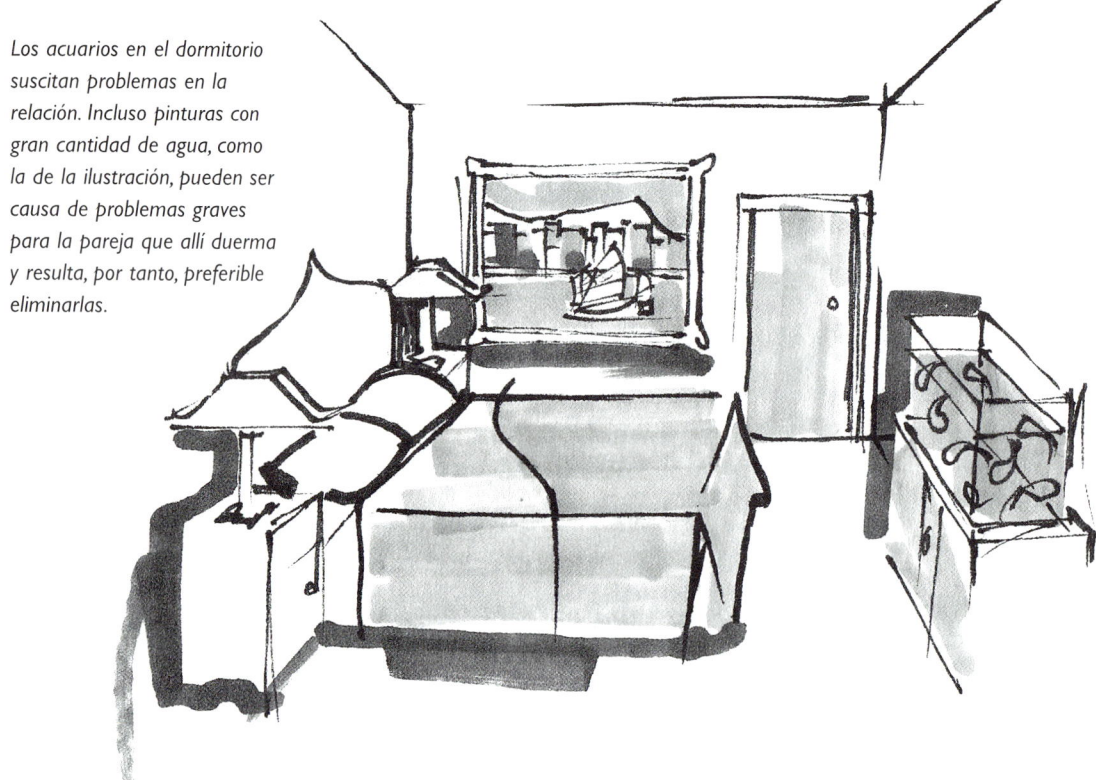

Los acuarios en el dormitorio suscitan problemas en la relación. Incluso pinturas con gran cantidad de agua, como la de la ilustración, pueden ser causa de problemas graves para la pareja que allí duerma y resulta, por tanto, preferible eliminarlas.

El agua a la derecha de la entrada principal es motivo de problemas en un matrimonio.

perjudica a la energía de la Tierra allí existente, marchitando así una relación. Retira, pues, de dormitorios acuarios y pequeñas fuentes. En términos ideales, ni siquiera coloques una pintura de una marina o de un lago. No cuentan los vasos de agua en la mesilla de noche. Tampoco tomes en consideración el hecho de que el dormitorio esté pintado de azul. Solo el volumen de agua y nada más es la causa del daño

Agua fuera de la entrada principal

En segundo lugar, nunca coloques accesorios acuáticos a la derecha de tu entrada principal según miras hacia fuera (tanto en el interior como en el exterior de la casa). Esta posición impulsará al hombre de la casa hacia el coqueteo. Pero en ocasiones no se detendrá en ese punto y dará lugar a consecuencias trágicas y escandalosas para la esposa y la familia. El agua cerca de la puerta principal puede aportar la suerte de la riqueza si esos rincones se corresponden con los del dinero. Pero de nada sirve lograr una riqueza al precio de la ruptura de la familia o, peor aún,

de la pérdida de un marido. Los textos del feng shui recalcan sobre este particular que el agua a la derecha de la puerta es causa de amoríos y de escándalos sexuales, así que esposas y madres deben cuidar mucho de este tabú particular.

Accesorios acuáticos bajo las escaleras

En tercer lugar, debes abstenerte de colocar cualquier tipo de accesorio acuático bajo una escalera. Si la tuya dispone debajo de algún espacio, no se te ocurra instalar allí una fuente o un estanque. Un accesorio acuático puede parecer bello y oportuno, pero afectará adversamente a la suerte de la riqueza de tus hijos. En el mejor de los casos, tal vez les provoque después dificultades para encontrar un empleo cuando se hagan mayores. En el peor, determinará que se esfumen sus posibilidades de heredar. El patriarca de la familia morirá o los abandonará y ellos perderán todo en litigios judiciales sobre la herencia familiar. Destina el espacio bajo la escalera a trastero, si lo deseas, pero nunca pongas allí nada de lo que sabes que padecerá cuando pises encima.

Un accesorio acuático, como el acuario aquí mostrado, daña a la suerte de los hijos de la familia al ser colocado debajo de la escalera.

96

El agua yin absorbe chi dañino de los vecinos

Cuando fortalezcas el agua dentro del hogar o por el jardín deberás advertir la diferencia entre agua yin y agua yang. Una es buena como remedio, la otra se muestra vigorizadora.

EL agua yin es tranquila y quieta. Su presencia en el interior de la casa constituye un remedio para la demasía de energía yang. Representa además un remedio excelente para algunas de las aflicciones causadas por mortales estrellas volantes. Y desde luego, si tienes malos vecinos, harto ruidoso o pendencieros, puedes colocar simplemente un gran recipiente de agua junto al costado de tu casa más próximo a ellos y dejar que el agua absorba toda su energía negativa. Es preciso cambiar el agua yin al menos una vez a la semana, pues de otra manera se vuelve rancia y puede tornarse dañina.

Por otra parte, del agua yang se dice que se muestra vivaz y burbujeante. Es el tipo de agua que debe ser empleada para promover la suerte de la riqueza. Los acuarios dotados de peces son considerados agua yang, los estanques con carpas o arrowanas tienen agua yang, las charcas de tortugas poseen agua yang. En consecuencia, cualquier tipo de vida animal en el seno del agua la tornará yang.

Accesorios acuáticos burbujeantes

Otra forma de agua yang es la burbujeante creada por bombas de aire. Estas son incluso manifestaciones mejores del chi yang, y de hecho cabe utilizarlas para fortalecer el agua, tanto si tiene peces vivos como si no sucede así. El agua yang ha de hallarse también limpia mediante sistemas de filtración y asimismo a través de su cambio regular. Nunca permitas que el agua se torne rancia o contaminada. Si cuentas con peces en tu acuario, habrás de adquirir un sistema de

Coloca un recipiente de agua para poner coto a los ruidos desaforados de los vecinos.

filtración en buen estado de funcionamiento. Nada aporta con mayor celeridad un feng shui dañino como el chi que se ha tornado negativo y sucio y por tanto afligido.

Estanques de nenúfares o de lotos

Una tercera forma de agua yang es la representada por accesorios que contengan plantas. Por tal motivo los estanques de nenúfares o de loto constituyen realmente un buen feng shui. Cuando las plantas florecen, significan una buena fortuna que surge de circunstancias negativas o terribles. Resulta, pues propicio el mantenimiento de lotos o de neúfares si dispones de un estanque en un rincón oportuno de tu jardín. Una vez que comprendas el agua yang, serás capaz de distinguir tu modo de emplear el agua: si la destinas a fortalecer la buena suerte, o como remedio para absorber ruidos y tensiones excesivos de estrellas volantes perjudiciales o de los vecinos.

97

Agua en sectores de la madera para atraer el desarrollo

Un empleo último del Elemento Agua consiste en su utilización para promover los rincones del Elemento Madera de tu residencia. Son el Este y el Sudeste de la casa o de cualquier estancia.

E L rincón oriental afecta a la suerte del hijo mayor de la familia. Para los chinos, el hijo mayor es el descendiente dinástico cuya fortuna está ligada a la suerte del resto de la prole. Por eso resulta preciso fortalecer el rincón del Este con la energía de un buen chi que representará la causa de que la suerte de los descendientes sea segura y significativa. La colocación de agua en un rincón de la Madera es muy beneficiosa porque el Agua produce Madera en el Ciclo de los Elementos. Recuerda, sin embargo, que no debes excederte. Una demasía también es perjudicial.

El rincón del Sudeste

Tal área afecta a la suerte de la hija mayor. Supone además la riqueza bajo el método Pa Kua de análisis del feng shui. Si mantienes bien fortalecido el rincón del Sudeste de tu residencia, atraerás un buen chi a esas áreas concretas de tu vida. El Agua promoverá además la energía de desarrollo de la Madera.

A no ser que estos rincones se correspondan también con los de tu riqueza o suerte, no es necesario su fortalecimiento con un volumen de agua. Todo lo que se requiere es utilizar simplemente los símbolos del agua para sugerir la presencia de su energía. Por ejemplo, podrías emplear motivos acuáticos, pautas del agua o incorporar el azul, el negro e incluso el púrpura a tu esquema cromático. Estos son símbolos maravillosos de la energía del agua que beneficiarán a esos sectores de la Madera.

Un cuadro de un puerto en el Este beneficiará a los hijos; en el Sudeste favorecerá a las hijas.

Simbolismo del agua

Los cuadros con motivos acuáticos y las fotografías que muestren el agua son también beneficiosos en estos rincones de la Madera de tu casa o del cuarto de estar. Colócalos, pues, allí de tal modo que sintonicen con tus ideas acerca de la decoración de interores. Descubrirás que si de manera sistemática aplicas estas sutiles medidas del feng shui a la decoración de tu residencia, la energía se tornará equilibrada y propicia. Ansiarás regresar a casa cada día y tu morada resultara verdaderamente grata. Cuando así lo sientas, coincidirás conmigo en reconocer que los resultados pueden ser verdaderamente mágicos.

98 Fortalecimiento de los rincones de la madera con plantas y flores

El chi del Elemento de la Madera simboliza crecimiento, expansión y nuevos comienzos. La Madera se vincula con el Este y con el Sudeste. El chi de la Madera aporta un éxito material que procede del desarrollo y de la movilidad ascendente.

Como las ramas de un árbol, la buena suerte cree hacia fuera y hacia arriba. La Madera es el único Elemento que posee vida y tiene la capacidad innata de expandirse. Su naturaleza y su esencia son por eso diferentes de las de los otros cuatro Elementos. La energía de la Madera confiere asimismo a las familias suerte para la descendencia y es beneficiosa a los hijos.

Plantas propicias en el Este

Un buen feng shui siempre considera a la suerte más allá de la primera generación, y de hecho los maestros del feng shui de otros tiempos en todo momento concibieron el feng shui en términos de varias generaciones. Constituye, pues, una idea excelente llenar de bellas plantas y flores la parte oriental del hogar. El crisantemo amarillo es juzgado extremadamente propicio y muchos hogares acomodados

chinos siempre cuentan con tales flores cuando llega su temporada. Otras flores de buen augurio son las magnolias blancas, las peonías de todos los matices y tonalidades, las bellas flores del ciruelo y las orquídeas. Observa siempre las normas del feng shui para evitar las plantas con púas y las flores espinosas, en especial las disimuladas, a las que nunca se considera convenientes.

Las plantas de crecimiento sano son también las más propicias en los sectores de desarrollo de la casa. Si careces de plantas naturales o son difíciles de hallar, las plantas o los árboles artificiales con hojas de seda resultarán los más adecuados. Pero evita las plantas y las flores secas en el sector de desarrollo vibrante; nada mata aquí más rápidamente el chi. Así que al colocar flores frescas, preocúpate de retirarlas en cuanto comiencen a pudrirse. El proceso de putrefacción crea un chi yin dañino.

Las plantas deben tener una apariencia sana y vibrante. Las flores artificiales poseen la capacidad de aportar un buen chi, pero jamás son recomendables las secas. Entre las propicias figuran la magnolia, la orquídea y el crisantemo.

Magnolia

Orquídea

Crisantemo

99

Flores para la suerte a lo largo del año

Tradicionalmente, algunas familias chinas exhiben flores de las cuatro temporadas a través de pinturas, porcelanas u otros objetos decorativos.

L A presencia de estas flores denota buena suerte durante el año. Los chinos saben que el feng shui posee una dimensión temporal y que a lo largo del año, en tanto que cambian los meses, también se modifica el chi intangible que penetra el espacio. Habrá, pues, siempre símbolos en el hogar que traten de reducir los efectos de estrellas nocivas y afectadas.

Símbolos en el Este y en el Sudeste

Algo más importante con que contar en el Este y en el Sudeste, recurriendo a la realidad o a una representación pictórica, es lo que los chinos llaman los tres amigos en el invierno. Son las ramas de un pino que significan longevidad, la flor del ciruelo que posee la capacidad de emerger en la adversidad y el bambú que simboliza la sabiduría para acomodarse a los vientos predominantes de las circunstancias y recuperarse sin esfuerzo cuando mejore la coyuntura. Presentes en el hogar, esos tres amigos en el invierno garantizarán que la familia sobreviva siempre a cualquier mudanza de la fortuna.

Feng shui bueno

Cuando lo tengas, ni siquiera sabrás que vives una mala época hasta después de que haya pasado todo, mires hacia atrás y comprendas que has conocido un

Los tres amigos en el invierno, el pino, la flor del ciruelo y el bambú, simbolizan la fuerza en la adversidad.

El bambú representa la elasticidad

La flor del ciruelo simboliza la fuerza

El pino significa longevidad

tiempo ingrato. Un gran feng shui te protege de la impresión del mal sobrevenido en épocas difíciles y permite que lo superes con ecuanimidad e incluso con un cierto humor.

100 La madera alimenta el fuego para la suerte del reconocimiento

La energía de la Madera constituye un combustible maravilloso para los sectores meridionales de cualquier casa. Aquí adopta una apariencia diferente y resulta harto curioso que sea la madera vieja más que la nueva la que proporcione sustento a la energía del Fuego.

En el ciclo de los Elementos, este es el que produce otro al que se considera como dotado de la capacidad para crear la suerte necesaria al desarrollo y la expansión. Por tanto, si deseas que tu buen nombre se difunda por doquier y requieres la aceptación de un círculo cada vez más amplio de personas solícitas, promueve o alimenta el Fuego del Sur.

Puedes crear energía de la Madera en el Sur, introduciendo paneles de madera o mediante la creación de un piso de tablas en vez de tender alfombras o contar con un piso de baldosas.

101 El chi del metal es nocivo en los sectores de la madera

El Metal posee el poder de destruir el crecimiento. En los sectores de la Madera, el metal corta y golpea con una aterradora eficacia que te afectará de muy mala manera.

Jamás se te ocurra exhibir espadas y armas de fuego en el ala oriental de tu residencia. Utiliza la energía del Metal en el Este solo si está muy seriamente afligida y la energía de la Madera se halla deteriorada por obra de varios inodoros allí emplazados o cuando las estrellas nocivas son las anuales intangibles.

No utilices una sonería con el fin de superar energía afligida de la Madera. Por el contrario, es mejor usar un pequeño cuchillo curvo de metal que colgarás de un muro. Ocúltalo en otro lugar, si lo prefieres, en el caso de que haya aquí un inodoro.

Asegúrate de que no haya nunca en este enclave campanillas y sonerías a menos que estén hechas de bambú o de cristal. Sí, existen sonerías de bambú y campanillas de cristal que poseen los atributos de estos símbolos, pero están dotadas del chi de un Elemento diferente. Las sonerías de bambú fortalecen la Madera pero no poseen el mismo poder que las de Metal. Por otra parte, las campanillas de cristal son excelentes proveedoras de chi, puesto que el cristal como tal constituye un enérgico suministrador de energía de la Tierra.

102

Energía poderosa del Metal

El chi del Metal aporta la suerte de los padres y se vincula con los hijos. La esencia del Metal estriba en su inflexibilidad, pero es además muy potente, sobre todo a la hora de atraer la suerte en beneficio del patriarca de la familia.

EL Metal es el Elemento del Oeste y del Noroeste. Simboliza el poder de los cielos y la jefatura. Se halla asociado con el oro, y su energía es densa y fluye hacia dentro. Si logras aprovechar con éxito el chi propicio del Metal, crearás aquel que te aporte poder y gran influencia al servicio del hogar.

Fortalecimiento de la energía del metal

La mejor manera de estimular la energía del Metal consiste en colgar sonerías o campanillas metálicas en los rincones del Oeste y del Noroeste de tu casa. Estos dos objetos simbólicos se muestran muy enérgicos. No se limitan a aportar a tus esquinas la presencia del Metal, sino que también tienen el potencial de crear el sonido del Metal. Cuando cuelgues sonerías, cerciórate de que sean enteramente metálicas y no constituidas por metal y madera. Seis varillas significan el chi del Gran Metal del Noroeste.

Sonerías especiales

Evita, además, las sonerías de las que cuelguen diferentes móviles. Las mejores son las enteramente metálicas, porque simbolizan los atributos escuetos asociados con el metal. Un «wu lo» en lo alto opera como símbolo protector de la salud, capaz de cerrar el paso a las enfermedades. Simboliza asimismo la bendición espiritual y el emblema divino de la longevidad.

La colocación de una sonería con forma de pagoda en el sector occidental beneficia a los hijos de la familia, sobre todo cuando desarrollan diversas tareas escolares relacionadas con sus futuras carreras. La disposición de una sonería en el Noroeste favorece al patriarca de la familia. Es una buena idea colocar un ventilador para estimular los efectos de la sonería o situar esta en la parte de mayor corriente de la casa, cerca de unas ventanas. El sonido del metal no solo promueve la buena suerte, sino que es además capaz de disolver cualquier energía nociva aportada por las estrellas volantes intangibles. Así que incluso aunque no lo sepas, las sonerías te protegen de las enfermedades y de las pérdidas causadas por estrellas volantes perjudiciales. Eso es principalmente debido al poder del Metal para contrarrestar la energía afligida de la Tierra.

Sentarse bajo sonerías

Solo tienes que recordar una cosa acerca de las sonerías y consiste en que nunca debes sentarte debajo. Por propicio que sea este símbolo, jamás debes mantenerlo sobre tu cabeza. En esa situación, el Metal sugiere un siempre un arma dispuesta a herir. Y sucede así porque en otros tiempos las espadas, los cuchillos y todas las armas agresivas se hallaban asociados con el Elemento Metal.

103

La energía de la Tierra opera en ambos sentidos

La Tierra representa a la energía básica y manifiesta el meollo del feng shui. El aprovechamiento de la suerte de la Tierra aporta a la familia armonía y felicidad, que están habitualmente asociadas con la matriarca.

ESTIMULA asimismo la felicidad romántica y significa la adquisición eficaz del conocimiento. La Tierra domina el Sudoeste, el Nordeste y el centro de cualquier hogar. Si divides tu casa en las casillas del cuadrado Lo Shu (véase indicación 12), descubrirás que los sectores de la Tierra trazan una diagonal a través del entramado. Eso pone de relieve la omnipenetrante fuerza de la energía de la madre Tierra. De hecho, algunos expertos me dicen que cuando el chi de tu casa posee energía sana y no afectada de la Tierra, cabe juzgar que el feng shui de tal residencia es excepcionalmente bueno.

Casas de la Tierra

Se considera que las residencias de cara al Sudoeste o al Nordeste son casas del chi de la Tierra. Este es el eje Nordeste/Sudoeste, que torna patente el poder de la matriarca. Tales hogares manifiestan para las mujeres que allí moran una gran fortuna, pero algo más aún: poseen una excepcional suerte para la familia y las relaciones.

Fortalecimiento del chi de la Tierra

La mejor manera de promover el chi de la Tierra consiste en llenar tu casa de cristales, porcelanas, pisos de mármol o de terrazo y abundancia de luces intensas. El mármol y el granito son sólidos. La Tierra hace muy estable el hogar y el chi muy firme. Tales

residencias disfrutan de una excelente estabilidad de la buena fortuna.

Aflicciones nocivas

Pero la energía de la Tierra opera en ambos sentidos, y durante los años en que los sectores del Sudoeste y del Nordeste de cualquier casa se hallan afligidos por la quinta amarilla mortal, en sí misma energía de la Tierra gravemente afectada, el chi de esta se convierte en perjudicial. Puede significar pérdidas, enfermedades y serios accidentes. En los años en que tenga lugar la aflicción, asegúrate de que cuelguen sonerías metálicas en las áreas afectadas porque poseen el poder de debilitar la energía nociva de la Tierra.

De los tres rincones de la Tierra, el del Sudoeste aporta relaciones, el Nordeste trae sabiduría y el centro proporciona la suerte de la familia.

104

Encauza el chi de la Tierra para beneficiar a la matriarca

Cuando en cualquier residencia encauces el chi de la Tierra, se beneficiarán la madre y con ella todas las demás mujeres de la casa; mas por lo común la energía maternal aportará suerte al conjunto de la familia.

EL rincón que significa la madre es el Sudoeste, así que constituye aquel que debe ser protegido si deseas preservar la fortuna de la madre. Recuerda que aquí el trigrama es K'un, que posee asimismo los atributos de la yegua.

Fortalecimiento de la energía de la madre

Coloca aquí la imagen de una yegua y la energía de la madre se tornará arrolladora. Otro modo de promover la energía maternal consiste en colocar en la parte frontal de la casa un cuadro de una emperatriz, porque si al entrar contemplas la figura propicia de una mujer poderosa y dotada de autoridad, a buen seguro que fortalecerá a la madre de la familia. He de confesar que en mi propia casa tengo una imagen de la Señora de los Nueve Cielos. Aparece sentada como una emperatriz, un tanto rolliza, pero con un aspecto desde luego muy halagüeño. Y señala a un Luo Pan (brújula china del feng shui) como si explicara su significado. Encargué esa pintura a un artista de China, y desde que ocupa el lugar más importante de mi residencia, me he sentido personalmente muy fortalecida. La Señora de los Nueve Cielos resulta para mí muy significativa porque fue ella quien trajo el Luo Pan y lo entregó al Emperador Amarillo. Si conoces la leyenda de esa dama, comprenderás por qué la considero como la auténtica fundadora del feng shui de la fórmula de la brújula y cuál es la razón de que ocupe en mi corazón un puesto tan especial.

Una buena energía matriarcal

Las familias en donde la energía maternal se halla fortalecida y protegida tienden a permanecer integradas. Además, como la unidad familiar constituye un criterio tan sólido para juzgar acerca de la buena fortuna, este aspecto de la práctica del feng shui recibe una atención considerable. Si eres mujer y tu número Kua es el 5 o el 8 (véase indicación 107), te favorecerá doblemente el hecho de fortalecer el rincón del Sudoeste de tu casa. Por añadidura, quienes tengáis el número 8 de Kua os beneficiaréis de manera considerable y disfrutaréis de una excelente suerte durante el próximo periodo de 8, que comienza el 4 de febrero de 2004 y dura veinte años.

Utiliza siempre correctamente una brújula cuando trates de localizar el rincón del Sudoeste para la matriarca o cualquier otra de las direcciones cardinales o secundarias. Coloca la brújula horizontalmente sobre tu mano y no te muevas. Las direcciones del feng shui deben ser siempre tan precisas como resulte posible.

105

La mortal «Quinta Amarilla», una estrella afligida de la Tierra

La energía de la Tierra se torna hostil cuando es alcanzada por las invisibles estrellas volantes, que crean una catástrofe incluso en un hogar con el mejor feng shui. Resulta extremadamente útil hallarse informado sobre la quinta amarilla.

AUNQUE no estés familiarizado con el feng shui de las estrellas volantes, te importa saber que en la práctica del feng shui existe una dimensión del tiempo. Las estrellas temporales son capaces de causar destrucción, pero puedes protegerte de los malévolos efectos de esas «estrellas» intangibles e invisibles.

El carácter negativo de la Quinta Amarilla

Una de las más nocivas entre estas estrellas es la número 5, denominada la Quinta Amarilla. La esencia del chi de esta estrella es la Tierra, pero se trata de Tierra afligida, y siempre que aparezca en sectores de tu residencia que alberguen la puerta principal o tu dormitorio experimentarás su pleno impacto negativo. Algunos años esta Quinta Amarilla es más perjudicial que en otros y la gravedad del impacto depende del sector que sobrevuele. Así, cuando en 1999 se dirigió al Sur su acción fue extremadamente dañina para los que la padecieron. Y sucedió de tal modo porque el Sur constituye el Elemento del Fuego y el Fuego promueve a la Tierra en el Ciclo de los Elementos. En el 2000, la quinta amarilla estaba en el Norte, en donde causó menos daño, puesto que el Agua supera a la Tierra.

Movimientos de la amarilla volante

En el 2001 se ha introducido en el Sudoeste para crear una suerte muy nociva en todos los hogares de cara al Sudoeste o al Nordeste. Con objeto de contrar-restar su efecto conviene poner una sonería de seis varillas tanto en la entrada como en la parte posterior de la residencia. La razón estriba en que el Sudoeste y el Nordeste son sólidos sectores de la Tierra que exaltan la fuerza de la Quinta Amarilla. Si tu hogar da cara al Sudoeste o está emplazado en esa dirección (advierte que cuando tu residencia se enfrenta al Nordeste, se dice que está situada hacia el Sudoeste), te verás afectado por la Quinta Amarilla y deberás adoptar precauciones. En el caso de que tu dormitorio se halle en el Sudoeste, también deberás colocar allí una sonería o, en términos ideales, trasladarte a otra habitación.

En el 2002 y el 2003, la Quinta Amarilla pasará al Este y al Sudeste, respectivamente, y en esos dos sectores perderá un tanto de su fuerza dañina, porque en tales sectores de la Madera la Tierra mengua de fuerza inmediatamente ya que la Madera conquista a la Tierra en el Ciclo de los Elementos. No coloques allí una sonería porque resulta innecesario y también porque el chi del Metal de la sonería daña al chi inherente de la Madera.

En años ulteriores

En el 2004 la Quinta Amarilla volará hacia el centro de la casa y también creará allí un enorme daño. Sucederá de tal modo porque esta zona también pertenece a la energía de la Tierra. En el 2005 volará al Noroeste, en donde perderá de nuevo fuerza ya que el Gran Metal del Noroeste supera y debilita su energía.

106

Familiarizarse con los Cinco Elementos

A estas alturas ya tendrás una buena idea del modo en que opera la energía de los Elementos dentro y fuera de tu casa. He aquí unas cuantas recomendaciones que contribuirán a que recuerdes la manera de emplear los Elementos.

ADVIERTE, en primer lugar, que cuando asignamos Elementos a las ocho direcciones de la brújula estamos utilizando el Yang Pa Kua, también conocido como disposición celestial ulterior de los trigramas en torno de los ocho costados.

En segundo lugar, los Elementos se hallan asignados conforme a los trigramas. Así, Ch'ien es siempre Metal y K'un es siempre Tierra. El trigrama Kan es siempre Agua y Li es siempre Fuego. Cuando uses, pues, el Pa Kua Celeste Ulterior verás que como Ch'ien está colocado en el Noroeste, entonces se encuentra en donde está el Metal y que como K'un se halla colocado en el Sudoeste, entonces se encuentra en donde está la Tierra, etc. Al saberlo descubrirás que es mucho más fácil el entendimiento del feng shui. Pero, aún más importante, este conocimiento te preparará para las interpretaciones más complejas de las formulaciones más avanzadas de la escuela de la brújula. No olvides que los Elementos aparecen en todas las interpretaciones y aplicaciones del feng shui.

Elementos y números

En tercer lugar, los Elementos se hallan asimismo vinculados con números. Cada cifra del 1 al 9 está asociada con uno de los cinco Elementos. Y a su vez se basan en los atributos del Pa Kua Celestial ulterior. Así, 1 es Agua; 2, 5 y 8 son Tierra; 3 y 4 son Madera; 6 y 7 son Metal y 9 es Fuego. Aprende también estas asociaciones. Son solo cinco los Elementos y resulta fácil su aprendizaje.

Colores y formas de los Elementos

En cuarto lugar, los Elementos están asociados con colores de un aspecto yin y yang. Algunos colores son más yin que yang, pero sus asociaciones con los Elementos resultan más potentes. Fíjate, por tanto, en que el rojo es Fuego, el azul y el negro son Agua, el verde y el pardo son Madera, el gris amarillento y el amarillo son Tierra y el blanco y el dorado son Metal.

En quinto lugar, incluso las formas presentan connotaciones con los Elementos. La Madera es rectangular, el Fuego es triangular, el metal es Redondo y el Agua es ondulada.

Existen muchas más asociaciones de los Elementos. Se relacionan con las estaciones del año, con las notas musicales, etc. No es necesario dominar todas las asociaciones, pero el conocimiento de los principios básicos te habilitará para la práctica del feng shui y también te permitirá sintonizar con sus aplicaciones. Si deseas, por ejemplo, fortalecer el uso del Metal en el Noroeste, puedes colocar allí seis sonerías en lugar de una sola. ¿Por qué? Pues porque el Noroeste se halla asociado con el 6 y el metal está vinculado con ese número. Si quieres poner una tortuga en el Norte para promover allí el Agua, sabrás que una sola alcanzará la mayor potencia. Y será así porque 1 es el número del Norte y del Agua.

Una vez que te hayas familiarizado con los Elementos y con la manera en que opera su esencia del chi, estarás dispuesto para pasar al siguiente nivel de la práctica.

resumen de los sectores propicios para la riqueza y las relaciones

Lo que a continuación sigue se aplica solo a las casas unifamiliares y los edificios construidos o renovados desde el 4 de febrero de 1984 al 4 de febrero del 2004 (periodo de 7). Comprueba la orientación de tu puerta principal y determina luego el sector de tu hogar más propicio para la riqueza y las relaciones. (Este cuadro se halla basado en las octava estrella volante del agua y de la montaña.)

ORIENTACIÓN DEL EDIFICIO O DIRECCIÓN DE LA PUERTA PRINCIPAL	POSICIÓN EXACTA GRADOS DE LA BRÚJULA	SECTOR MÁS PROPICIO PARA LAS RELACIONES	SECTOR MÁS PROPICIO PARA LA RIQUEZA
SUR 1	157,5 A 172,5	NORTE	NORDESTE
SUR 2	172,5 A 187,5	SUR	SUDOESTE
SUR 3	187,5 A 202,5	SUR	SUDOESTE
SUDOESTE 1	**202,5 A 217,5**	**ESTE**	**NORTE**
SUDOESTE 2	**217,5 A 232,5**	**OESTE**	**SUR**
SUDOESTE 3	**232,5 A 247,5**	**OESTE**	**SUR**
OESTE 1	247,5 A 262,5	NORDESTE	SURDESTE
OESTE 2	262,5 A 277,5	SUDOESTE	NOROESTE
OESTE 3	277,5 A 292,5	SUDOESTE	NOROESTE
NOROESTE 1	**292,5 A 307,5**	**SUR**	**OESTE**
NOROESTE 2	**307,5 A 322,5**	**NORTE**	**ESTE**
NOROESTE 3	**322,5 A 337,5**	**NORTE**	**ESTE**
NORTE 1	337,5 A 352,5	NORDESTE	NORTE
NORTE 2	352,5 A 007,5	SUDOESTE	SUR
NORTE 3	007,5 A 022,5	SUDOESTE	SUR
NORDESTE 1	**022,5 A 037,5**	**NORTE**	**ESTE**
NORDESTE 2	**037,5 A 052,5**	**SUR**	**OESTE**
NORDESTE 3	**052,5 A 067,5**	**SUR**	**OESTE**
ESTE 1	067,5 A 082,5	SUDESTE	NORDESTE
ESTE 2	082,5 A 097,5	NOROESTE	SUDOESTE
ESTE 3	097,5 A 112,5	NOROESTE	SUDOESTE
SUDESTE 1	**112,5 A 127,5**	**CENTRO**	**ESTE**
SUDESTE 2	**127,5 A 142,5**	**CENTRO**	**OESTE**
SUDESTE 3	**142,5 A 157,5**	**CENTRO**	**OESTE**

4

Personalización de la práctica del feng shui en Ocho Mansiones

107 Números del Kua y feng shui de las Ocho Mansiones

El método del feng shui de las Ocho Mansiones es una fórmula de la brújula que clasifica a las personas en grupos del Este y del Oeste. De aquí parten muchas eficaces aplicaciones del feng shui.

La llamo fórmula del Pa Kua, Lo Shu, simplemente porque sus aplicaciones están basadas en el Yang Pa Kua y el Cuadrado Lo Shu.

La fórmula de las Ocho Mansiones procede de los textos chinos clásicos para la determinación de direcciones y localizaciones propicias de los individuos conforme a su fecha de nacimiento y a su sexo. La fórmula constituye por eso un enfoque personalizado de la práctica del feng shui. Es fácil de utilizar y son innumerables los modos de empleo.

Cómo hallar tu número Kua

- **Comienza a usar esta fórmula determinando tus direcciones personales propicias y desfavorables. Para proceder al respecto, tendrás que averiguar tu número personal Kua. Con el fin de calcularlo requieres tu año lunar de nacimiento y tu sexo. El año lunar de nacimiento se halla expresado por la fecha en que naciste. Si viniste al mundo entre el 1 de enero y el 20 de febrero, tienes que comprobar la fecha en que sobrevino el Nuevo Año Lunar en el de tu nacimiento. Si naciste antes del Año Nuevo, resta uno del año de tu nacimiento antes de calcular tu número Kua. De haber nacido, por tanto,** el 19 de enero de 1966, considera 1965 como tu año de nacimiento.

- **Examina la tabla de años lunares en la página 215 al final de este libro y luego utiliza el cálculo correspondiente para encontrar tu número personal Kua.**

Para hombres:

- **Toma tu año lunar de nacimiento, suma los dos últimos dígitos para reducirlos a un solo número y sustráelo de 10 con el fin de conseguir tu número Kua.**
- **Ejemplo 1: Año de nacimiento 1964; 6 + 4 = 10 y 1 + 0 = 1; 10 − 1 = 9. El número Kua es 9.**

- **Ejemplo 2: Año de nacimiento 1984; 8 + 4 = 12; 1 + 2 = 3; 10 − 3 = 7; así que el número Kua es 7.**
- **Nota: respecto de los chicos nacidos después del 2000, hay que restar de 9 en vez de 10.**

Para mujeres:

- **Toma el año lunar de nacimiento y suma los dos últimos dígitos, redúcelos a uno solo y luego añade 5. Si el resultado es superior a 10, limítalo a un solo dígito. El resultado es tu número Kua.**
- **Ejemplo 1: Año de nacimiento 1945; 4 + 5 = 9; luego 9 + 5 = 14; 1 + 4 = 5, así que el Kua es 5.**
- **Ejemplo 2: Año de nacimiento 1982; 8 + 2 = 10 y 1 + 0 = 1; 1 + 5 = 6, así que el Kua es 6.**

108

Tu número Kua es poderoso instrumento del feng shui

Con tu número Kua, te hallas dotado de un instrumento vigoroso; te permite la alineación de todas tus orientaciones personales para sincronizar con tu espacio vital.

ACONTECE así porque el número Kua te proporciona tus cuatro direcciones propicias y las cuatro desfavorables. Conociendo tus orientaciones buenas y malas, podrás emplearlas de diferentes modos para el perfeccionamiento de tu feng shui

¿Grupo del Este o del Oeste?

Tan solo con tu número Kua sabrás si correspondes a direcciones del grupo del Este o del Oeste. Descubrirás asimismo:

- Tus cuatro direcciones propicias y tus cuatro desfavorables.

- La dirección que utilizar mejor para el estudio, la meditación y el desarrollo personal y la más indicada para esforzarte por promover tu potencial del éxito.

- La dirección más oportuna para progesar en tu salud y recobrarte tras una enfermedad.

- La dirección mejor para prosperar en la suerte de tus relaciones.

- Qué parte de tu casa y qué direcciones te perjudican.

- Qué rincón de la casa es bueno para ti y cuál te aportará la mejor fortuna.

De hecho, el método del feng shui de las Ocho Mansiones es tan amplio y general que muchos de los expertos que lo utilizan reconocen que la práctica exclusiva de este sistema basta para disfrutar del feng shui.

Empleo de tus direcciones mejores

Lo sorprendente de este método Kua es que también es el de empleo más fácil. Incluso descubrirá cómo progresa su suerte un vagabundo sin cobijo, que viva en la calle, con la cabeza orientada hacia su dirección óptima.

El estudiante pobre enfrentado en su trabajo con su mejor dirección y que duerma con la cabeza orientada hacia la dirección de su desarrollo personal bien podría conseguir la beca que tanto necesita.

Si escribes solicitando un empleo mientras haces frente a tu dirección óptima, aumentarán enormemente tus posibilidades de obtenerlo.

Si negocias cualquier tipo de contrato mientras te enfrentas con tu dirección mejor, te colocas inmediatamente en una buena posición del feng shui. El empresario que sabe cómo sentarse para aprovechar sus direcciones lleva ventaja sobre el que no las conozca.

Durante más de veinticinco años he utilizado esta fórmula con el más sorprendente de los éxitos. Pese a la facilidad de su uso, jamás me ha fallado.

109

Los números Kua revelan direcciones favorables/desfavorables

El feng shui de las Ocho Mansiones explica que todo individuo pertenece al grupo del Este o del Oeste. Por lo general, las personas del mismo grupo tienden a ser más compatibles.

Los individuos del grupo Este se entienden mejor con otros que también corresponden a este, y lo mismo sucede con las personas del grupo del Oeste. De tu número Kua depende de que pertenezcas al grupo del Este o del Oeste.

Los individuos del grupo del Este presentan los números Kua 1, 3, 4 y 9 y sus cuatro direcciones propicias son el Norte, el Sur, el Sudeste y el Este. Estas son las direcciones del grupo del Este y cualquiera aportará buena suerte a los miembros de ese grupo.

Las direcciones buenas y malas

Las personas del grupo del Oeste tienen los números Kua 5, 2, 6, 7 y 8 y sus cuatro direcciones propicias son Oeste, Sudoeste, Noroeste y Nordeste. Si eres un individuo del grupo del Oeste, cualquiera de esas direcciones te aportará buena fortuna y una suerte maravillosa.

Advierte ahora, además, que las direcciones del grupo del Este son desfavorables para las del grupo del Oeste, y viceversa. Deberás aprender de memoria tu número Kua y tus direcciones propicias para saber siempre en cualquier situación cuáles son las favorables y las desfavorables. Porta contigo en todo mo-

mento una brújula y podrás practicar esta sencilla técnica del feng shui allí en donde te encuentres.

El simple hecho de saber si eres del grupo Este o del Oeste permite que te asegures de no dar cara o dormir a partir de ahora en tu vida con la cabeza apuntando a una dirección desfavorable. Y mientras vivas en un estado de conciencia del flujo de energía en el entorno, tu chi siempre se combinará armoniosamente con el del espacio. Eso implica que en todo momento has de esforzarte por adoptar al sentarte o dormir la orientación conforme con tus direcciones propicias. Por añadidura, cuando te hayas familiarizado con tus direcciones y convertido tal conciencia en parte de tus hábitos cotidianos, continuamente descubrirás nuevos usos para la fórmula. Por ejemplo, yo siempre me he aseguro de hallarme de cara a mi dirección del éxito cuando negocio un contrato importante, si voy a hacer una llamada telefónica decisiva o cuando pronuncio una conferencia. A lo largo de los años he llegado a considerar tal estado de conciencia de mi espacio vital como uno de mis hábitos de éxito. Tú puedes hacer otro tanto. Recuerda simplemente que no debes tolerar que la facilidad de esta práctica te lleve a subestimar la fórmula.

110

Hay cuatro tipos de buena suerte

El feng shui de las Ocho Mansiones describe cuatro tipos de buena suerte. A partir de tus cuatro direcciones propicias, verás que cabe sintonizar cada una para que atraiga cuatro distintos clases de buena fortuna.

EL modo en que sean determinadas depende de nuevo de tu número Kua. Así que cuando aproveches ahora estas direcciones de la buena suerte te beneficiarás del chi especial de que disponen. Determina en primer lugar en qué clase de fortuna deseas concentrarte y luego averigua qué direcciones son aplicables en tal caso, basándote en tu número Kua y mediante el empleo del cuadro que aparece abajo.

Descubrirás que existe una especie de jerarquía de las cuatro direcciones propicias y por eso cuatro tipos de suerte que corresponden al grupo de direcciones del Este o al del Oeste. Es importante, pues, que tengas claras tus prioridades antes de optar por la dirección que deseas promover:

- La suerte de la riqueza y del éxito procede de tu dirección del Sheng Chi.

- La suerte de la salud y de la longevidad es aportada por tu dirección del Tien Yi.

- La suerte del amor, el matrimonio y la familia es portada por tu dirección del Nien Yen.

- La suerte del crecimiento, el desarrollo y el progreso personales es aportada por tu dirección Fu Wei.

Tus diferentes direcciones de la buena suerte según tu número Kua

NÚMERO KUA	SHENG CHI	TIEN YI	NIEN YEN	FU WEI
	Riqueza	Salud	Amor	Crecimiento
1	Sudeste	Este	Sur	Norte
2	Nordeste	Oeste	Noroeste	Sudoeste
3	Sur	Norte	Sudeste	Este
4	Norte	Sur	Este	Sudeste
5 (hombres)	Nordeste	Oeste	Noroeste	Sudoeste
5 (mujeres)	Sudoeste	Noroeste	Oeste	Nordeste
6	Oeste	Nordeste	Sudoeste	Noroeste
7	Noroeste	Sudoeste	Nordeste	Oeste
8	Sudoeste	Noroeste	Oeste	Nordeste
9	Este	Sudeste	Norte	Sur

111 Hay cuatro tipos de mala suerte

El feng shui de las Ocho Mansiones también diferencia entre cuatro tipos de mala fortuna. La dirección que aporta cada uno de estos infortunios es asimismo exclusiva de cada número Kua.

Si deseas evitar, pues, la mala suerte, debes determinar tus cuatro direcciones de la mala fortuna y simplemente no hacerlas nunca frente cuando trabajes o si abordas materias importantes. Asimismo, has de tratar de no dormir con la cabeza hacia estas direcciones perjudiciales. Advierte por tanto que:

- La mala suerte mediana, de la especie que suscita que tengas accidentes, pequeñas pérdidas y dolores de cabeza —más enojosa que seria— procede de tu dirección Ho Hai.

- La mala suerte de los «cinco fantasmas» está representada por individuos perturbadores que intrigan contra ti o por personas que pretenden dañarte. Viene de tu dirección Wu Kwei.

- La mala suerte de las seis muertes, los seis tipos de infortunios que en algunos casos pueden ser graves, llega de la dirección Lui Shar.

- El infortunio serio de una pérdida total es aportado desde tu dirección Chueh Ming. Se trata del peor tipo de revés y a menudo denota bancarrota y muerte. Cuando tu periodo astrológico sea malo y te sientes o duermas en esa dirección, Chueh Ming puede causar un desastre.

Tus diferentes direcciones de la mala suerte según tu número Kua

NÚMERO KUA	HO HAI Percances	WU KWEI Cinco fantasmas	LUI SHAR Seis muertes	CHUEH MING Pérdida total
1	Oeste	Nordeste	Noroeste	Sudoeste
2	Este	Sudeste	Sur	Norte
3	Sudoeste	Noroeste	Nordeste	Oeste
4	Noroeste	Sudoeste	Oeste	Nordeste
5 (hombres)	Este	Sudeste	Sur	Norte
5 (mujeres)	Sur	Norte	Este	Sudeste
6	Sudeste	Este	Norte	Sur
7	Norte	Sur	Sudeste	Este
8	Sur	Norte	Este	Sudeste
9	Nordeste	Oeste	Sudoeste	Noroeste

112

Utilizar las buenas direcciones y rehuir las malas

Existen varias orientaciones esenciales que debes investigar sistemáticamente desde una perspectiva de las Ocho Mansiones si pretendes beneficiarte del gran feng shui.

CUANDO recorras tu hogar (o tu oficina), empleando esta lista de comprobaciones, te explicará muchas cosas. Comenzarás a advertir por qué tú, tu pareja y tus hijos sufrís la mala suerte o disfrutáis la buena. A la hora de tropezar con casos de malas orientaciones que te afectan, trata de cambiar la dirección. Si no está en tu mano hacer algo para modificarla, intenta entonces evitar verte afectado por unas orientaciones perjudiciales en las otras aplicaciones. Recuerda que no siempre conseguirás aprovechar tus buenas direcciones; en ocasiones te enfrentarás con una nociva, dormirás conforme a una orientación dañina o quizá tu puerta se halle frente a una dirección infortunada. Al menos lo sabrás y podrás prevenirte para que no vuelva a suceder en el futuro.

Comprobación de direcciones

Mira si los siguientes sectores de tu hogar se encuentran en direcciones que sean propicias o desfavorables.

- La dirección con que se enfrente hacia fuera tu puerta principal debería tener al menos una orientación propia, preferiblemente la Sheng Chi.

- La puerta que conduzca a tu dormitorio debe hacer frente también a una de tus direcciones propicias, preferiblemente tu Nien Yen. Colócate de pie en la puerta y mira hacia fuera. Esa es la dirección con que te enfrentas.

- La boca de tu horno ha de hallarse de frente a una de tus direcciones favorables, a ser posible la Sheng Chi o la Tien Yi. Esa posición alude a la fuente de energía que llega para cocinar tu comida. Tiene que proceder de una dirección propia.

- Debes sentarte ante tu mesa de trabajo frente a una de tus direcciones favorables, preferiblemente tu Sheng Chi.

- Siempre que viajes por negocios o por otro motivo importante, has de partir de una de tus direcciones propicias.

- Cuando cambies de casa o te tralades a un país distinto, debes salir de una de tus direcciones favorables, a ser posible la Sheng Chi.

- Has de dormir con tu cabeza apuntando hacia una de tus direcciones propicias, idealmente tu Sheng Chi si deseas el éxito, tu Tien Yi si padeces mala salud o tu Nien Yen si buscas el amor.

Cuando conozcas tus buenas direcciones y sus significaciones, utilízalas en todo momento. Por ejemplo, si te sometes a un examen, siéntate frente a tu dirección óptima. Haz lo mismo cuando celebres una entrevista, si estás negociando un contrato o en el caso de que asistas a una reunión crucial. Este fue uno de los secretos de mi éxito durante la época en que trabajé como empresaria.

113

Entendimiento de las direcciones hacia las que te enfrentas y en que te hallas emplazado

Para la práctica correcta del feng shui es esencial diferenciar entre las direcciones con que te enfrentas y aquellas en las que estás emplazado en tu hogar.

UANDO aplicas el feng shui de las Ocho Mansiones, deseas aprovechar ambos tipos de dirección. Si dispones tu espacio de modo tal que las posiciones de emplazamiento y de enfrentamiento sean propicias, entonces quedará promovida tu buena fortuna. Con frecuencia solo lograrás que sea favorable una de las dos mientras que la otra se muestra desfavorable en un grado leve o por completo. Advierte, una vez más, que no siempre es posible que todo sea íntegramente perfecto.

La dirección de enfrentamiento

Es aquella a la que presentas cara cuando miras en un determinado sentido. Por lo general, eso significa la dirección exterior de enfrentamiento. Eso es especialmente pertinente con referencia a la puerta principal. La dirección de enfrentamiento de la puerta resulta siempre determinada exactamente con la brújula, situándote dentro mientras miras hacia fuera. La dirección de enfrentamiento de tu puerta principal debe ser también la de tu casa; entonces esta resultará propicia. Si difieren la dirección de enfrentamiento de la puerta principal y la orientación general de la residencia, se dice que el feng shui se halla desequilibrado. Pero se supone que el desequilibrio queda compensado cuando la puerta de la entrada se enfrenta con una de tus direcciones favorables.

La dirección de enfrentamiento también se aplica a tu posición de emplazamiento, es decir, aquella a la que das cara cuando te hallas ante tu mesa o participas en una reunión.

La dirección de emplazamiento

Se la considera la opuesta a la dirección de enfrentamiento. En consecuencia, si tu posesión de enfrentamiento de tu casa es el Este, entonces la de emplazamiento es el Oeste. Y si la dirección de enfrentamiento es el Norte, entonces la de emplazamiento será el Sur; de tal modo que en ocasiones la alineación corresponde por entero al grupo del Este o al del Oeste, en cuyo caso beneficiará a los del colectivo concreto. Pero en otras ocasiones las direcciones de enfrentamiento y emplazamiento pertenecen a grupos diferentes.

Mi consejo en relación con la puerta principal es que si bien la situación ideal sea la de direcciones de enfrentamiento y emplazamiento favorables para ti, de no ser posible lograrlo vale más que resulte propicia la de emplazamiento.

La flecha apunta hacia el Norte como dirección de enfrentamiento. Por eso se dice que la casa ocupa una posición de emplazamiento hacia el Sur.

114 La orientación de la puerta principal

Cuando apliques a tu puerta principal el feng shui de las Ocho Mansiones, debes tratar de cerciorarte de que te sean propicias las direcciones tanto de enfrentamiento como de emplazamiento, pero sabes que esto no es siempre posible.

AL obrar así, aplicarás el principio de casa oriental, casa occidental, que señala que el grupo del Este debe vivir en residencias orientales y el grupo del Oeste en las occidentales.

Fíjate, pues, atentamente en las definiciones. Una casa oriental es definida como aquella emplazada en una dirección del Este, mientras que se considera occidental a una casa emplazada en una dirección del Oeste.

De la posición de emplazamiento se dice que es opuesta a la de enfrentamiento.

Direcciones de los grupos Este y Oeste

Basándonos por tanto en las dos definiciones anteriores, si tu casa mira al Este, se dirá que está emplazada hacia el Oeste y que es en consecuencia una residencia occidental. De pertenecer al grupo del Este y si vives en una casa de cara al Este, aunque esta pueda ser para ti una dirección propicia, la misma residencia se ha convertido en una casa occidental y no te resulta favorable.

Se aplica exactamente el mismo análisis en el caso de una residencia de cara hacia el Oeste. Está emplazada hacia el Este y por tanto constituye una residencia oriental. Si tú perteneces al grupo del Oeste y aunque el Oeste pueda resultarte propicio, la casa no te convendrá.

Si tu casa se enfrenta al Noroeste, se dice que se halla emplazada al Sudeste y se convierte en una residencia oriental. Como sabes que el Noroeste es una dirección del grupo del Oeste, si perteneces a este grupo tal casa no te resulta favorable puesto que se trata de una residencia oriental.

Advierte que la alineación Norte-Sur es conveniente para las personas del grupo del Este y que la alineación Sudoeste-Noroeste es conveniente para las personas del grupo del Oeste.

De modo similar, si tu cara mira hacia el Sudeste, se halla emplazada hacia el Nordeste y es, pues, una residencia occidental, tornándola desfavorable para las personas del grupo del Este aunque se enfrente a una dirección de tal grupo.

Fundándonos en el análisis previo, se percibe que los individuos del grupo del Este deben esforzarse por vivir en una casa o en un bloque de apartamentos con una alineación Norte-Sur, es decir, con la puerta principal de cara al Norte o al Sur.

Las personas del grupo del Oeste deberían beneficiarse considerablemente si residen en una casa o en un bloque de apartamentos que posea una alineación Sudoeste/Nordeste, con la residencia de cara al Sudoeste o al Nordeste. Esto es lo que torna propicias las direcciones tanto de enfrentamiento como de emplazamiento.

115

Si tu puerta principal se halla de cara a una dirección propicia

En el feng shui, la norma general acerca de las puertas estriba en evitar la utilización de aquellas de cara a una dirección que atraiga tu mala suerte. Cuida, pues, muy mucho de emplear una puerta que te sea propi-

S E tratará de una puerta de cara a una de tus direcciones propicias. Pero lo cierto es que no siempre resulta posible y cabe que sencillamente tengas que operar con lo que tienes. Si no te queda, pues, elección y solo existe una puerta que puedas utilizar y es perjudicial para ti, lo mejor que cabe hacer es portar un Elemento que te ayude a superar el chi malo que te llega cada vez que la utilizas para entrar o salir.

Las personas del grupo del Oeste pueden portar oro si sus puertas se enfrentan con el Este o el Sudeste. Esta pulsera muestra el símbolo favorable de la doble felicidad

Individuos del grupo del Oeste

He aquí lo que está al alcance de esas personas cuyas puertas principales se hallen de cara a cualquiera de las direcciones del Este, es decir, Este, Sur, Norte, Sur y Sudeste. No se trata de la solución ideal en cuanto que el interesado no se beneficiará de esa puerta, pero le protegerá de los efectos desfavorables de su utilización:

* Si la puerta da cara al Este o al Sudeste y es desfavorable para ti, debes portar algo de oro. Eso te protegerá del daño del chi malo procedente del Este.

* Si la puerta principal se halla de cara al Sur y es desfavorable para ti, trata de portar una carpeta o un paraguas de color azul o de vestir una chaqueta de tal tonalidad cada vez que la cruces.

* Si la puerta principal da cara al Norte y es favorable para ti, porta un cristal para controlar el chi malo emanado de allí.

Individuos del grupo del Este

Para aquellos cuyas puertas principales estén de cara a direcciones desfavorables del grupo del Oeste, he aquí los remedios. Las direcciones del grupo del Oeste son Sudoeste, Nordeste, Oeste y Noroeste. Una vez más se trata de antídotos, que asegurarán que no te perjudiquen las direcciones de la mala suerte, pero sin conseguir que las desfavorables traigan una cierta fortuna:

* Si tu puerta principal se halla de cara al Sudoeste o al Nordeste y estas son tus direcciones de mala suerte, lleva flores o viste algo verde cuando la cruces; te ayudarán a controlar el chi perjudicial.

* Si tu puerta principal se halla de cara al Oeste o al Noroeste y estas son tus direcciones desfavorables, viste o lleva algo de color rojo; te ayudará a controlar el chi perjudicial procedentes de esas direcciones.

116 Las ventanas pueden desempeñar el papel de puertas

Si careces de una puerta que se enfrente a una de tus cuatro excelentes direcciones del Kua, mira a ver si a cambio consigues fortalecer una ventana propicia.

ÁBRELA tan a menudo como te sea posible para que simbólicamente recibas el chi que llega de esa dirección. Cuando la vista sea hermosa, la suerte quedará aún más promovida. Por ejemplo, si distingues una superficie acuática o un río que corre junto a tu ventana, eso te compensará del hecho de no poder aprovechar una de tus direcciones importantes de la puerta principal.

Otras ventanas afortunadas

Tal vez poseas más de una ventana afortunada. De hecho, si eres capaz de encontrar ventanas de la suerte de cara a tus cuatro excelentes direcciones, será una buena idea fortalecerlas, abriéndolas cuantas veces esté a tu alcance. Una vez más conseguirás fortalecer ventanas según el lugar en que se hallen situadas de acuerdo con las orientaciones de la brújula en tu casa. Por añadidura, una vez que conozcas la dirección de la que procede el chi bueno a través de la ventana, es una buena idea colocar un promotor cerca como medio de atraer al chi excelente.

Puedes convertir así en rasgo decisivo una ventana propicia y promover la suerte allí colocando objetos decorativos como un barco de vela cargado con moldes de fundición, cristales y plantas sanas de hojas redondeadas. Pero unos cristales sucios y rajados o la pintura desprendida representan un feng shui malo, así que debes reparar y limpiar el entorno de la ventana antes de fortalecer el área; de otra manera, todo lo que conseguirás será magnificar la energía desfavorable, creando situaciones que te perjudicarán.

Ventanas de cara al Norte: coloca una esponja próxima para aprovechar la energía del Agua. Ventanas de cara al Sur: pon cerca algo de madera para atraer la energía del Fuego. Ventanas de cara al Este o al Sudeste: coloca un jarro de agua para atraer la energía de la Madera. Ventanas de cara al Oeste o al Noroeste: deposita algunos cristales para atraer la energía del Metal. Ventanas de cara al Nordeste o al Sudoeste: ten allí una vela (pero solo cuando estés presente) para atraer la energía de la Tierra.

117 Las puertas sólidas son superiores a las correderas o a las de cristal

Todas las puertas importantes de tu residencia deben ser sólidas. Entre estas figuran la principal, así como las que conducen a vuestros dormitorios. Eso define tu espacio vital de un modo más propicio.

CABE emplear como secundarias las puertas correderas y las de cristal. Las sólidas denotan una protección más adecuada para la casa y simbólicamente cierran el paso al chi malo. Cuando la puerta principal sea endeble, significará también que tu hogar no está a salvo de los intrusos y que puede entrar el chi malo.

Otra puntualización del feng shui acerca de la puerta principal: en términos ideales, debe ser la mayor de la casa. Cuando su tamaño resulte inferior al de otras de la residencia, presagia que la familia se verá acosada y explotada por otros.

Puertas secundarias

Una tercera cuestión que cabe considerar respecto de las puertas es la existencia de alguna entrada secundaria que refuerce a la principal. Tales pasos suscitan un buen feng shui y, en conecuencia, este se verá muy promovido si cuentas con esa característica. Advierte lo siguiente:

- Si tu puerta principal se halla localizada en el Norte, favorecerá a la casa contar con una secundaria en el Oeste o en el Noroeste.

- Si tu puerta principal se halla localizada en el Sur, favorecerá a la casa contar con una secundaria en el Este o en el Sudeste. Estos rasgos benefician especialmente a los individuos del grupo del Este con los números Kua 1, 3, 4 y 9.

- Si tu puerta principal se halla localizada en el Sudoeste o en el Nordeste, favorecerá a la casa contar con una secundaria en el Sur.

- Si tu puerta principal se halla localizada en el Oeste o en el Noroeste, favorecerá a la casa contar con una secundaria en el Sudoeste o en el Nordeste. Estos rasgos benefician especialmente a los individuos del grupo del Oeste con los números Kua 2, 5, 6, 7 y 8.

118 Promoción de la suerte por obra de las ventanas

Las ventanas que se abren hacia fuera proporcionan siempre más éxito que aquellas que se alzan y descienden. Y sobreviene de tal manera porque las ventanas abiertas al exterior están realmente atrayendo a la fortuna.

TRAS haber dicho esto, conviene tener en cuenta que son muchas las personas que poseen ventanas deslizantes en sentido vertical. Para promover la suerte mediante estas, es una buena idea enmarcarlas con pintura de color más oscuro. Permite que el chi exterior sea consciente de que existe una abertura a través de la cual puede penetrar en el hogar. También resulta muy conveniente mantener la ventana abierta tanto como sea posible.

119 Dormir con el éxito

La orientación durante el sueño constituye una parte vital de tu feng shui personal. A través de una posición correcta mientras duermes, lograrás acumular horas de buena fortuna.

LA mejor manera de aprovechar un buen feng shui durante el sueño consiste en garantizar que tu coronilla explote tu chi del éxito. Por tanto, tu cabeza debe apuntar en su dirección Sheng Chi. Si no es posible, cerciórate de que se halle orientada mientras duermes hacia una de tus cuatro buenas direcciones.

El sueño en tu dirección óptima encauza la suerte del éxito. Esto es fundamental en el feng shui de un dormitorio, así que siempre que puedas coloca tu cama de tal modo que duermas en una dirección aportadora de buena fortuna.

NÚMERO KUA	DIRECCIÓN ÓPTIMA DURANTE EL SUEÑO
I	Sudeste
2	Nordeste
3	Sur
4	Norte
5 (Hombre)	Nordeste
5 (Mujer)	Sudoeste
6	Oeste
7	Noroeste
8	Sudoeste
9	Este

120 Fortalecer tu «Nien Yen» para el amor

Una aplicación enérgica de las Ocho Mansiones consiste en emplearlas para mantener radiante y feliz tu vida amorosa. A este fin, fortalece tu Nien Yen, que en chino significa «longevidad con ricos descendientes».

PARA los chinos, la fortuna del amor significa tanto la suerte de la familia como la romántica. Si duermes con la cabeza apuntando hacia tu Nien Yen, o dirección del amor, promoverás todas tus actuales relaciones familiares y las dotarás de armonía. Si careces de pareja, conseguirás fortalecer tu suerte del amor para encontrar una nueva.

Un buen feng shui de dormitorio

Claro está que necesitas comprobar que nada quebrante el feng shui de tu dormitorio, pues de otro modo se debilitará esta fórmula poderosa. Los objetos acuáticos, los espejos de cara a la cama y las flechas envenenadas constituyen los culpables tradicionales en ese terreno y es preciso eliminarlos si pretendes crear el entorno correcto que proporciona un sueño descansado y una suerte positiva. Por su naturaleza, el dormitorio debe ser muy yin o femenino, así que una activa energía yang, representada viniendo al caso por espejos, con frecuencia causará un desequilibrio de energías que frustre tus intentos de encauzar tu Nien Yen. Examina siempre tu dormitorio, buscando elementos negativos, antes de promover tu feng shui personal.

Aquí he resumido tus mejores direcciones en el sueño respecto del amor según los números Kua.

Los patos mandarín son poderosos promotores del amor.

En dónde dormir en beneficio del amor

NÚMERO KUA	DIRECCIÓN ÓPTIMA DURANTE EL SUEÑO
1	Sur
2	Noroeste
3	Sudeste
4	Este
5 (Hombre)	Noroeste
5 (Mujer)	Oeste
6	Sudoeste
7	Nordeste
8	Oeste
9	Norte

121 Limitaciones de espacio en las direcciones del sueño

Con frecuencia puede resultar difícil dormir en direcciones propicias, sobre todo si padeces unas limitaciones de espacio. Y eso sucede fundamentalmente porque también necesitas seguir las instrucciones generales referentes a los dormitorios.

Es importante que recuerdes lo que has de evitar en el dormitorio antes de aprovechar tus direcciones propicias del sueño. He aquí las normas importantes que deberás seguir:

- Nunca duermas con la puerta del dormitorio a tu espalda o de modo tal que alcance al costado de tu cama.

- Tampoco coloques jamás el lecho entre dos puertas, como la del dormitorio y la del cuarto de baño adyacente.

- Pon remedios cuando haya esquinas que sobresalgan. Cuelga allí sonerías para disipar la energía perturbadora o chi shar que crean.

- Traslada la cama si se encuentra bajo una viga del techo, porque esta puede ser causa de dolores de cabeza y de mala salud. Si la viga se halla dispuesta en el sentido de la cama, eso crea una división simbólica entre quienes allí duermen y es preciso rehuirla. Puedes colgar un baldaquín con objeto de constituir un falso techo, pero es preferible desplazar la cama.

- No tengas espejos en la alcoba. Los que reflejan el lecho resultan especialmente dañinos. En opinión de los chinos, verse reflejado en un espejo perturba el espíritu y esa alteración rebota en ti, siendo causa de un chi malo y de la pérdida de la armonía.

- Agua en el dormitorio supone siempre un feng shui malo. Es demasiado fuerte como promotora para hallarse en esta estancia yin. Resulta aceptable un vaso de agua en la mesilla de noche, pero no sucede lo mismo con acuarios y otros objetos acuáticoa, incluso bajo la forma de lienzos.

Hallar una dirección propicia

Cuando desplaces tu cama para dormir en una dirección propicia, tal vez descubras que esta acción crea unos serios problemas del feng shui que no existían antes. Si los problemas surgidos son demasiado grandes, atente siempre a las normas generales antes detalladas. Es mucho mejor seguirlas al pie de la letra que sacrificar todo tu buen feng shui del dormitorio con objeto de dormir en tu dirección óptima.

Si aprovechar tu dirección mejor supone dormir bajo una viga, es preferible trasladar la cama.

122 Cuando marido y mujer pertenecen a grupos diferentes

Una gran dificultad con que tropiezan muchas personas cuando tratan de practicar el feng shui de las Ocho Mansiones es la sobrevenida si marido y mujer pertenecen a grupos diferentes.

Si un miembro de la pareja pertenece al grupo del Oeste y el otro corresponde al grupo del Este, entonces lo que es bueno para uno perjudica al otro. Los números Kua son en ocasiones tales que la dirección óptima para uno resulta la dirección asesina para el otro. Existen varias maneras de resolver este problema. Considera las siguientes y comprueba si es posible aplicar alguna en tu situación específica.

Entradas diferentes

Disponer de dos puertas, una para él y otra para ella. Este fue el modo en que resolví mi propia situación y ha funcionado bien para mi marido y para mí en los veinte años últimos. Tenemos también nuestra peculiar dirección para dormir, pero disponemos de dos camas en vez de una. Y utilizo dos hornillos, uno para él y otro para mí. Así contamos con la seguridad de aprovechar nuestras mejores direcciones. Por lo

que se refiere a los lectores occidentales, deben poseer dos microondas o tostadoras para el marido y la mujer, de tal modo que la comida proceda de dos series de chi. Esa es la manera óptima de garantizar un buen chi para los dos.

Dirección de la puerta principal

Por lo que atañe a la puerta principal, hay que atenerse a la dirección mejor del marido. Los maestros chinos del feng shui manifiestan su chovinismo subconsciente y su sesgo hacia el patriarca; en la antigua China, las mujeres eran desde luego consideradas menos importantes que los hombres y por eso sería la mejor dirección del hombre la base para disponer el feng shui de los hogares.

Respecto de las demás direcciones —las de comer, dormir y trabajar—, deben estar basadas en los números individuales Kua.

123

El éxito en los negocios gracias a las direcciones Kua

Puedes emplear tus direcciones propicias en las negociaciones profesionales para encauzar la buena fortuna y promover la suerte de tu riqueza y de tu carrera. Recuerda llevar contigo una brújula en todo momento.

CABE lograrlo sentándote de tal modo que hagas frente a tu dirección mejor o, de no ser posible, de cara a una de las otras tres direcciones favorables según tu número Kua (véase el cálculo de la indicación 107). Cuando te enfrentes con tus direcciones afortunadas, encontrarás que te sientes más seguro de ti a la hora de negociar con otros individuos, sobre todo si la persona a quien hablas se halla en una de sus direcciones malas. Por este motivo, y como estrategia en los negocios, debes llevar siempre contigo una brújula de bolsillo y mantener una pequeña charla previa con ese individuo para encontrar la oportunidad de enterarte de su edad y por tanto del año de su nacimiento. A partir de allí no es ningún problema calcular mentalmente su número Kua e identificar la dirección que le sitúe en una posición desventajosa.

Reuniones fuera de la oficina

Cuando el local de la reunión no te sea familiar, asegúrate de conseguir la orientación tan pronto como sea factible. Puedes asimismo aplicar algunas de las normas del feng shui de la escuela formal respecto de los tabúes a la hora de sentarte, como no estar frente a un inodoro, bajo una viga o en donde seas alcanzado por el chi shar de una esquina prominente. Muchas de tales técnicas son instintivas, pero vale la pena aprenderlas de memoria para tenerlas muy presentes antes de acometer una negociación. La prác-

tica de esos rituales logrará que te sientas más seguro física y mentalmente.

En dónde sentarte durante las negociaciones

- Sitúate lo más lejos posible de la puerta.

- Conviene que tengas a tu espalda un sólido muro como apoyo.

- No te sientes con tus pies apuntando hacia la puerta, porque se considera que esta es una mala posición.

- Jamás te sitúes de espaldas a la puerta porque te inquietarás acerca de las personas que lleguen por detrás.

- Evita sentarte cerca de esquinas pronunciadas; si eres capaz de elegir, utiliza una mesa redonda en vez de rectangular.

Advierte cuáles son las direcciones buenas y malas al sentarte en la sala. La mejor posición es la más alejada de la puerta.

124

Sentarse bien para atraer el éxito

Si pretendes el éxito en el trabajo, siéntate ante tu mesa de cara a tu Sheng Chi, o dirección óptima. Una dirección inconveniente desencadena una inacabable reacción en cadena.

ME refiero a la dirección que te asegurará el éxito para conseguir riqueza y prosperidad cuando estés negociando un acuerdo importante, mientras hables con tu jefe o asistas a una reunión crucial.

Entrevistas o exámenes importantes

Si te sometes a un examen importante o asistes a una entrevista para obtener una beca o un puesto de trabajo que pretendes, debes tratar de aprovechar una cierta suerte del feng shui, sentándote en tu dirección Fu Wei. Esta promueve la fortuna del progreso y del desarrollo personales.

Si deseas poner en marcha la suerte del amor, debes sentarte frente a tu dirección Nien Yen (romántica). Cuando lo que más te interese sea tu estado físico y tu longevidad, colócate frente a tu dirección Tien Yi, que es la de tu buena salud.

Adquisición de la brújula adecuada

Con el fin de emplear las direcciones para cualquiera de los propósitos mencionados, compra una buena brújula de estilo occidental. Recuerda simplemente que las brújulas occidentales sitúan de manera convencional la dirección del Norte en la parte superior de la esfera, mientras que los libros del feng shui como este suelen presentar a las brújulas con el Norte en la parte inferior. Los lectores no deben confundirse, porque el Norte, el Sur o cualquier otra dirección mencionada en mis obras y en la mayoría de los textos del feng shui son los mismos indicados en toda brújula, sea occidental o china; no existe diferencia.

Residencia en el hemisferio meridional

Otra puntualización que recalco es la de que quienes viven en el hemisferio meridional no necesitan cambiar de direcciones. Soy perfectamente consciente de que el Ecuador, fuente del calor global, se encuentra en el Norte para quienes moran en el hemisferio Sur. También sé muy bien que los vientos del Norte aportan tibieza y son por tanto diferentes de los del hemisferio septentrional. Pero quiero insistir en que el feng shui se refiere a algo más que el calor y el frío. En las fórmulas del feng shui se toman en consideración todo género de factores. El feng shui avanzado se refiere a diferentes «láminas» que sitúan al Norte en distintas posiciones. Hay así láminas del Hombre, de la Tierra y de los Cielos en las brújulas tradicionales del feng shui. Las diferencias de dirección entre estas láminas pueden variar hasta en unos quince grados. Así que no alteres las direcciones para el hemisferio meridional porque entonces errarías en todo tu feng shui.

125 Viajes a partir de tus direcciones propicias

Puedes utilizar el feng shui en todas las áreas de tu vida. Cuando vayas a viajar, determina tu feng shui para que el itinerario y la ruta te aporten suerte.

DEBERÁS prestar mucha atención a esta tarea si proyectas mudarte, porque determinará si llevas o no buena suerte contigo cuando viajes o cambies de residencia.

Empleo de tu dirección óptima

El análisis correcto del feng shui radica en viajar a partir de tu dirección óptima. Advierte que eso significa examinar de dónde sales y no el punto al que te diriges. Rara vez resulta fácil cambiar de ruta, ni tampoco suele ser posible modificar la dirección del destino. En consecuencia, si necesitas ir de Londres a Bristol, la dirección del viaje está fijada y nada hay que puedas hacer al respecto. De modo similar, si tienes que ir de Londres a Boston te desplazarás desde el Nordeste. Eso es algo sobre lo que no posees control. ¿Qué cabe hacer, pues?

En este caso, desvíate para llegar a tu destino desde una dirección que te sea propicia. Eso significará realizar escalas no programadas en diversas ciudades a lo largo del camino. Si vas a Boston desde Londres, por ejemplo, puedes detenerte en Nueva York o en Washington antes de concluir tu viaje.

Examina las direcciones del viaje

Si te ofrecen la que parece ser una nueva misión muy lucrativa o un empleo diferente que suponga tu traslado, estudia siempre antes las direcciones del viaje porque eso te dará una idea de la conveniencia del nuevo emplazamiento. Cuando, por ejemplo, fui trasladada a Hong Kong, eso supuso abandonar Kuala Lumpur. En el momento de irme no comprobé mis direcciones y solo años más tarde descubrí que el nuevo emplazamiento era excelente para mí; tal fue la razón de que mis nueve años de estancia en Hong Kong resultasen muy satisfactorios desde el punto de vista económico y de las perspectivas profesionales.

Toma el lugar de partida como tu punto de referencia a la hora de determinar direcciones buenas y malas para un viaje.

126   Remedios del feng shui para los obstáculos de un viaje

Si no te queda más opción que la de realizar un viaje importante desde una dirección desfavorable, cabe reducir al mínimo sus efectos perjudiciales realizando un desvío.

CUANDO se trate de un gran desplazamiento, te recomiendo que permanezcas al menos seis semanas en tu primera escala para debilitar las influencias negativas de la parte previa de tu viaje. Habida cuenta, sin embargo, de que esta medida no es a menudo práctica, incluyo a continuación una lista de pequeñas cosas que puedes hacer para diluir el chi desfavorable cuando viajes desde direcciones desafortunadas.

Portar motivos propicios o joyas de oro como el doble círculo, los dos rombos o el murciélago cuando viajes desvía la energía perjudicial del Este y del Sudeste.

Las flores frescas te protegerán contra la energía dañina cuando viajes a partir del Sudoeste o del Nordeste.

- Viniendo del Sur, bebe un vaso de agua antes de partir; la numerología de 1 es aquí importante, así que solo tomes un vaso.

- Viniendo del Norte, coloca un cristal de roca en esa dirección antes de salir de tu casa.

- Viniendo del Oeste y del Noroeste, viste algo rojo o enciende una vela roja antes de abandonar tu hogar. Eso rechaza simbólicamente lo negativo, o chi shar, que procede de tales direcciones.

- Viniendo del Sudoeste o del Nordeste, lleva contigo un ramo de flores frescas cuando salgas de la casa. Eso fortalece simbólicamente el Elemento Madera y frena la energía dañina.

- Viniendo del Este y del Sudeste, porta algo de oro en tus viajes. También puedes colgar una sonería en el Este hasta que regreses y retirarla después. Constituye asimismo una buena idea proteger tu hogar mientras se encuentre vacío si vas de vacaciones o emprendes una excursión.

127 Fortalece tu signo animal chino

Todo signo animal en el Zodiaco chino posee una localización asociada en la brújula. La promoción de estas áreas de tu hogar es una manera de personalizar realmente el feng shui.

PARA averiguar tu signo animal, tienes que buscar tu fecha de nacimiento en las tablas lunares de la página con el fin de descubrir aquel bajo el que naciste. Podrás fortalecer entonces tu personal sector «animal» de la casa de dos modos específicos.

1 Coloca estatuillas u otras representaciones atrayentes de tu animal en el rincón correspondiente. Asegúrate de que el animal presente un aspecto benigno y no feroz, sobre todo en lo que se refiere al dragón y al perro. De otra manera, será literalmente devorado el chi bueno creado mediante la colocación del animal. Es incluso preferible que seas capaz de hallar objetos elaborados con el Elemento de tu signo; por ejemplo, un buey de cerámica o un tigre de madera proporcionarán a tu feng shui una fuerza adicional.

2 Coloca símbolos del Elemento de tu signo, como un perro, un jabalí o una rata, junto a un objeto acuático. Pero este no debe ser un inodoro, una pila, un baño o una ducha, porque tendría el efecto de desaguar la energía (como es su función) en vez de promoverla. Si tu cocina o tu cuarto de baño corresponden, pues, a los sectores relativos al perro, el jabalí o la rata, no los fortalezcas con símbolos del animal o del agua ya que tal área es desfavorable para ti de cualquier manera y solo lograrás por tanto agrandar el chi beligerante.

Tu dirección del signo animal y el Elemento correspondiente

Signo animal	Localización en la brújula	Elemento que puedes emplear
Rata	33,7 y 7,5 grados	Agua
Buey	7,5 y 37,5 grados	Tierra
Tigre	37,5 y 67,5 grados	Madera
Conejo	67,5 y 97,5 grados	Madera
Dragón	97,5 y 127,5 grados	Tierra
Serpiente	127,5 y 157,5 grados	Fuego
Caballo	157,5 y 187,5 grados	Fuego
Oveja	187,5 y 217,5 grados	Tierra
Mono	217,5 y 247,5 grados	Metal
Gallo	247,5 y 277,5 grados	Metal
Perro	277,5 y 307,5 grados	Tierra
Jabalí	307,5 y 337,5 grados	Agua

128 Cómo promover los cuatro trigramas importantes

En las cuatro siguientes indicaciones explico el modo de fortalecer los cuatro trigramas en tu hogar. Estos trigramas definen colectivamente a la familia, simbolizando la esencia del padre, la madre, el hijo y la hija.

HAS de advertir que los cuatro trigramas importantes en cualquier hogar son Ch'ien, que simboliza al patriarca; K'un, que simboliza a la matriarca; Ken, que simboliza al hijo mediano, y Sun, que simboliza a la hija mediana. Juntos, estos cuatro trigramas representan a la unidad familiar.

El fortalecimiento de estos trigramas significa asegurarse de que las cuatro direcciones secundarias del Noroeste (patriarca), Sudoeste (matriarca), Nordeste (hijo) y Sudeste (hija) no se hallen afligidas o ausentes y de que sean adecuadamente promovidas.

Las direcciones de la familia

Estas mismas cuatro direcciones representan asimismo la creación de una buena suerte patriarcal y matriarcal que se traduce en fortuna económica y de las relaciones. El Nordeste significa sabiduría, y el Sudeste, riqueza.

No es siempre posible garantizar que los cuatro rincones indicados disfruten de un buen feng shui, y de ocurrir así en tu casa, lo que cabe hacer es seleccionar una estancia en donde los miembros de la familia pasen mucho tiempo juntos. Puede tratarse de la sala familiar, del cuarto de estar o del comedor. Cuando te resulte, pues, difícil tener suficientemente promovidos los cuatro sectores secundarios del hogar es posible, por ejemplo, escoger el cuarto de estar como el lugar en donde poner en práctica las normas sobre los cuatro trigramas.

Utilización del cuarto de estar para el fortalecimiento

Usar esta estancia como una unidad en sí misma para promover los sectores tal como se ha indicado supone adoptar un principio enérgico pero escasamente conocido del feng shui: la sustitución del fortalecimiento del chi grande por la del chi pequeño. En vez de utilizar toda la casa para promover los cuatro trigramas importantes, puedes usar una habitación con objeto de realizar exactamente lo mismo. Se trata de algo perfectamente aceptable en la práctica del feng shui.

Los cuatro trigramas de la familia

Ch'ien es para el padre.

K'un es para la madre.

Ken es para el hijo mediano.

Sun es para la hija mediana.

129 Fortalecer el trigrama ch'ien para obtener protección

Así, el trigrama y la dirección a promover en primer lugar es el Noroeste, y sin tener en cuenta que esta dirección sea o no favorable para el hombre de la casa, debes fortalecer el Noroeste.

L efecto favorable de tal paso estriba en que beneficia a todos los residentes en la casa, puesto que también significa que el hogar posee una cabeza cuyo feng shui ha sido adecuadamente protegido y cuidado.

Empleo de la energía de la Tierra

El Noroeste, siendo Metal, se beneficia siempre de la energía cristalina de la Tierra (ya que la Tierra produce Metal en el Ciclo de los Elementos); coloca, pues, un cristal grande en este rincón. Pon también luces para iluminarlo con buena energía yang y promover las cualidades especiales del cristal.

También puedes colgar una sonería de seis varillas, puesto que el 6 pone de relieve el número afortunado del sector del Noroeste. Se trata de un completo ritual taoísta del feng shui, pero es una práctica secreta. Con el fin de simplificar la cuestión, coloca la imagen de una montaña que parezca de oro porque corresponda al amanecer.

Las montañas de oro poseen una gran significación en el feng shui. Se considera que el hallazgo de tales cimas constituye lo definitivo en el feng shui celestial.

130

Fortalecer el trigrama K'un para obtener la felicidad de la familia

La promoción del Sudoeste no solo favorecerá a la madre, sino que además generará la fortuna de las relaciones para toda la familia. Cuando la madre es afortunada, todo el mundo se beneficia.

K'UN es uno de los trigramas más importantes del Pa Kua y el Sudoeste no debe faltar o hallarse afligido en la casa. Si se halla ocupado por un inodoro, debes colocar una planta en su interior con objeto de destruir la energía afligida de la Tierra y luego instalar luces intensas fuera del inodoro para promover la energía de la Tierra en el exterior. Otra manera de abordar la existencia del inodoro es debilitar en su interior la energía de la Tierra con una sonería de cinco varillas.

El fortalecimiento del Sudoeste también proporciona al hogar otra ventaja en cuanto que promueve la suerte del matrimonio o de las relaciones de todos los que allí moran; así, los hijos de la familia en edad casadera encontrarán parejas excelentes y será sólida la relación entre el padre y la madre.

131

Trigramas que benefician a tus hijos

Para fortalecer estos trigramas, promueve el rincón del Nordeste (Ken) y el del Sudeste (Sun) de la casa. Si faltan, fortalece los rincones equivalentes del cuarto de estar o del comedor.

El Nordeste favorece a los hijos y también significa la suerte en la educación y en los exámenes. El Sudeste beneficia a la suerte en la riqueza y el desarrollo.

Si el rincón del Nordeste se halla afligido por la presencia de un trastero o de un inodoro, coloca dentro una sonería con el fin de debilitar la energía afligida de la Tierra. Si eso sucede en el Sudeste, pon dentro del inodoro una vela o algunas luces intensas para agotar esa energía. Alternativamente, pinta de rojo el inodoro con el fin de consumir el chi estancado del interior.

También constituye una buena idea colocar una imagen de un joven o retratos de los hijos varones en el Nordeste y de las hijas en el Sudeste, porque de tal manera crearás una suerte propicia para la prole de la familia. Asimismo, es eficaz que los retratos se hallen, respectivamente, de cara al Nordeste y el Sudeste.

5

Indicaciones especiales acerca del feng shui para pisos

132 Empleo de la entrada principal de tu edificio

Cuando investigues el feng shui de un apartamento, adopta el concepto de que forma parte de un edificio; empieza, en consecuencia, por determinar el feng shui general antes de hacer otra cosa.

E L hecho de que un apartamento te aporte o no fortuna depende bastante de una perspectiva más amplia de la que debe formar parte el conjunto de la edificación. En realidad, los maestros del feng shui adeptos al cálculo de las poderosas estrellas volantes siempre recurren primero a la entrada principal del edificio para elaborar sus esquemas del feng shui antes de estudiar el propio apartamento. Y obran así porque el chi de la construcción influye en la suerte de todos sus apartamentos.

Es raro que cada parte de un edificio tenga un feng shui completamente malo o bueno por entero. Las cosas no suceden de ese modo, puesto que cada construcción posee rincones buenos y malos. Los sectores favorables y desfavorables de un inmueble tampoco permanecen constantes en términos de la fortuna, ya que el feng shui constituye un fenómeno dinámico. Diferentes sectores de una edificación se revelan sucesivamente afortunados y desafortunados. Este es un concepto fundamental del feng shui de las estrellas volantes, que manifiesta suerte buena y mala conforme a la orientación del edificio y al paso del tiempo.

Por lo que se refiere a apartamentos, advierte que el portal y la orientación del propio edificio son más importantes que la entrada a un apartamento.

Uso del feng shui de las estrellas volantes

A no ser que un edificio esté seriamente afectado por simbólicas flechas envenenadas que lleguen a la entrada principal o que haya estructuras en su entorno que determinen su aflicción por problemas ambientales, cabe estimar con mucha precisión la suerte de una construcción y de sus residentes mediante el método de las estrellas volantes del feng shui

Así, en el caso de piso, debes siempre apreciar el feng shui de la entrada principal al inmueble antes de analizar un apartamento de su interior. Cuando lo sepas, serás capaz de localizar los sectores afortunados de tu hogar que figuran en las indicaciones 134 y 135.

135

Direcciones secundarias y sectores afortunados

En esta indicación, los rincones afortunados se refieren a casas cuyas puertas principales se encuentran de cara a las direcciones secundarias: el Sudoeste, el Sudeste, el Nordeste y el Noroeste.

COMO las direcciones cardinales de la indicación 134, las direcciones secundarias corresponden aquí al periodo 7.

Edificios de cara al Sudoeste

Una casa del período 7 de cara al Sudoeste entre 202,5 y 217,5 grados posee sectores afortunados al frente en el Sudoeste del edificio y en la parte posterior, en el Norte y el Este. Los rasgos acuáticos (como acuarios o estanques) dispuestos en el Norte de la casa o en el rincón septentrional del apartamento generarán una enorme suerte económica. Si el edificio se halla de cara al Sudoeste entre 217,5 y 247,5 grados, entonces disfrutará de una amplia suerte para el dinero. Los sectores afortunados son el Sur y el Oeste al frente de la construcción y en el Nordeste detrás. El agua colocada en la parte frontal del inmueble promueve la fortuna de esa construcción.

Edificios de cara al Sudeste

Una casa del periodo 7 de cara al Sudeste entre 112,5 y 127,5 grados posee su sector afortunado en el centro, de modo tal que los apartamentos allí situados gozarán de la suerte mejor. Si tu edificio de apartamentos se halla de cara al Sudeste, entre 127,5 y 157,5 grados, promueve su buena suerte colocando agua en el rincón occidental de tu piso.

Edificios de cara al Nordeste

Un inmueble del periodo 7 de cara al Nordeste entre 022,5 y 037,5 grados posee en la parte frontal dos sectores afortunados, en los rincones del Norte y del Este, amén de otro en el Sudoeste en la parte posterior del edificio. Cabe proporcionar una suerte extremada a sus apartamentos promoviendo sus rincones orientales. Si el edificio se enfrenta al Nordeste entre 037,5 y 067,5 grados, la puerta principal es afortunada y los emplazamientos de la suerte en el interior se encuentran a la espalda en los rincones del Oeste y del Sur. Rasgos acuáticos dispuestos en el Oeste de los apartamentos de su interior aportarán buena fortuna para el dinero.

Edificios de cara al Noroeste

Una casa del periodo 7 de frente al Noroeste entre 292,5 y 307,5 grados dispone de un centro afortunado. Los rincones del Este tienen también más suerte que el resto del inmueble. Deberían ser fortalecidos los apartamentos de tal construcción con una imagen de montañas o un dragón en el rincón del Este. Si el edificio da cara al Noroeste entre 307,5 y 337,5 grados, dispone asimismo de un centro afortunado. En consecuencia, los apartamentos del interior disfrutarán de un buen feng shui. El rincón occidental de esta casa es muy afortunado. Los apartamentos se beneficiarán con la imagen de una montaña en sus paredes del Oeste.

136 Promoción de los sectores afortunados

Son muchas las diferentes maneras de promover la buena suerte en los apartamentos, y los profesionales del feng shui disfrutan realmente de amplias opciones en razón de la variedad de distintos métodos que cabe utilizar.

PERO yo he descubierto que el mejor modo de fortalecer la buena suerte consiste en combinar mis conocimientos del feng shui de las estrellas volantes con el feng shui simbólico. Cuando eres capaz de identificar símbolos propicios y conoces cómo colocarlos correctamente dentro de tu casa (tanto en apartamentos como en viviendas unifamiliares), por lo común advertirás muy pronto la diferencia. Y sucede así porque empleas las estrellas volantes para identificar los sectores afortunados de tu hogar y realizas cuantas cosas simples resulten necesarias con el fin de fortalecer ese sector, promoviendo el chi de allí. Sencillamente utilizas al respecto la teoría de los Cinco Elementos.

El mantenimiento de peces sanos en un acuario es un enérgico rasgo acuático que puede lograr la buena suerte.

Fortalecimiento de sectores afortunados

Por ejemplo, si tu rincón afortunado se halla en el Sudoeste, saber que se trata, pues, del Elemento Tierra significa que el sector se beneficiará de algunas luces brillantes o de algo que tenga que ver con el Fuego. La razón estriba en que el Fuego produce Tierra en el Ciclo de los Elementos. He aquí otro ejemplo: si el Norte es tu sector afortunado, puedes colocar allí energía del Metal que promueva la energía del Agua de ese rincón. La clave, por tanto, para fortalecer correctamente cualquier rincón afortunado radica en disponer allí un objeto que represente al Elemento productor de ese sector (véase indicación 81).

Qué promotores utilizar

Diferentes objetos pueden representar a los Elementos. Cabe así utilizar velas o luces para representar al Elemento Fuego, monedas o artículos metálicos para representar al Metal, una imagen de una cascada para representar al Agua, cristales para representar a la Tierra y plantas para representar a la Madera. Advierte, empero, que estas son solo sugerencias; recurre a tu creatividad al objeto de concebir objetos decorativos adecuados con el fin de promover la suerte de tus rincones propicios. Trata de combinar tu conocimiento de los Elementos con lo que sabes también acerca de los símbolos propicios, de forma que siempre sea posible emplear símbolos afortunados para la riqueza, el amor, la salud, etc., con el propósito de magnificar estas áreas específicas de la suerte.

137 Algunos símbolos poderosos de la buena fortuna

El feng shui brinda un alud de símbolos potentes y propicios que puedes emplear para promover la buena fortuna en todas las áreas de tu vida: la riqueza, el amor, la longevidad y tu carrera profesional.

CABE estimar diferentes tipos de suerte usando algunos de los símbolos más populares de la buena fortuna entre los que aparecen en la lista siguiente:

- La suerte de la riqueza. Puedes ocultar bajo el sofá sapos de tres patas o colocarlos en una mesita, mirando hacia la puerta desde un ángulo. Eso siempre logra aportar oportunidades de ganar dinero. Otro gran símbolo de la suerte de la riqueza es una moneda o barrita de oro. Disponer un cuenco entero lleno de estos promotores de la riqueza en tu rincón afortunado hará maravillas en pro de la suerte de tu prosperidad.

- La suerte de la longevidad. Coloca símbolos de una larga vida en tu rincón afortunado. Usualmente aportan la suerte de la salud y del bienestar. Entre los símbolos de la longevidad figuran las imágenes de un pino, un melocotonero o un bambú. También puedes cultivar un bambú en miniatura en tu rincón afortunado para que te traiga esa suerte.

El barco de vela cargado de dinero es poderoso promotor de una carrera.

- La suerte en la carrera. Coloca una tortuga de cerámica, cuelga una imagen de este animal o pon una auténtica tortuguita en tu rincón afortunado. Simboliza el chi protector de este ser celestial. También asegura la permanencia en el puesto de trabajo. Puedes colgar asimismo un retrato del modelo que sigas para crear la suerte de mentores poderosos que te echen una mano en tu trabajo.

- La suerte en el amor. Coloca cualquiera de los promotores amorosos en tu rincón afortunado. Los patos mandarín constituyen un fortalecedor enérgico y, situados en el sector afortunado determinado por las estrellas volantes, aportarán una suerte excelente en el amor. La pareja que atraigas hacia tu espacio te proporcionará ciertamente felicidad.

El sapo de tres patas aporta riquezas.

138 Los inodoros sobre la puerta principal provocan aflicción

Una de las desventajas de residir en un apartamento estriba en que ejerces escaso control sobre las aflicciones del feng shui que proceden de los pisos superiores.

LA aflicción más enojosa que llega hasta ti desde arriba es la constituida por los inodoros situados inmediatamente encima de tu puerta principal. Si eso afecta a tu apartamento, trata de utilizar otra puerta como entrada y clausura de modo permanente la entrada afligida. Cuando no sea posible adoptar tal medida, coloca una luz intensa en el vestíbulo para realzar allí simbólicamente el chi. El remedio, sin embargo, quizá no resulte muy efectivo.

Otro recurso consiste en crear una segunda puerta en el interior del apartamento. Esta medida atrapa simbólicamente el chi malo entre las dos puertas y, si mantienes siempre bien iluminado ese espacio reducido, se disipará la energía nociva que procede del inodoro de arriba.

En términos ideales, los inodoros del departamento superior deben estar emplazados sobre los del tuyo.

De otro modo, siempre existe el riesgo de que inadvertidamente perjudiquen a tu feng shui. Es una buena idea averiguar si tal sucede. Por ejemplo, en el caso de que tú o tu propia familia parezcáis estar constantemente enfermos pero tu feng shui sea excelente, tal vez desees comprobar si duermes bajo un inodoro.

Una sensación de opresión

Si careces de apetito y continuamente te sientes oprimido, podría haber un inodoro (o un objeto pesado) colocado inmediatamente encima de ti en el apartamento superior. En la circunstancia de experimentar estos síntomas, trata de desplazar de sitio tus muebles. Con frecuencia el traslado de tu silla a otra posición logrará que te encuentres mejor.

139 Ordena tus camas y mesas en beneficio del éxito

A la hora de disponer los muebles de las áreas en donde vives y duermes, trata de colocarlos de modo que puedas aprovechar las direcciones propicias de todos los miembros de la familia.

TAMBIÉN es importante elegir buenas direcciones que generen el tipo de suerte deseada. Precisa tus cuatro direcciones propicias de acuerdo con los datos de la indicación 110.

Colocación de las camas en buenas direcciones

Por ejemplo, y en términos ideales, todas las camas deben hallarse dispuestas de manera tal que la cabeza de la persona que duerme apunte hacia su dirección del éxito. Si se trata de una individuo joven, entonces la Fu Wei o dirección del desarrollo personal puede ser la mejor. El tiempo del sueño es uno de los periodos óptimos para beneficiarte de tus direcciones Kua propicias, ya que la mayoría de las personas duermen cada noche de siete a ocho horas. Consigue que el chi que penetre en tu cabeza proceda de tu buena dirección.

Un buen asiento ante la mesa del comedor

En el momento de comer ante esa mesa constituye una idea excelente sentar a cada miembro de la familia conforme a sus específicas direcciones propicias. Si la mesa del comedor queda dispuesta de ese modo, se convierte en una enérgica promotora de la buena suerte. Mi consejo, sin embargo, es que puesto que se trata del tiempo en que los miembros de la familia se

La familia entera puede sentarse según la fórmula Kua. Selecciona las direcciones Nien Yen de los miembros para que la comida constituya una agradable experiencia de integración de todos. El Nien Yen representa la suerte de las generaciones.

congregan para comer diariamente juntos, representa una buena idea aprovechar sus direcciones Nien Yen en vez de las Sheng Chi (véase indicación 110). Esta acción promueve la suerte colectiva de la familia para lograr realizarse y ser feliz y el bienestar continuado del grupo como una unidad completa.

Siéntate siempre en el lugar favorito de tu sofá, colocado frente a tu dirección mejor. Así te advertirás a gusto y feliz cuando acudan las visitas. Los amigos se convierten entonces en una fuente genuina de buena fortuna. Nunca dispongas tus sofás en forma de L.

140 Remedios para las vigas del techo

Los moradores de apartamentos son especialmente vulnerables a las vigas estructurales al aire situadas en el techo. Como el espacio resulta limitado, resulta difícil soslayar tal circunstancia, pero son eficaces al respecto las cañas de bambú.

SEGÚN las normas generales del feng shui, tienes que evitar ser afectado por los bordes cortantes de pilares, rincones aislados, mesas y otras estructuras que despiden un chi nocivo capaz de suscitar enfermedades y pérdidas. Tampoco constituye una idea oportuna sentarse directamente bajo vigas al aire, sobre todo si son pesadas y parecen presionar contra ti.

Vigas superiores

En los apartamentos, esta última aflicción se torna letal, especialmente cuando las vigas son estructurales. ¡Imaginas estar enterrado debajo de varios pisos con tales vigas! Es vital por eso precisar la localización de las vigas y cerciorarte de no colocar nunca tu cama o la mesa del comedor o la de trabajo directamente bajo esos travesaños. El desplazamiento del mobiliario suele ser más eficaz que limitarse a colgar antídotos y remedios.

Sentarse bajo vigas

Si en realidad no te queda más opción que la de sentarte bajo vigas superiores estructurales, toma la precaución de colgar de allí unas cañas huecas de bambú, atadas una frente a otra formando un ángulo. Debes utilizar al efecto hilo rojo que reforzará su poder. Otro remedio popular recomendado por

Cuelga triquitraques para disolver simbólicamente los bordes de las vigas superiores. Advierte que nunca deberás encenderlos. Su presencia basta para rechazar la opresión que crean tales vigas.

los maestros de Hong Kong consiste en colgar de la viga un manojo de triquitraques para destruirla simbólicamente.

141

Perfeccionar el feng shui de estudios

He recibido muchas cartas de numerosos jóvenes solteros, hombres y mujeres, que deseaban conocer el modo de mejorar el feng shui de su estudio o su ático de una sola habitación. La respuesta estriba en delimitar el espacio.

COMO su hogar es simplemente una estancia grande, les resulta difícil practicar todos los diferentes métodos del feng shui. De hecho, sin embargo, los estudios, y sobre todo los áticos de una sola pieza (en razón de su mayor superficie), son sencillamente muy accesibles al feng shui, en especial cuando poseen una forma regular. En este caso, la superposición del Pa Kua o del cuadro de Lo Shu para identificar a cada una de las direcciones de la brújula en los rincones es, pues, una tarea simple. Se requiere tan solo precisar los rincones afortunados y utilizarlos con el fin de colocar la cama y la mesa de trabajo. Trata siempre de ordenar tu apartamento de modo tal que las áreas claves de residencia correspondan a tus sectores afortunados.

Cuidado con los promotores

No debes, empero, fortalecer un estudio o un ático de una sola habitación con plantas o rasgos acuáticos. La razón es que en la estancia se encontrará la cama, que hará de toda la habitación tu dormitorio. Es más seguro, pues, no colocar aquí agua y plantas, puesto que se las considera potencialmente nocivas en el dormitorio. También reviste importancia comprobar que ningún espejo colocado dentro del piso refleje directamente la cama.

Estas normas siguen siendo de aplicación incluso si tienes un lecho que por el día alces para guardarlo dentro de un armario empotrado o si duermes en un sofá cama convertible.

El acuario situado a la derecha de la cama debe ser retirado, ya que en este estudio el área de residencia constituye asimismo un dormitorio, que nunca debe albergar un gran recipiente de agua. El espacio del suelo se halla claramente delimitado por la mampara, de modo tal que cabe fortalecer los rincones conforme a la teoría de los Elementos. Trata el contorno del dormitorio/residencia como una sola habitación y considera independientemente la cocina.

Colocación de la cama

Debe hallarse dispuesta de modo que aproveche tus direcciones mejores, y es preciso bloquear la visión desde el lecho de inodoros o cuartos de baño. Siempre que sea posible, observa todas las restantes normas del feng shui que se aplican a los hogares en general, pero ten en cualquier momento conciencia de que toda la habitación ha de ser considerada como una alcoba. Es muy importante, pues, recordar todos los tabúes del dormitorio.

142 Promoción del chi en apartamentos de dos o tres camas

En los pisos con dos o tres dormitorios es preciso tomar en consideración el flujo del chi como punto de partida de la realización del feng shui. Hay que dejar que esa corriente serpentee.

CONSTITUYE una buena idea disponer de un pequeño espacio directamente frente a la puerta de entrada para que el chi que llega se asiente antes de desplazarse por todo el hogar. La colocación de plantas y de otros objetos decorativos propicios conseguirá que el chi haga una pausa; ese es siempre un efecto excelente. Si tienes allí un espejo, cerciórate de que no refleje directamente la puerta principal, porque en el acto despedirá el chi hacia fuera. En los apartamentos en el nivel del terreno, es posible colocar un rasgo acuático a la izquierda de la puerta (mirando hacia fuera desde dentro), porque este también impulsará al chi a entrar y contribuirá a que se torne propicio. Recuerda simplemente que el agua cerca de la entrada del hogar nunca debe estar depositada en el suelo, como en un estanque hundido. Un pequeño cuenco con peces es ideal.

Los dormitorios propicios

Los habitantes influyentes del hogar, el marido y la esposa o la madre y el padre, sea quien fuere el más relevante, deben ocupar dormitorios que se hallen lo-calizados en el sector más propicio. Utiliza una brújula para orientarte dentro de tu apartamento y emplea luego la información y los resúmenes que aparecen en este libro para identificar tus sectores afortunados (véase indicaciones 134-135). Ten presente que el uso de un dormitorio, por ejemplo, fortalece el chi, pero que este puede estancarse en habitaciones vacías o poco utilizadas.

Reducción de la velocidad del chi

Si dispones de un pasillo en el interior del apartamento, coloca a lo largo objetos decorativos pero cuida de no hacinarlos. De otra manera, tu chi quedará bloqueado, lo que a su vez menguará tu buena suerte. La idea estriba en reducir su celeridad, puesto que una energía veloz en un pasillo recto aporta mala suerte.

Si cuentas con una habitación al final del pasillo, deberás decididamente limitar la velocidad de la corriente del chi para que beneficie a los ocupantes de esa alcoba o estancia destinada a otros usos. Coloca pinturas en las paredes y plantas a lo largo del corredor y procura que el lugar se halle bien iluminado.

143 Tabúes en apartamentos de diversos niveles

Si tu apartamento consta de dos niveles, asegúrate siempre de que el comedor y las puertas principales no se hallen afligidos por inodoros del nivel superior.

HAY que dormir siempre en el nivel superior, así que coloca allí las alcobas. En el caso de que existan dos niveles, la familia debe comer en el superior y las áreas de visita, como el cuarto de estar, han de hallarse localizadas en el inferior.

Las escaleras deben situarse a un costado del apartamento y nunca en el centro. Cuando los escalones son abiertos determinan que la riqueza se filtre por los huecos. Para conseguir la buena suerte resulta por eso preciso tapar los vanos. Son afortunadas las escaleras circulares, pero las de caracol no se revelan convenientes en el interior de un hogar y quizá sean especialmente desafortunadas dentro de los apartamentos. Si cuentas en tu piso con un entresuelo, no es una buena idea dormir en la parte inferior.

Bien están los techos sobremanera altos, pero solo si tu piso es espacioso y dispone de superficie suficiente para tolerar una gran altura. De otra manera se creará un efecto de desequilibrio que induce al chi a tornarse desfavorable, puesto que se ve empujado hacia una especie de chimenea.

144 Encontrar el lugar del agua de la prosperidad

El sitio del agua de la prosperidad en cualquier apartamento se halla en el Este, el Sudeste o el Norte. Estos son los rincones en donde pueden resultar beneficiosos los rasgos acuáticos.

UTILIZA una brújula y determina esas localizaciones; selecciona luego una para promoverla. Elige solo un rincón, porque tener agua en los tres resultaría excesivo y podría significar el potencial de ahogarte simbólicamente.

Aprovecha el agua de la prosperidad mediante un pequeño acuario u objeto acuático en uno de los rincones mencionados, asegurándote de que tu agua sea yang, para que fluya o burbujee. La que contenga peces o plantas recibe también la consideración de agua yang y es la más adecuada para crear energía de la prosperidad.

145 Sonerías para puertas enfrentadas con ascensores

Un problema singular con que tropiezan los moradores de pisos es el que sobreviene cuando la puerta del apartamento se halla directamente de cara a un ascensor. Es como tener un tigre acechando al otro lado de tu puerta.

Es posible que constituya uno de los rasgos más desfavorables y revista una gravedad especial cuando el ascensor sirve solo a tu apartamento y tiene la salida en su interior. Se estima desafortunado porque el pozo del ascensor se encuentra frente a tu piso o ante su puerta. Se trata de una situación muy peligrosa que debe ser abordada buscando otra puerta para utilizarla como entrada al piso.

Soluciones factibles

Si no eres capaz de emplear una puerta alternativa como sucede a menudo en los apartamentos, una solución estribará en colgar directamente sonerías ante el ascensor. Utiliza sonerías de madera en vez de metal, cerciorándote de que las varillas sean huecas y preferiblemente de bambú. De esta manera se retrae hasta cierto punto el chi malo del ascensor. Pon también una luz fuerte ante tu puerta principal para elevar esa energía.

Tratamiento de los conductos de aire

Otro problema de los apartamentos es que a veces todo el edificio está construido en torno de un conducto o «agujero». Si este es tu caso y el conducto se encuentra a espaldas o cerca de tu cocina, te recomiendo vivamente que emplees un panel para impedir su vista. Trata también de cerciorarte de que la corriente de aire que circula en razón de esta disposición no

perjudique a tu apartamento. Tal efecto es comparable al de un chi tigre que saltase hacia ti desde el conducto. Cuando tu apartamento disponga, pues, de un sistema semejante, tápalo; no te conviene. Por lo general, los «agujeros» significan pérdida de riqueza. No son tan dañinos de hallarse en la parte frontal de las residencias, pero pueden ser perjudiciales a la espalda.

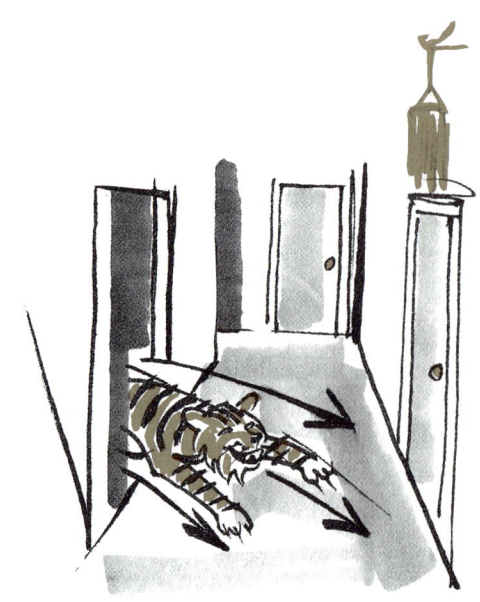

Si la puerta de tu apartamento se encuentra de cara a un ascensor, representa un agujero dañino que aflige a tu hogar; el efecto es comparable al del tigre celestial que salta hacia ti. Frénalo con sonerías dispuestas junto a tu puerta principal.

146 Los vestíbulos exteriores requieren una iluminación constante

Casi todos los apartamentos padecen una luz tenue en el área del vestíbulo situado inmediatamente fuera de la puerta principal. Por lo común, eso determina que la energía sea allí muy yin y rancia.

CUANDO se añeja el chi asentado fuera de la entrada de tu piso, suscita la desaparición de la buena suerte. Para evitar que suceda, comprueba que la energía yang tenga una oportunidad de asentarse y acumularse. Puedes lograr ese efecto instalando una iluminación brillante fuera de la puerta de tu apartamento. Conserva ese lugar con buena luz, sobre todo blanca; será un feng shui particularmente conveniente. De ser posible, ten encendida la luz durante el día y la noche. Esa iluminación reabastece tu energía yang.

147 Usa cortinas gruesas para proteger tus balcones

Cuando los balcones de un apartamento se hallan lesionados o amenazados por los bordes de edificios cercanos, penetra en el hogar una energía asesina que puede ser peligrosa.

RECUERDO que el primer apartamento que ocupé en Hong Kong se encontraba en la parte más alta de la ciudad. Era muy lujoso, pero sus balcones estaban frente a un edificio redondeado muy grande y singularmente ominoso que se asemejaba a una varita de incienso. Coloqué numerosos espejos Pa Kua, que resultaron muy débiles para ahuyentar la influencia perniciosa de aquel inmueble. Nada de lo que hice consiguió disipar los efectos dañinos de aquel edificio y me hallaba constantemente enferma. Utilicé entonces unas cortinas pesadas y me sentí mejor. Pero la vista desde el balcón mostraba todo el puerto de Hong Kong en la plenitud de su belleza y a menudo me asomaba para disfrutar de aquella perspectiva. Eso significaba, por desgracia, permitir que mi piso se tornase cada vez más afligido.

Al final decidí que tenía que elegir entre disfrutar de la vista y librarme de un feng shui cada vez peor. Así que prescindí permanentemente de la perspectiva, colgando unos pesados cortinajes. Solo entonces mejoró mi feng shui. Si tienes, pues, algo dañino que apunte hacia ti desde un inmueble próximo, vélalo con cortinas gruesas.

148 Espejos que aportan perspectivas propicias

Si la vista desde tu apartamento es muy propicia, puedes atraer la belleza del exterior mediante un espejo que cubra un muro.

Si cuentas con la fortuna de tener la hermosa vista de una serena superficie acuática, de un verde prado o de montañas lejanas, tal vez puedas instalar un espejo en toda una pared para reflejar y acoger simbólicamente el chi positivo de la naturaleza. Esa medida resulta sobremanera oportuna en tu cuarto de estar, pero no en tu dormitorio. Recuerda en todo momento que en las alcobas los espejos crean energía yang, y como los dormitorios deben ser siempre estancias yin, nunca los utilices allí.

Expande las vistas propicias con espejos.

149 Cuelga cristales para captar el chi de la luz solar

Uno de los modos más eficaces de aportar a tu hogar la luz del sol consiste en crear literalmente un «arco iris» con cristales que promoverá enormemente tu feng shui.

PUEDES emplear bolas de cristal emplomado para lograr estos arco iris propicios. Adquiere esos maravillosos cristales austriacos usados en la fabricación de arañas y cuélgalos de tus ventanas para que capten la luz. Eso la desintegrará al instante en todo el espectro de los colores del arco iris. Es una medida muy favorable y aportará una gran suerte para la riqueza y las relaciones. Aprovecha así todo momento en que brille el Sol; no solo promoverás intensamente la energía de tu piso, sino que además la energía yang llegará hasta allí bajo su forma más benévola.

6

Cómo emplear el color en el feng shui de un interior

150

El uso del color en la promoción del feng shui

La utilización de los colores en el feng shui está basada en dos principios importantes que trascienden todos los diversos métodos del feng shui, la teoría de los Cinco Elementos y el yin y el yang.

SEA cual fuere la escuela del feng shui a que te atengas, como los colores suponen la aplicación de la teoría de los Cinco Elementos y del principio del yin y del yang, son eficaces al margen del método al que recurras.

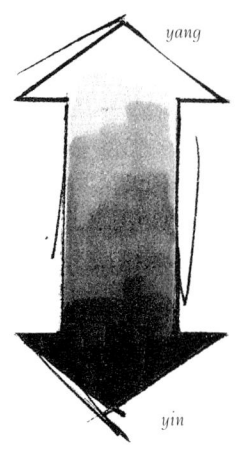

Todos los colores

En el feng shui, los colores abarcan todo el espectro del arco iris y cada uno asume aspectos del yin y del yang, dependiendo de su tonalidad y de la cantidad de negro o de blanco que contengan. Como norma general, se dice que cuanto más oscuro es un color, mayor cantidad de yin hay en razón de la preponderancia del negro. En la misma medida, cuando más claro es un color, más yang puede tener en razón de la presencia del blanco. El negro es un color yin mientras que el blanco es yang.

Colores del yang

Tras haber señalado esto, advierte que el rojo (hasta el profundo y oscuro) es considerado un color yang porque implícitamente así es el yang. De manera semejante, el amarillo constituye asimismo un color yang, y en realidad las tonalidades oscuras de esos dos colores simbolizan la buena fortuna manifestándose en vibrante energía yang. Depende mucho del género de rojo y de amarillo. Los

diversos tipos de rojo y de amarillo también denotan clases distintas de buena fortuna, y saber qué rojo has de aplicar en tus circunstancias requerirá un conocimiento minucioso de la teoría de los Cinco Elementos en conjunción con el simbolismo asociado a los diferentes tonos de estos colores. Por añadidura, resulta útil estar informado de que los colores rojo y amarillo son muy complementarios, y cuando se utilizan juntos suelen expresar el poder supremo, así como los auxilios más propicios y seguros en la vida. El amarillo era el color imperial de China, reservado para la familia del emperador. Los cortesanos de alto rango, aquellos que servían directamente al monarca, solían vestir de rojo. El rojo cobra importancia en las manifestaciones y fiestas relevantes. Así se celebran con el rojo las bodas y el nacimiento de los hijos al igual que el nuevo año.

151

Los rojos en el Sur aportan vibrante energía yang

Al usar del rojo para promover la energía del feng shui conviene entender qué rojos se revelan propicios. Estos son cinabrio, rojo del Año Nuevo y sangre de toro.

HAY rojos propicios y otros menos favorables; en consecuencia, si eres un fanático de este color, es esencial que consideres sus variaciones. Uno muy favorable es el rojo cinabrio, empleado en muchos jarrones y jarras decorativos tallados del tocador de una dama joven. Se creía que el rojo cinabrio la haría más seductora y atraería a un pretendiente aceptable. Por esta razón, muchos de los antiguos recipientes para guardar cremas, carmín y polvos presentaban un color rojo cinabrio.

Existe además el rojo del Año Nuevo que, si bien un tanto más claro, no difiere del rojo cinabrio. Este es el color de los comienzos propicios. Se conoce como de sangre de toro un rojo más intenso y rico que cobra un aspecto oscuro y laqueado. Decían que proporcionaba a los hogares el poder y la fuerza de la autoridad. Muchos de los mandarines influyentes mostraban un gran interés por la porcelana de esta tonalidad, y las antiguas mansiones chinas solían estar adornadas con grandes vasos y jarrones que lucían este exquisito color.

Vasos y porcelanas rojos

El empleo de este rojo en la forma de vasos y porcelanas revela que era usado con mesura. Se estimaba que en demasía excitaba el flujo de la sangre y poseía por tanto una connotación desfavorable, aunque en general no fuese juzgado dañino el rojo.

*Por lo general,
los jarrones estaban emparejados.*

Si en una decoración moderna utilizas el rojo sangre de toro y el cinabrio, procura pecar por defecto antes que por exceso. Por ejemplo, usa los rojos con el fin de que destaquen en el Sur más que en calidad de color sólido para muros y muebles. Los chinos estiman a los biombos muy favorablemente como modo de introducir un importante color dominante. Piensa, pues, en la posibilidad de instalar una mampara de rojo cinabrio o laqueado en la pared meridional de tu cuarto de estar para atraer vibrante energía yang. En caso de que los prefieras, cabe optar por otros rojos propicios, entre los que figuran el coral y el guindilla. Promovido de tal manera, el chi favorable en el Sur crea entonces la suerte del reconocimiento para el patriarca de la familia. Si no te agrada emplear biombos, trata de escoger cortinas que ejerzan el mismo efecto.

152

El rojo y el dorado son atributos propicios

La suerte del reconocimiento es obra del uso propicio del rojo. El dorado crea una maravillosa fortuna de la riqueza. El uso conjunto de estos colores te permitirá, pues, promover una inmensa suerte de la prosperidad.

El color del oro es siempre propicio porque significa dinero. Pero el oro también simboliza el Elemento Metal, y eso puede ser dañino en los sectores del Este y del Sudeste, puesto que el Metal destruye la energía de la Madera.

Riqueza y prosperidad

Pero combinado con el rojo, el dorado cobra una fuerza propia. La conjunción significa en realidad una riqueza y una prosperidad extremadas. Por añadidura, la del dorado y el rojo es también una combinación enérgica capaz de destruir las aflicciones de las estrellas volantes provocadas por desafortunadas conjunciones de sus números. No es por tal motivo mala idea disponer de alguna combinación de oro y de dorado en el interior del hogar y aprovecharla durante los días propicios.

La suerte de rojo y del dorado

La significación del rojo y del dorado juntos se halla también asociada con altos cargos, ocasiones felices y la suerte de la riqueza. Por este motivo siempre gusta a los chinos semejante combinación y estiman que vestir de rojo con abundancia de auténtico oro durante el Año Nuevo lunar resulta maravillosamente propicio. Anuncia un nuevo año que fluye con la riqueza y el reconocimiento. En el interior del hogar, la combinación del rojo y del dorado jamás debe dominar en paredes enteras. Es mejor emplearla en cantidades limitadas para que constituya un motivo más destacado que avasallador. No representa desde luego un conjunto adecuado para los dormitorios.

En el Año Nuevo chino se regalan como presente propicio monedas de oro, siempre en múltiplos de tres, puesto que este número es yang o productivo y tiene la consideración de aportar riqueza al destinatario.

153

La fuerza de la prosperidad del púrpura

Una sentencia china declara algo por este estilo: «Las cosas van tan bien que hasta el rojo se convierte en púrpura». Porque este color es enérgicamente próspero.

AUNQUE el púrpura no disfrute de la misma connotación regia que en Occidente, es juzgado muy próspero. Nunca tendremos la seguridad de si se trata de yin o de yang porque revela características de ambos, o de si representa al Elemento Agua o al Elemento Fuego. Esta ambivalencia superficial lo convierte en un color muy esquivo pero extremadamente propicio.

Cuando pintes de púrpura tu pared septentrional, denotarás su agua o lado yin. Cuando coloques púrpura en el Sur, pones de relieve la vibrante energía yang. Utilizar, pues, el púrpura como motivo cromático en el caso de que te agrade suele constituir una buena decisión respecto del feng shui. De no gustarte el púrpura, prescinde de esta opción; y si te entusiasma, no dudes en usarla. Personalmente, yo colocaría púrpura en el Norte para que significase agua. Empleado de ese modo, el púrpura sugiere la suerte de la prosperidad.

154

Púrpura y plata aportan riqueza

La combinación de púrpura y plata ha sido mi marca comercial empleada en muchos beneficiosos acuerdos empresariales.

UN maestro del feng shui me dijo en cierta ocasión que el púrpura y la plata expresan dinero y que incluso suenan como tal en cantonés ñan chi significando literalmente «púrpura plateada». Adopté la combinación para el logotipo de mis almacenes «La Semilla del Dragón», y al cabo de dieciocho meses los vendimos con un gran beneficio.

La combinación de púrpura y de plata en el hogar evoca quizá la alta tecnología y supone un conjunto muy adecuado para las personas del Metal, es decir, aquellas nacidas en años del predominio de la energía de ese Elemento. Se halla también indicada para casas fundamentalmente orientadas hacia el Oeste, puesto que recalca la energía del Metal productora de Agua.

155 Verde y azul aportan chi del desarrollo

La combinación de verde y azul sugiere un crecimiento lento y continuado, sin ninguna de las connotaciones regias y más avasalladoras de algunos otros colores.

TANTO el azul como el verde son armoniosos y equilibrados y juntos suponen una combinación excelente en una habitación concebida para niños en desarrollo. Es un recurso muy adecuado para los hijos de la familia. Sucede de tal modo porque el chi creado es chi del crecimiento, que aporta un desarrollo sano y una vida familiar feliz. Si puedes conseguir un lienzo de montañas pintadas en verde y azul, será espléndido que lo cuelgues a tu espalda en la pared de un cuarto de estar situado en el Este de la casa.

La combinación de azul y verde resulta especialmente propicia en los rincones orientales del hogar. Este efecto es debido al hecho de que el Agua nutre a la Madera en el Ciclo Productivo de los Elementos, haciendo crecer a las plantas. Cuando apliques esta combinación cromática, utiliza más Madera que Agua, de modo que el verde domine al azul. Una variación de este diseño consiste en usar verde con negro (representante asimismo del Agua), que no solo brinda un buen aspecto, sino que aporta además un chi armonioso.

156 Verde y rojo crean armonía y éxito

Estos maravillosos colores de Navidad, eternamente populares, no solo constituyen una combinación armoniosa, sino que también dispensan una suerte de inmensa felicidad.

EL verde es Madera, que alimenta las llamas del respeto y de la posición honorable alcanzada por el cabeza de familia. En consecuencia, el verde torna fuerte al rojo. La Madera logra que el fuego se fortalezca y agrande. Para aportar buena fortuna al hijo (o a los hijos) de la familia, utiliza la combinación de verde/rojo

pasados los doce años. En esa época, bien podría significarle honores y respeto la introducción del verde y del rojo en su dormitorio del Sur. Triunfará en la escuela y, ya mayor, se comportará de una manera impecable. El verde representa desarrollo y el rojo se vincula con la conclusión de una fase en la vida de alguien.

157

Blanco y amarillo atraen el yang de la luz

Otra combinación cromática muy propicia es la de blanco y amarillo. Significa la integración armónica del Metal producido por la energía de la Tierra.

EL blanco y el amarillo representan a la vibrante energía yang, que puede ser muy favorable durante los días estivales. Una vez que sale el Sol se imanta el amarillo, difundiendo calor y buena voluntad. Existen, desde luego, muchas tonalidades del amarillo, pero si lo empleas combinado en la decoración de tu hogar, quizá debas comprender que el color del amarillo imperial, aun siendo muy favorable, no está simplemente destinado a todo el mundo. Se cree que no todos poseen la capacidad para vestir el oro imperial o amarillo y que puede suscitar enfermedades. De igual modo, no todos pueden morar en una estancia decorada en amarillo regio. Si has dispuesto tu habitación en oro o amarillo y no consigues soportar la pesadez de estos colores, es recomendable que inmediatamente pintes de blanco algunas paredes para reducir la fuerza del amarillo.

Colores fuertes

Ese principio de la pesadez es un concepto muy chino; algunos incluso lo consideran una superstición, pero parece hallarse enraizado en la realidad. Los colores que quizá supongan este tipo de peligro para los residentes son el amarillo y el púrpura. Tengo una amiga que experimentó ese efecto. Un día, en un arrebato desafiante, decidió pintar su cuarto de estar de un púrpura intenso y maravilloso e inmediatamente le surgieron muchas oportunidades en su profesión. Como trabajaba por su cuenta, las nuevas propuestas le representaron un gran aumento en sus ingresos.

Pero eso no duró. Su horóscopo no revelaba capacidad para disfrutar del regio chi de la púrpura y pronto contrajo una grave enfermedad que la retuvo en el hospital durante casi un año. Solo se recobró tras haber vuelto a pintar de blanco su cuarto de estar. El púrpura era para ella avasallador; aunque al principio le reportó una fortuna muy benévola, pronto se tornó seriamente desfavorable.

Tonos más suaves

Si te sientes, pues, intimidado por colores violentos o manifiestamente propicios, decora tus habitaciones en un gris amarillento claro o de blanco y fortalécelas luego con objetos ornamentales en tu color preferido de la suerte.

158

Rojo y amarillo constituyen una combinación asombrosa

Estos dos colores se revelan los más sorprendentes en términos de la fortuna que generan, así como de las aflicciones que son capaces de provocar.

CUANDO son empleados correctamente por las personas adecuadas, el rojo y el amarillo constituyen la combinación más formidable. Para otros, empero, la doble fuerza del rojo/amarillo puede ser demasiado intensa. Es susceptible de provocar el infortunio de quienes no consigan soportar su pesadez y enfermen. Este concepto resulta muy interesante. En ocasiones, puede suceder que el feng shui de un hogar sea demasiado rico, harto yang y en exceso fuerte, de tal modo que si bien no haya nada erróneo en el feng shui causará un efecto perjudicial en términos de la reacción del chi.

Es aconsejable, pues, proceder con cuidado. Muéstrate cauteloso al principio. Examina lentamente el efecto general de la poderosa combinación de rojo/amarillo, empezando con pequeños objetos colocados en la proximidad de tal espacio. Si tras un par de semanas tu suerte parece haber comenzado a cambiar, no abandones esta disposición cromática y tórnate más ambicioso en su empleo; intenta, por ejemplo, utilizar los colores en áreas un tanto mayores.

Poner rojo y amarillo en los rincones de la Tierra

Utiliza el rojo y el amarillo en los rincones correspondientes del hogar; pon así rojo y amarillo en los sectores de la Tierra, que son los del Sudoeste y el Nordeste. Los sectores de la Tierra se benefician de la energía del Fuego así como de la de la Tierra. La co-

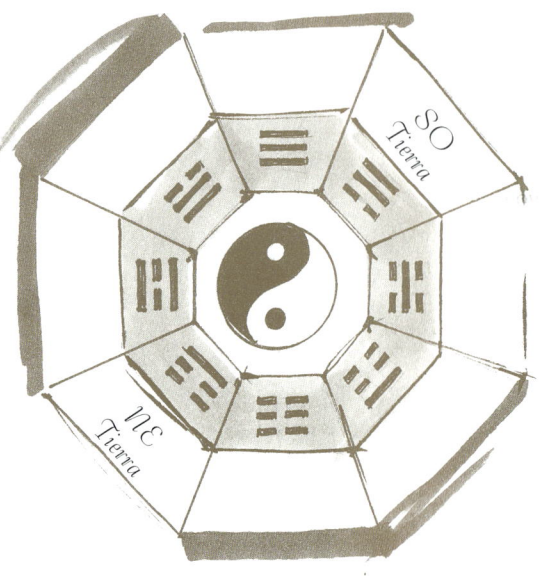

El amarillo es el color de los sectores de la Tierra, el Nordeste y el Sudoeste. El empleo del rojo con el amarillo alimenta a la Tierra, aportando reconocimiento.

K'un atrae la buena fortuna a las relaciones.

Ken beneficia al saber y al estudio.

locación de rojo y amarillo en esos lugares favorece el florecimiento del apellido familiar. Estos colores aportan asimismo reconocimiento a la madre, beneficiando así indirectamente a toda la familia.

159 Utiliza blanco y negro para lograr armonía

La combinación de blanco y negro es siempre propicia. Sucede así porque el negro significa Agua, que es creada por el Metal blanco en el Círculo Productivo de los Elementos.

Eso significa que la combinación es armoniosa y está equilibrada y que constituye un buen presagio para el sector del Agua. Cualquier lugar de la casa que te parezca beneficiarse del Agua será también favorecido por una combinación de negro y blanco. Contra lo que la gente piensa, el negro no es un color infortunado. Tampoco se trata del color del duelo. El negro puede ser desde luego muy propicio en muchas situaciones porque representa la profundidad última de la energía del Agua.

Cierto número de fórmulas del feng shui se concentran en el chi del Agua, porque este es el Elemento que significa dinero y riqueza. Puesto que muchas personas usan el feng shui para magnificar la suerte de su riqueza, el Agua constituye un elemento importante.

Pon un tema de negro y blanco en sectores de la casa que posean estrellas propicias del Agua. No es preciso mostrar demasiado negro en la decoración. No utilices desde luego mamparas o cortinas negras, pero emplea siempre el negro para realzar o en accesorios.

El blanco, por otro lado, es un color que cabe usar sin miedo a excederse. Acontece de tal manera porque el blanco contiene en su seno todos los colores del arco iris y es considerado como el color definitivo, ya que posee un equilibrio de todos los cromatismos. Si deseas actuar sobre seguro, pinta simplemente de blanco todos tus techos y paredes y luego recurre a otros colores para aportar el chi de Elementos que tengan la consideración de propicios según sean los rincones de la brújula con que estés operando. Recuerda que cada sector correspondiente a una dirección de la brújula significa un Elemento, que en sí mismo se halla representado por un determinado color.

Cabe emplear el diseño laberíntico tradicional en motivos aislados o crear una pauta repetida en negro y blanco con objeto de decorar tus estancias.

160

Negro y verde crean crecimiento y abundancia

La combinación de negro y verde es muy similar a la de azul y verde en términos de su efecto. El Agua produce Madera, así que el negro resulta excelente para los sectores de la Madera en el Este y el Sudeste.

Si utilizas una cantidad significativa de estos colores, beneficiarás a la prole, chicos y chicas por igual. Tal acontece porque el Este representa a los hijos varones y el Sudeste significa las hijas. Y como la energía de la Madera significa crecimiento, la combinación de colores aporta todo lo mejor al chi de la Madera. Haz, pues, que se trate de tonos puros de los dos colores. Opta por un verde joven y fresco en vez de otro viejo y cansado. Tu negro ha de aparecer siempre libre de adulteración, pálido y no fangoso. Recuerda que un exceso de Agua es siempre perjudicial puesto que este Elemento actúa en los dos sentidos.

161

Los techos deben ser blancos

El mejor color para todos los techos es el blanco, puesto que significa claridad y pureza cromáticas. El blanco constituye un color muy especial y espiritual.

El blanco se halla integrado por los siete colores del arco iris, que a su vez significan los siete chakras o antiguos puntos de energía en el cuerpo humano. Suscita un carácter positivo en toda persona y evoca talantes y fuerzas conformes con el campo energético de cada individuo. En consecuencia y para algo tan importante como el techo de tu casa, que simbólicamente presiona sobre los residentes, el empleo del blanco suscita la elevación del chi.

El blanco es asimismo un color yang rebosante de vida oculta y de energía espiritual positiva. Resulta muy propicio contar con un techo blanco. Si el techo es de escayola, abstente de que muestre un diseño recargado, porque todo lo que presione sobre los residentes puede convertirse en una flecha secreta potencial. Es mejor disponer de un techo plano con algunas rayas decorativas en los bordes para significar las tres líneas yang del trigrama propicio Ch'ien.

162

Los pasillos deben tener siempre colores yang

Los pasillos constituyen áreas importantes de conducción porque canalizan el flujo de energía dentro de tu espacio vital. No cometas el error de ignorarlos.

S u color es tan significativo como el de las estancias de tu casa. De hecho, cuando el chi en un corredor es propicio, lento y armonioso, al penetrar en la habitación siguiente se habrá tornado completamente favorable y benigno. Según los principios generales del feng shui, no es propicio un pasillo largo en tu casa. Si posees semejante particularidad y no cabe hacer nada al respecto, lee lo siguiente:

• Puedes reducir la velocidad del chi transformando la energía en el pasillo. El modo más eficaz de lograrlo consiste en recurrir a los colores; así que usa tonos fuertes en vez de pálidos. Selecciona tus colores de acuerdo con la dirección de la brújula que ocupe el corredor: blanco para el Oeste y el Noroeste, verde para el Este y el Sudeste, azul para el Norte, rojo para el Sur y amarillo para el Sudoeste y el Nordeste. Conserva, además, bien iluminado el pasillo. Si así procedes, habrás creado ya buena energía en el seno del hogar.

Colores para los pasillos

Determina qué dirección de la brújula corresponde a tu pasillo. Luego selecciona el color mejor para su decoración, refiriéndote a la ilustración.

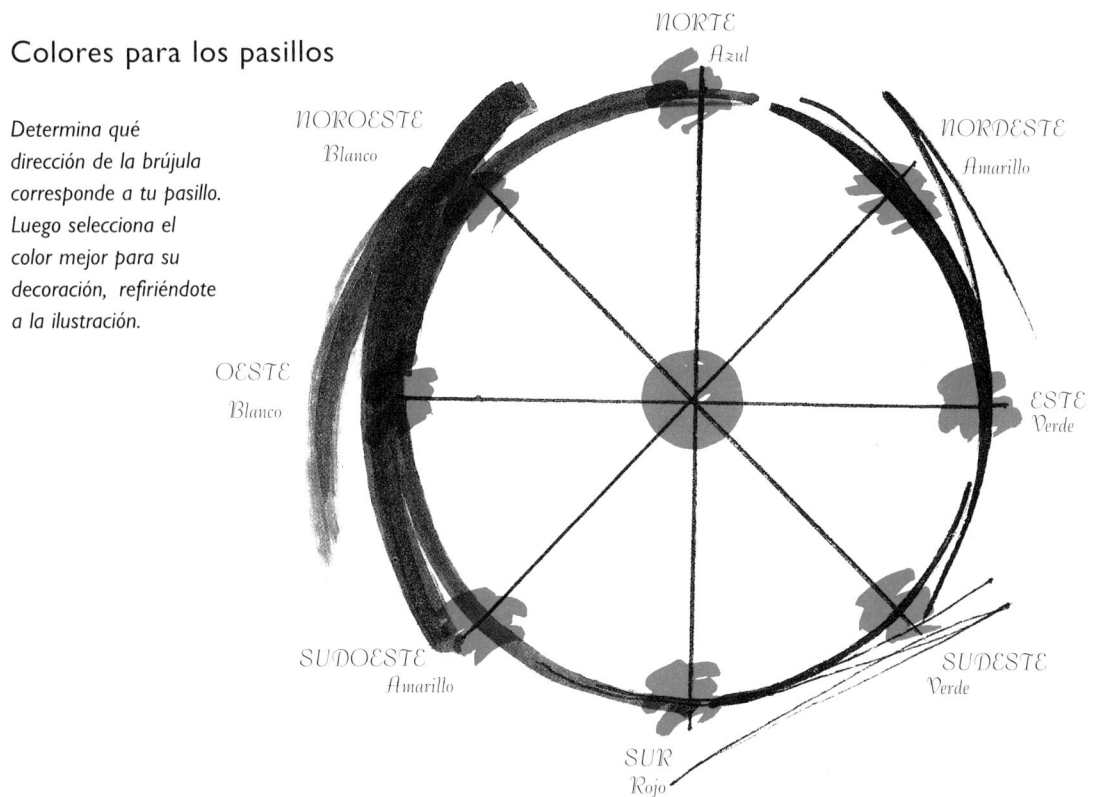

NORTE
Azul

NOROESTE
Blanco

NORDESTE
Amarillo

OESTE
Blanco

ESTE
Verde

SUDOESTE
Amarillo

SUDESTE
Verde

SUR
Rojo

163

Son mejores los dormitorios yin que los yang

Los dormitorios deben hallarse más dominados por colores yin que por colores yang. Los mejores colores son las tonalidades en azul y cálidas de la Tierra.

SEA cual fuere lo que hagas, la alcoba no debe ser un lugar en donde el cromatismo haga vibrar demasiado a los sentidos porque eso estorbará que concilies el sueño.

Colores de alcoba

Selecciona los colores de tu dormitorio según tu propio número personal Kua (véase indicación 107); el Kua puede decirte cuál es tu propio Elemento y entonces simplemente tendrás que elegir colores que sean propicios a este y evitar aquellos que te dañen. Utiliza el Ciclo de los Cinco Elementos para determinarlo (véase capítulo 3, indicación 78), examina el resumen opuesto y precisa los colores que más te convengan. Aquí te indico los que sugieren el Elemento que produce tu Elemento (el Elemento propio), así como el Elemento que es tu álter ego. Basándose en el método de los cuatro pilares del feng shui, el Elemento que te produce aporta tu riqueza, mientras que el Elemento que es igual a ti constituye tu pareja. La sintonización solo es posible a través del reconocimiento del yin y el yang en los colores. Así, los colores claros representan energía yang, mientras que los oscuros significan energía yin. Necesitarás tu número Kua para saber cuál es tu Elemento. Como las mujeres son yin, han de inclinarse por los colores

El símbolo yin yang representa equilibrio. Aunque un dormitorio tenga que ser yin, siempre existirá una semilla de yang que defina al yin.

yang, en tanto que los hombres, siendo yang, deben buscar colores yin. Eso crea el equilibrio que procede de la dualidad del símbolo yin yang.

El empleo del número Kua para determinar el Elemento personal a los fines de promover el propio feng shui, en vez de utilizar el método de los cuatro pilares, pone de relieve que se trata de una promoción del feng shui en vez de derivar de la adivinación. En realidad, cabe emplear con éxito ambos métodos. Pero cuando usemos los números Kua para precisar el Elemento, también hemos de tomar en consideración la necesidad de una armonía con el chi del espacio circundante. En general, el Elemento de promoción más beneficiosa suele ser aquel que produce tu propio Elemento.

Colores para la riqueza

NÚMERO KUA	ELEMENTO PROPIO	COLOR (PARA LA RIQUEZA)
1	Agua	Blanco
2	Tierra	Rojo
3	Madera	Azul o negro
4	Madera	Azul o negro
5	Tierra	Rojo
6	Metal	Amarillo
7	Metal	Amarillo
8	Tierra	Rojo
9	Fuego	Verde

Colores para el amor

NÚMERO KUA	MUJERES: *Colores que te aporta una pareja*	HOMBRES: *Colores que te aporta una pareja*
1	Azul claro	Azul oscuro
2	Amarillo claro	Amarillo oscuro
3	Verde claro	Verde oscuro
4	Verde claro	Verde oscuro
5	Amarillo claro	Amarillo oscuro
6	Blanco	Dorado
7	Blanco	Dorado
8	Amarillo claro	Amarillo oscuro
9	Rojo claro	Rojo oscuro

164 Los suelos requieren energía básica

Los colores para los suelos son óptimos cuando logran que te sientas afirmado; por tanto, resulta siempre adecuado utilizar un color estable en el suelo.

EN amplia medida, eso depende de los materiales utilizados. Los pétreos como el terrazo, el mármol y el granito, así como sus derivados y combinaciones, sugieren una energía básica. De tal manera se logra un firme asentamiento y los mejores son los de colores de la Tierra. Siempre que sea posible, recurre a materiales naturales para los suelos. Evita los diseños con puntas agudas como las estrellas o las evidentes formas triangulares, porque en el pavimento se convierten en flechas envenenadas capaces de herirte más de lo que sospechas. Simbólicamente, presentan, además, una apariencia dura y formidable y denotan constantemente hostilidad. Por eso, procura que los diseños de los suelos sean sencillos y gratos, optando por formas suaves y neutras.

165 Utiliza el azul en los niveles inferiores de tu casa

El color azul es sinónimo del agua, y si te consagras a la práctica del feng shui, debes ser siempre consciente de que el agua fluye hacia abajo.

COMO se halla asociado con el agua, el azul está siempre concebido para los niveles inferiores de tu casa y no para los superiores. Por eso me pronuncio vivamente en contra de las tejas y de los techos azules y me opongo a la instalación de piscinas en terrazas o en el interior de áticos. El agua de las alturas descenderá simplemente destruyendo todo lo que haya debajo. Reserva, pues, siempre los azules para el nivel del terreno. El azul es un color yin y muy adecuado en dormitorios emplazados en tal plano porque también se muestra muy sosegado y calmante.

Tras haber dicho esto, he de añadir que nunca coloques en la alcoba ningún tipo de agua física como un acuario, aunque no presentará desde luego problemas la presencia de un vaso de agua en la mesilla de noche. Pero los azules en las paredes o en las colchas son recomendables. Transmitirán una excelente energía yin sin dañarte.

7

Notas especiales del feng shui para áreas de residencia

166

Asigna con cuidado el espacio de tu casa

La práctica del feng shui habitación por habitación se torna muy fácil a medida que progresas, porque a cada estancia son aplicables los mismos principios, aunque algunas sean más importantes que otras.

Lo que interesa es la asignación de espacio de modo tal que los sectores afortunados nunca queden desaprovechados o, peor aún, afligidos por un inodoro o por un armario de trastos viejos que allí se encuentren. Los sectores favorables deben hallarse, al contrario, ocupados por el padre o por la madre, o, cuando sea apropiado, por los hijos e hijas de la familia. La distribución del espacio dentro de un hogar ha de constituir un reflejo de las aspiraciones familiares.

El dormitorio principal y el despacho

De todas las habitaciones del hogar, probablemente la más importante es el dormitorio principal (y también el despacho si trabajas en tu casa). Es lógico que las estancias más utilizadas deban ser las que tengan el feng shui mejor. Solo entonces se beneficiará la familia del buen feng shui de la casa. No te preocupes, pues, en exceso de que cada habitación de la residencia sea perfecta en términos del feng shui.

Cómo asignar las habitaciones

El mejor método a emplear en la distribución de habitaciones consiste en operar con los rincones afortunados indicados por las fórmulas de las estrellas volantes. Simplemente es así porque estas tienen en cuenta el impacto de las consideraciones temporales. Los rincones afortunados y desfavorables de los hogares cambian con el transcurso del tiempo. Quienes deseen utilizar este método tal vez deseen acometer, pues, nuevas investigaciones sobre el feng shui de las estrellas volantes. Alternativamente, cabe recurrir al cuadro sobre sectores de la suerte que aparece en este libro (véase página 136) para localizar los de tu casa.

167

Opera con lo que tienes

El método que decidas aplicar en tu casa debe depender estrechamente de las limitaciones de tu propio espacio físico y de las posibilidades de tu presupuesto.

EN ocasiones resulta simplemente imposible seguir todas las recomendaciones del feng shui. Por ejemplo, no serás capaz de utilizar el feng shui de las estrellas volantes si el sector afortunado está ocupado por el cuarto de baño. En tales casos tendrás que examinar las implicaciones Kua del espacio disponible (véase indicación 107) y tomar algunas decisiones que supongan ciertas transacciones. A nadie le beneficiará inquietarse por la cuestión. El feng shui te brinda un análisis de la razón de que quizá no te vayan bien las cosas. Si cabe hacer algo al respecto, pon manos a la obra, y de no ser factible, trata de determinar otro modo de ver si puedes aprovechar algún aspecto distinto del chi que fluye hacia dentro de tu casa.

Procede con tranquilidad

Realmente has de operar con lo que tienes. Jamás insistiré bastante sobre este punto, y examínalo como otra gran ventaja de hallarse familiarizado con todas las diferentes técnicas disponibles. No te sientas absolutamente obligado a aplicar las estrellas volantes o las Ocho Mansiones, excluyendo una de las dos opciones. Eso supondría un enfoque dogmático. Todos los métodos del auténtico feng shui pueden y deben ser usados de una manera combinada. Cuando necesites tomar una decisión respecto de dos recomendaciones contradictorias, escoge la que prometa el tipo de suerte de que en tu opinión careces.

El feng shui es ameno

Y después de señalar esto, he de añadir que la práctica del feng shui debe ser amena. No te muestres inflexible acerca de su ejercicio. Recuerda que las recomendaciones se hallan muy basadas en la interpretación de antiguos principios, cuando los espacios vitales y las ciudades diferían mucho del ambiente actual. Así que mientras que en la mayoría de los casos la experiencia permite al maestro del feng shui una interpretación correcta, tales consideraciones no están talladas en piedra. Siempre debe quedar espacio para que la creatividad cale en la práctica del feng shui.

Si no eres capaz de aprovechar tu dirección de la riqueza con un acuario en tu cuarto de estar, pon el diseño propicio de la rana o del sapo de tres patas o monedas en el Norte para fortalecer este sector. Este tipo de rana aporta buenas noticias más que riqueza.

168

Usa el simbolismo y los rituales para lograr los mejores efectos

A la hora de promover adecuadamente áreas especiales para atraer tipos concretos de suerte, debes recurrir a tu conocimiento del simbolismo del feng shui.

PERSONALMENTE, estimo esta dimensión del feng shui —el empleo de símbolos para crear buena energía del chi— como la parte más interesante de todas, quizá porque funciona tanto oportuna como rápidamente.

He descubierto que cuando combino mi conocimiento de los sectores afortunados, del feng shui de las estrellas volantes y de las direcciones de las Ocho Mansiones con los símbolos y rituales del feng shui consigo en realidad los resultados más sorprendentes. De hecho, a menudo me asombra la celeridad con que el feng shui parece actuar. Por ese motivo me apasiona hasta tal punto la práctica de una combinación de métodos. Advierto que, cuando utilizo todos los conocimientos que poseo acerca del feng shui, no es sencillamente posible desechar una fórmula en favor de otra. También he notado que no existe un solo método que sea el más eficaz. El feng shui constituye una práctica muy compleja en donde factores muy diferentes influyen en la calidad del chi en el seno del hogar.

El poder de los símbolos

El examen sucesivo de este enorme cuerpo de conocimientos revela constantemente sorpresas fabulosas, y el poder de los símbolos es lo que en realidad ha absorbido mis sentidos en los diez años pasados de estudio del feng shui. Además, y en los últimos tiempos, al concentrarme lo suficiente en algunos de los rituales del feng shui que llegaron a mis manos descubrí que los resultados positivos sobrevenían con rapidez cuando la ejecución era correcta. También contribuía al respecto el empleo de promotores convenientes y operar en un ambiente ya dotado de buena energía chi. Y a tales beneficios se llega a través del emplazamiento oportuno de puertas, ventanas, estancias y objetos decorativos.

En razón de la velocidad con que operan algunos de esos rituales, concibo ahora como casi mágica esa rama del feng shui y proyecto escribir todo un libro sobre tales rituales.

El doble signo de la felicidad

El signo de la longevidad

Signo alternativo de la longevidad

169 Atender a las orientaciones infortunadas de las puertas

Ahora ya debe estar clara la importancia absoluta que reviste la orientación de la puerta principal en toda la perspectiva del feng shui. Esta depende en parte considerable del feng shui analítico.

EJERCE un efecto profundo en toda la casa y también puede aportarte suerte desde una dirección favorable. Pero surgen problemas cuando, investigando el feng shui de tu casa, descubres que la puerta se halla de cara a una dirección que es desafortunada para ti y no puedes hacer nada al respecto. Como es natural, si la manera en que tu residencia se halla orientada o diseñada te permite cambiar la dirección de la puerta, entonces se trata simplemente de una cuestión de presupuesto y de la inconveniencia de sufrir unas obras de escasa magnitud. En tal circunstancia te pediría que reflexionases atentamente y analizaras el problema empleando los diferentes métodos indicados en este libro antes de realizar transformación alguna. Si eres capaz de encontrar un modo eficaz de situar de manera distinta la puerta para beneficiarte de buenas direcciones o si la nueva orientación de la entrada torna, por ejemplo, favorable la localización de tu dormitorio (según el resumen de rincones afortunados de la página 70), entonces sigue adelante.

Usar tu dirección óptima

Si no puedes cambiar una dirección desafortunada de la puerta ni hallar otra a la que quepa transformar en entrada principal, es importante que compenses la situación y coloques tu cama de forma que duermas con la cabeza apuntando a tu dirección óptima. Al mismo tiempo, camufla la puerta pintándola para que se integre con mayor facilidad en la pared. Algunos profesionales llegan incluso a hacer más pequeña la entrada con la esperanza de que simbólicamente tal medida rebajará su importancia. Personalmente, ignoro si este método funciona, pero parece lógico menguar de ese modo la relevancia de una puerta infortunada.

170

El feng shui esencial de la puerta principal

Hay algunas cuestiones importantes a tener en cuenta respecto de la puerta principal si quieres ser el portador de chi de la buena fortuna al hogar.

SIGUE estas normas al margen de que la puerta sea o no afortunada (para el cabeza de familia o aportador del sustento). Pero si, por ejemplo, la dirección a la que la puerta se enfrenta corresponde a una de pérdida total (véase indicación 111), entonces su fortalecimiento solo servirá para agrandar la mala suerte. Emplea, pues, con cuidado tales recomendaciones.

Una puerta principal eficaz

Es posible lograr que la puerta principal sea verdaderamente eficaz en el encauzamiento de un buen chi hacia el hogar cuando:

- Es la mayor de la casa, por lo que se trata evidentemente de la principal.
- Se halla pintada con un color que refleja la dirección a la que se enfrenta. Así, de estar frente al Este o el Sudeste, debe ser pintada de verde para atraer la suerte, o también es posible dejarla con un acabado en su aspecto natural. Nunca deberás pintar de blanco entradas orientadas en esta dirección (porque el Metal aniquila a la Madera en el Ciclo Destructivo de los Elementos).
- Pinta de amarillo las puertas orientadas al Sudoeste o al Nordeste. Aquí el color que habrás de evitar es el verde (porque la Madera aniquila a la Tierra en el Ciclo de los Elementos). Las entradas localizadas en estos sectores de la brújula están mejor pintadas sin que asome su aspecto natural. Si es necesario en tal condición, pinta de amarillo la pared.

- Pinta de rojo las puertas que den cara al Sur y evita el negro o el azul (porque el Agua aniquila al Fuego en el Ciclo de los Elementos).
- Pinta de blanco o con cualquiera de los colores metálicos las puertas que hagan frente al Noroeste. Advierte que estas entradas específicas nunca deben ser pintadas de rojo.

Una puerta principal maciza

Es preferible que la puerta principal sea maciza y que se abra hacia el interior, de tal modo que aporte hacia dentro la buena suerte. Por lo general, se consideran desfavorables las puertas correderas si constituyen la entrada principal de la casa. Cabe aceptarlas cuando representen una entrada secundaria. Las puertas de vidrio carecen de la seguridad de las macizas y en términos ideales es mejor evitarlas.

No importa que la puerta sea de una o de dos hojas o que uno de sus lados supere en tamaño al otro. Pero en las grandes mansiones son preferibles las grandes puertas dobles que se abren hacia dentro.

Finalmente, para ser afortunadas, las puertas deben siempre abrirse hacia y proceder de un «vestíbulo brillante». En el feng shui, se entiende por vestíbulo brillante un espacio propicio y bien iluminado en torno de una entrada principal. Así que a un lado y otro de la puerta ha de existir un recibidor, aunque sea pequeño. Un auténtico vestíbulo sería todavía mejor. Eso permite al chi asentarse y acumularse a ambos lados de la puerta.

171 Símbolos de la buena fortuna en el cuarto de estar

Una vez que hayas abordado la puerta principal, la parte más indicada de tu casa a la que promover con símbolos de la buena fortuna es el cuarto de estar.

LA zona principal de residencia es un buen lugar para disponer agua, espejos, luces, etc., porque beneficiarán a todos los miembros de la familia. Pero a la hora de colocar promotores del feng shui, debes observar algunas precauciones básicas.

Colocación de símbolos de la buena fortuna

No pongas espejos de cara a la puerta principal; en el cuarto de estar tampoco deben reflejar la puerta de este. Un espejo situado directamente frente a la puerta impulsará al chi a escapar de inmediato. Incluso cuando refleje la más bella escena, un espejo de cara a la puerta sugiere un flujo recto y mortal del chi.

Cualesquiera objetos acuáticos (estanques, acuarios o fuentes) emplazados cerca de la puerta deben hallarse a la izquierda de esta y nunca en el lado derecho (mirando desde dentro hacia fuera). Cuando el agua se encuentra en el lado derecho de la puerta, tanto en el interior como en el exterior de la casa, el hombre de la familia se torna propenso a los amoríos.

El murciélago es un animal preciado porque representa la buena suerte. Representa por eso un símbolo propicio.

El símbolo superior es también propicio: busca ambos y cuélgalos para atraer la suerte de la prosperidad.

172

Fortalece cada rincón del cuarto de estar

La manera más fácil de promover todos los rincones del cuarto de estar consiste en exaltar el chi intrínseco de cada uno de los ocho rincones que representan a las ocho direcciones de la brújula.

NECESITAS, pues, superponer mentalmente el símbolo Pa Kua en el área vital. Resultará más accesible si dispones de un cuarto de estar de forma rectangular, pero en otro caso toma simplemente nota de las esquinas prominentes y de los sectores ausentes y actúa en consecuencia. Si nada hay que quepa realizar acerca de sectores omitidos, no tienes por qué preocuparte. Concéntrate, pues, en las áreas de tu cuarto de estar en las que puedas hacer algo.

Empleo de una brújula

Colócate en el centro de tu cuarto de estar y desde allí, mediante la brújula, conseguirás obtener tus orientaciones. Averigua en dónde está el sector septentrional de tu cuarto de estar, toma luego sistemáticamente nota de la dirección de cada uno de los rincones. Fíjate luego en dónde se halla localizada la puerta principal de tu cuarto de estar. El sector que posee la entrada es muy importante y debes asegurarte de que no se encuentre bloqueado de ningún modo. Permite que el chi fluya a través de todas las entradas de tu área vital y sobre todo de la puerta principal.

Determinar los elementos

En todos los demás rincones advierte mentalmente cuáles son sus respectivos Elementos gobernantes, basándote en la dirección en que se halle localizada

cada esquina (véase indicación 11). Podrás entonces fortalecer el chi de cada rincón mediante objetos que sean reflejo de su Elemento; por ejemplo, poniendo plantas en los rincones de la Madera del Este y del Sudeste, campanitas de metal en los rincones del Oeste y del Noroeste, objetos basados en la Tierra (cerámicas, cristales y otros por el estilo) en el Sudoeste y el Nordeste, luces o velas en el sector del Sur y objetos acuáticos en el Norte. Es desde luego posible que la lista sea mucho más larga, pero aquí será en donde hayas de poner en juego tu creatividad.

La planta del dinero, una lisimaquia, constituye una promotora perfecta para el rincón del Sudeste.

173

Consigue una gran suerte de tu rincón afortunado

Mientras fortaleces cada rincón, debes localizar el afortunado en tu cuarto de estar y cerciorarte de que se halla bien iluminado y adecuadamente ventilado.

E L rincón afortunado de tu cuarto de estar (y viniendo al caso de cualquier estancia) es localizado diagonalmente opuesto a la puerta y generará una gran suerte si está oportunamente decorado de acuerdo con los colores y formas determinados por los Elementos, y luego todavía más promovido si hay allí un movimiento y una actividad considerables. Recuerda que la energía yang se crea automáticamente en lugares en donde existen sonidos, movimientos, luces y vida humana.

Además, los rincones afortunados siempre se benefician de símbolos propicios como los sapos de tres patas, las monedas de la suerte, dioses de la riqueza y otras deidades taoístas allí dispuestas.

Cristal en los rincones de la Tierra

En el rincón afortunado de mi cuarto de estar, que es una esquina del Metal en el Noroeste, tengo seis bolas de cristal natural (de unos 76 mm de diámetro). El propósito estriba en reflejar el número del rincón (que es 6), así como el hecho de que la Tierra produce Metal en el Ciclo de los Elementos, y de ahí la presencia del cristal. Su forma tersa y redonda sugiere la facilidad de unas relaciones felices y un grado mínimo de equívocos, palabras airadas y desaires. Resultan también muy eficaces para la creación de una energía cordial. Utilizo, pues, el rincón para promover la suerte de la armonía en todos los miembros de mi familia. Como se trata del rincón patriarcal, también

me aseguré de que mi marido, es decir, el patriarca, se beneficiase de la buena suerte, logrando asimismo su felicidad. ¡La consecuencia última es una familia feliz!

La imagen del Buda risueño aporta felicidad porque simbólicamente absorbe todas tus inquietudes.

174

La fortuna del sustento en el comedor

Adyacente al área vital estará normalmente el lugar en donde la familia coma. El comedor es también una estancia relevante que debe concentrarse en la fortuna del sustento de la familia.

LOS manjares sobre la mesa constituyen siempre un simbolismo del sustento y difieren de los alimentos que se hallen en la cocina. Los preparados en esta generan un tipo de energía completamente distinto de la que poseen los platos servidos en el comedor. Como una flor todavía en capullo, la comida en la cocina significa que la suerte de los alimentos aún no ha madurado. Es la flor abierta la reveladora de que ya ha llegado la fortuna.

Ese fue el motivo de que hace algunos años me hiciese tanta gracia que uno de mis alumnos preguntara si colocar un espejo en la cocina para doblar los alimentos que en ese lugar se disponían era lo mismo que situarlo en el comedor con el fin de doblar el volumen de los manjares ofrecidos.

Espejos en el comedor

En libros y conferencias he prevenido siempre contra la colocación de espejos que reflejasen llamas al aire y los hornillos de la cocina. Los espejos en ese sitio constituyen por eso rasgos peligrosos y jamás recomendaría que se pusieran allí. Los espejos en el comedor representan una cuestión por completo distinta, porque pueden ser muy propicios. Basta con que te cerciores de que tu espejo sea suficientemente grande para denotar riqueza y prosperidad. Reflejar, además, a los miembros de la familia durante la comida supone un buen feng shui. Un amplio espejo de pared resultaría perfecto en este caso.

Espejos de varias piezas

No es conveniente emplear en la zona del comedor espejos constituidos por varias piezas. Y cerciórate de que el espejo que uses abarque por entero a tu familia y a ti. Trata también de garantizar que capte la mesa del comedor y no otra puerta, un inodoro, la cocina o una escalera.

El espejo que aquí aparece es en realidad completamente inapropiado como promotor de un comedor. Tendría que ser mayor para reflejar más del espacio circundante y en especial a los miembros de la famili, tal vez sentados ante los extremos de la mesa.

175 Los rasgos de las paredes aportan una buena fortuna especial

Representa un buen feng shui pintar una pared con un color intenso que denote tus aspiraciones más importantes. Elige al efecto un muro del cuarto de estar o del comedor.

Si lo que pretendes es fama y reconocimiento, escoge una pared meridional del cuarto de estar o del comedor y píntala de un rojo brillante. Así crearás una fuerte energía yang; pero limítate a un muro para que el efecto no sea abrumador.

Si aspiras a que tu carrera despegue, elige un muro septentrional y píntalo de un azul intenso.

Si quieres amor, un matrimonio muy feliz o buenas relaciones con todos, elige una pared del Sudoeste y píntala de un fuerte amarillo de la tonalidad de las palomitas de maíz, que fue lo que yo hice en mis rincones del Sudoeste. Cobraron un aspecto espléndido y de inmediato mi familia se sintió más unida. Fue sorprendente el modo en que nuestras vidas se tornaron más felices. Cuando desees para tus hijos la suerte de unos brillantes exámenes, pinta una pared del Nordeste del amarillo de palomitas de maíz.

Si pretendes una gran fortuna para tu prole, pinta de dorado una pared del Oeste. Para obtener la protección de buenas influencias haz otro tanto, pero en un muro del Noroeste.

Una pared revestida de madera en el Este aportará la gran suerte de la salud y la suerte de la riqueza procederá de un verde claro.

176 La estimulación de las influencias atraerá a hombres de peso

Este tipo de fortuna procede de un rincón del Noroeste bien promovido. Pon energía del metal (sonerías de seis varillas o campanillas doradas) en esta parte de la casa, que representa al líder.

El trigrama del Noroeste es el Ch'ien omnipotente y completamente yang. Cuando fortalezcas, pues, este sector no solo beneficiará al patriarca de la familia, sino que también aportarás buena fortuna a todos los miembros del hogar. Por tanto, pintar tres líneas íntegras que evoquen al trigrama constituye un símbolo poderoso para este rincón.

177

Promover el feng shui para la suerte en el amor

Para que el amor florezca en tu vida necesitas crear en tu casa la esencia de un buen feng shui de la afinidad. Opera al respecto mediante la protección y el fortalecimiento del Sudoeste, el rincón universal del amor.

RECURRE primero a una buena brújula con el fin de determinar tu rincón del Sudoeste y promueve después tanto el chi grande del Sudoeste (el rincón de toda la residencia) como el chi pequeño en el Sudoeste de cada una de las estancias.

Ilumina tu vida amorosa con luces brillantes. Cuando los rincones del Sudoeste de tu casa se hallen bajo una luz potente, atraerán la energía de la suerte del amor. Emplea luces blancas, rojas o amarillas.

Fortalece el Elemento Tierra

Usa un grupo de cristales de roca para estimular al Elemento Tierra. Los cristales portan el excelente chi terreno. Pon el grupo en una mesa emplazada en tu rincón del Sudoeste. Coloca también una pareja de patos mandarín en este rincón romántico de tu habitación. Asegúrate de que sean auténticos patos mandarín y no ánades reales, porque estos son notoriamente infieles a su pareja. Por otro lado, los patos mandarines y las ocas tienen fama bien cimentada de fidelidad hasta que mueren.

Si existe un inodoro en tu rincón del Sudoeste, tu suerte del amor se verá seriamente afligida. Coloca una sonería de cinco varillas cerca del inodoro, pinta la parte posterior de su puerta de un rojo brillante o cuelga un gran espejo por la parte de fuera. Si falta tu rincón del Sudoeste, todavía podrás fortalecer el chi concentrándote en el Sudoeste de tu cuarto de estar o del comedor. Así crearás chi pequeño, que es tan fuerte como el chi grande de toda la casa.

Suerte de la familia

En el feng shui, el amor y el matrimonio forman parte de la fortuna de la familia. Se considera incompleta la existencia cuando faltan. El feng shui es capaz de promover el amor en tu vida y aportarte una pareja permanente, pero no atiende a frivolidades. Si no estás dispuesto a comprometerte seriamente, no acometas el fortalecimiento del amor. La promoción del feng shui del amor atrae las oportunidades matrimoniales y determina que madure la suerte de unas nupcias. Pero no te garantiza una correspondencia perfecta; eso depende por completo de tu karma.

178

Una promoción intensa de la fortuna profesional

Existe un rincón profesional universal aplicable a cada persona y que cabe fortalecer en su beneficio. Se trata del rincón septentrional del cuarto de estar.

CUANDO este rincón sea adecuadamente fortalecido con agua en movimiento, creará una excelente fortuna profesional para los residentes en tu casa.

El trigrama para el Norte es Kan, que representa una situación enmarañada y de constante peligro. Indica que los profesionales deben tener siempre protegido el sector septentrional para no ser nunca víctimas de las intrigas.

Símbolos protectores

Todos los profesionales ambiciosos han de defender sus carreras y la suerte de estas contando con auténticas tortuguitas que naden felices en un estanque o acuario del Norte, o al menos con la imagen de ese animal en tal punto. Otra idea excelente consiste en disponer en tu despacho una tortuguita sobre la mesa o en un armario. Así te asegurarás la preciada energía de la tortuga, que te proporcionará una protección continuada frente a la política en la esfera laboral.

Símbolos especiales

El sector del Norte tanto en tu casa como en tu oficina se beneficiará de la colocación de un objeto acuático porque el Norte pertenece al Elemento Agua. Si instalas una pequeña fuente, un acuario o incluso un estanque minúsculo en el Norte, conseguirás una espléndida fortuna profesional.

Campanillas especiales constituidas por siete tipos de metal (incluyendo el oro y la plata) simbolizan posiciones elevadas. Si aspiras a obtener un ascenso o pretendes alcanzar un puesto sobremanera importante, el sonido cotidiano de una campanilla en el Norte o en el Noroeste ha de promover tus oportunidades.

En tiempos antiguos, los funcionarios de la corte china lucían en el pecho insignias bordadas de símbolos propicios para denotar su elevado rango. El equivalente más próximo a estos símbolos propicios del poder serían las corbatas para los hombres y los pañuelos para las mujeres, y joyas de la buena fortuna para los dos.

Busca corbatas, alfileres para estas y gemelos que muestren símbolos propicios. Para la suerte profesional, el símbolo más favorable sería el dragón celestial. Opta por diseños y estampados discretos del dragón. Lucir dragones y cualquier otro símbolo celestial de un modo ostentoso suscitará desequilibrio y mala suerte. Otros símbolos significativos y potentes que cabe promover para conseguir ascensos en tu carrera son el unicornio legendario, el chi lin y el fénix celestial. Utiliza tales símbolos con el fin de generar su chi celestial.

El fénix aporta siempre nuevas oportunidades. Se trata de un ser al que tienes que fortalecer cuando te sientas hundido o estés sin trabajo. Es un símbolo excepcionalmente bueno que contribuirá a ayudarte. Cuelga una imagen del fénix en el Norte o lleva un anillo que luzca ese animal.

179

Para obtener la suerte de la riqueza, protégete contra las flechas envenenadas

Crea en tu hogar la esencia de la prosperidad chi mediante una constante protección frente a secretas flechas envenenadas y con el fortalecimiento de tus rincones de la riqueza.

Cuando trates de promover la suerte de tus ingresos, la protección contra el feng shui nocivo provocado por el chi asesino es una medida primera e importante que debes adoptar en tal práctica.

La búsqueda de las fuentes del chi malo o aliento asesino significa desarrollar una conciencia de los objetos cortantes, puntiagudos y hostiles que afecten a tu hogar, tu puerta principal o los sitios en que comes, te sientas y duermes En primer lugar, defiende siempre a tu puerta principal. Calles, senderos y accesos rectos no deben estar apuntando en la dirección de la entrada. Coloca un espejo Pa Kua sobre la parte exterior de la puerta directamente enfrente del camino recto. Utiliza el mismo espejo si el triángulo puntiagudo de un tejado se halla directamente frente a tu puerta principal o si un árbol aislado, un farol o una torre envía de lleno energía asesina hacia ese punto.

Edificios altos

Las flechas envenenadas más serias cobran la forma de construcciones altas e imponentes, sobre todo si el borde de uno de esos edificios apunta hacia tu puerta principal. Es preciso bloquear con árboles y altos muros la vista de esas fuentes ominosas de aliento asesino.

Si deseas prosperidad, no pongas nunca el hornillo en el rincón del Noroeste de tu cocina. Amén de otras manifestaciones de la mala suerte, esa circunstancia provocará la pérdida de tu riqueza. En términos del feng shui, crea un fuego en las puertas del cielo.

Cocina la comida usando energía que proceda de tu dirección de la riqueza. Eso supone que la fuente energética llegue al hornillo procedente de tu dirección Sheng Chi (o que al menos el enchufe se encuentre frente a esta). Coloca asimismo tu microondas, tostadora y cafetera eléctrica con los enchufes apuntando en esa dirección (véase indicación 110), si lo que deseas es la suerte de la prosperidad.

Sentándote para comer, cerciórate de dar cara a tu Sheng Chi o dirección de la riqueza. Utiliza una brújula con el fin de asegurarte de tu dirección cotidiana, pero comprueba además que no seas alcanzado por energía desfavorable que te envuelva.

180 Promoción de una buena salud y de la longevidad

En el feng shui, una buena salud significa longevidad. La actitud china hacia la enfermedad es que resulta mejor prevenirla que curarla.

TAL comportamiento se refleja en cada fase y aspecto de la práctica del feng shui, así que disfrutar de buena salud es una muestra vital de un feng shui excelente. Las familias que viven en hogares con un feng shui admirable deben de alcanzar una larga vida y en general hallarse libres de enfermedades que amenacen su existencia.

Cómo asegurar la buena salud

Hay varias maneras de garantizar la buena salud. La más importante es prevenirse de los bordes afilados de las esquinas y vigas mientras duermes. Si te encuentras ahora en tal situación, trata de desplazar tu cama para no encontrarte en la línea directa de fuego o, de no ser posible tal medida, cuelga contra el borde de las vigas o rincones dos cañas de bambú atadas con hilo rojo o una cinta de ese color.

Prevención contra las estrellas nocivas

El segundo modo estriba en observar las advertencias expuestas en el capítulo siguiente acerca del efecto de las estrellas anuales de la enfermedad. Los maestros del feng shui creen desde luego que la causa principal de una afección seria reside en el hecho de que las personas sean alcanzadas por el chi intangible de las estrellas de la enfermedad. Vale, pues, la pena tener en cuenta esta advertencia del feng shui.

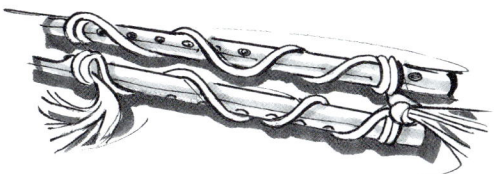

Cuando tengas a la vista vigas sobre el sitio en que te sientes o duermas, disminuirá su efecto la colocación de dos cañas de bambú. Colócalas en ángulo para que formen una «A», separadas unos 15 centímetros. De otro modo es posible que sufras migrañas y dolores de cabeza.

Ten siempre cuidado con la quinta amarilla y con la estrella número 2 de la enfermedad. Tanto la segunda como la quinta aportan graves enfermedades cuando se hallan representadas en los cuadros anuales del Lo Shu. Por esta razón se sienten los chinos tan orgullosos de su almanaque. Ese libro de días propicios y nefastos relaciona la totalidad de jornadas y meses equivalentes que son alcanzados por tales números; si dispones, pues, de uno de esos almanaques, podrás determinar con sencillez los días de peligro en que es posible la aparición de afecciones y accidentes.

El tercer método de promoción de la suerte de la salud consiste en exponer al menos uno de los signos de la longevidad: el bambú, el melocotonero o el pino. Los tres pueden figurar en tu hogar bajo la forma de cuadros. Pero los chinos estiman en especial a su deidad de la longevidad llamada Sau. Se trata de un anciano calvo que aparece a menudo portador de un báculo y de un melocotón y a quien sigue un ciervo, símbolo de la longevidad. Su presencia en tu casa aportará una energía maravillosa. ¡Invítalo a entrar!

181 El elefante benigno para la suerte de los hijos

La fortuna de los hijos es otra manifestación verdaderamente importante de un buen feng shui. En otros tiempos se creía que si carecías de hijos varones que llevasen tu apellido, era porque faltaba por desgracia la suerte de los descendientes.

En aquellas épocas, las familias adoptaban niños si carecían de hijos varones. Y no proporcionar hijos varones al marido era a menudo razón suficiente para que el esposo tomase nueva cónyuge. Pero eso sucedía entonces. Ahora las mujeres ejercen una fuerte influencia en el bienestar de la familia y se considera tener hijas como muestra excelente de la suerte de la descendencia. De hecho, yo solo tengo una hija, pero me considero desde luego bendecida por la suerte de los descendientes, aunque necesité muchos años y la ayuda del feng shui para concebir por fin a Jennifer.

El elefante benigno aporta la suerte de la descendencia.

Los primeros años del matrimonio

En la primera etapa de mi matrimonio y tras descubrir el feng shui (llevo casada con el mismo hombre desde hace más de treinta y cinco años) dispuse que durmiéramos con nuestras cabezas hacia la dirección de la suerte de la descendencia de mi esposo. En realidad, solo tras haber adoptado esta medida concebimos a Jennifer, y para entonces yo llevaba diez años casada. Ella fue la razón de que me apasionara tanto por el feng shui y de que a partir de entonces jamás lo abandonase.

La dirección de la suerte de la descendencia

Dormir en la dirección de la suerte de la descendencia de tu marido significa aprovechar su dirección Nien Yen (véase indicación 110) mientras duerme. Esta es también la dirección de la familia y del amor basándose en las Ocho Mansiones. ¡Considero importante aclarar que en el caso de las parejas que deseen utilizar el feng shui como ayuda para concebir, esta es la dirección que habrán de emplear aunque sea mala para la esposa!

Además de dormir en esa dirección correcta puedes colocar una imagen de un elefante benigno junto a la mesilla de noche, porque se dice que aporta la suerte de los buenos hijos. Y cuando estos se desarrollen, haz que duerman, realicen sus tareas escolares y coman aprovechando sus buenas direcciones. Nunca será demasiado pronto para iniciarte en el feng shui. Si de bebé has contado ya con la bendición de un buen feng shui, conociste un buen comienzo en la vida. En el caso de que tengas hijos, toma nota de esta advertencia.

8

Consideración de las aflicciones anuales para tu feng shui

182 Superación de las aflicciones del tiempo

Aunque nada sepas acerca de la influencia de las estrellas volantes, puedes ser consciente del año y del mes en que estrellas «malas» aflijan a ciertos rincones del hogar.

ESTE aspecto del feng shui se halla relacionado con el modo en que el paso del tiempo afecta a cualquier espacio. Los chinos prestan siempre la misma atención a las dimensiones del espacio y del tiempo a la hora de determinar las influencias de fuerzas intangibles que afectan a su bienestar y a su fortuna. Eso requiere un conocimiento de los ciclos de los periodos y de los cuadros de estrellas volantes que exigen una disposición compleja de los números en torno de las casillas del Lo Shu. Este método del feng shui contiene por añadidura un elemento de predicción y no supone un aprendizaje fácil.

Los efectos de las estrellas volantes

El ejerciente aficionado que nada sabe acerca de los cuadros de estrellas volantes, lo que necesita saber es cuándo y cómodo afectarán las estrellas anuales y mensuales al feng shui de su hogar. Cabe incorporar este saber a tu práctica sin conocer las fórmulas de las estrellas volantes.

Básicamente, es posible identificar tres grandes tipos de estrellas volantes nocivas con un potencial para aportar aflicciones, consecuencias negativas, enfermedades, pérdidas y accidentes a los miembros de tu hogar. Es importante que te protejas contra tales influencias mediante una acción remediadora oportuna y con frecuencia fácil, pero antes has de reconocer en dónde y cuándo alcanzarán esas estrellas malignas a tu casa en el curso de los próximos años.

Los tres tipos de aflicciones

Estas aflicciones son:

- La aflicción causada por la llegada de la estrella llamada el Gran Duque Júpiter.

- La aflicción causada por la estrella de las Tres Muertes.

- La aflicción causada por la estrella anual y mensual denominada Quinta Amarilla Mortal.

Tales aflicciones se desplazan cada año en torno de la esfera de la brújula y, según los textos acerca de las estrellas volantes, existe un medio sencillo de determinar hacia dónde se dirigen, basado en el movimiento de las ramas terrenales del calendario chino Hsia. Si no estás familiarizado con ese calendario, recurre a las páginas siguientes que explican las localizaciones de las tres aflicciones principales.

Advierte en dónde se encuentran cada año y no olvides adoptar medidas de seguridad para superar y apaciguar tales aflicciones al comienzo de cada nuevo año lunar. De esta manera lograrás defenderte de la influencia nociva de las estrellas. Jamás insistiré bastante en la importancia de prestar atención a estas aflicciones temporales del feng shui. Por lo común, ejercen un gran impacto en tu vida, porque cuando te alcanzan su efecto es a menudo desmedido.

183

El Gran Duque Júpiter
y cómo apaciguarlo

Una vez que sepas en dónde está localizado, asegúrate de no incurrir en su ira sentándote en una dirección que se halle frente por frente a la suya. Eso significa encararte con él y jamás debes hacer tal cosa.

NUNCA hagas frente directamente al Gran Duque cuando te sientes, trabajes o comas. Si procedes así, te sobrevendrá el infortunio aunque estés en tu mejor dirección según la fórmula Kua. Tampoco debes perturbar su lugar con ruidos excesivos, golpes, excavaciones o reformas. De hacerlo, tal vez caerías enfermo, sufrirías pérdidas importantes, se te escaparían tratos y oportunidades relevantes y, en general, te sentirías bastante mal. Realiza, pues, un esfuerzo por determinar cada año su localización.

El lugar del Gran Duque Júpiter

- En el 2001 corresponde al Sur/Sudeste (sitio de la serpiente).

- En el 2002 se encontrará en el Sur (lugar del caballo).

- En el 2003 estará en el Sur/Sudoeste (lugar de la oveja).

- En el 2004 estará en el Oeste/Sudoeste (sitio del mono).

- En el 2005 estará en el Oeste (lugar del gallo).

- En el 2006 estará en el Oeste/Noroeste (lugar del perro), etc.

Los enclaves del Gran Duque Júpiter durante cada uno de los doce años de animales del calendario lunar siguen en la brújula las localizaciones exactas del año

del animal; así, en el 2001, por ejemplo, el Gran Duque reside en la localización de la brújula de la rama terrena de la serpiente, que significa los quince grados definidos como Sur/Sudoeste. La dirección del Gran Duque aparece en la ilustración de abajo; advierte cómo se desplaza en torno de la brújula en el sentido de las agujas del reloj.

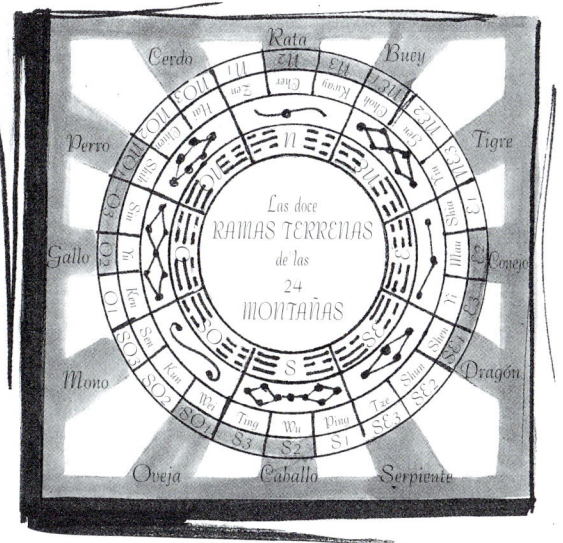

Este gráfico, que muestra las 12 ramas terrenas de las 24 Montañas, presenta el movimiento del Gran Duque Júpiter.

184 Cómo abordar las Tres Muertes

La dirección de las Tres Muertes es también conocida como el Saam Saat. En ningún año debes tener a tus espaldas la dirección de las Tres Muertes.

HAS de hacerlas audazmente frente en todo momento; de otro modo te enviarán tres tipos de infortunios para perturbarte y tornar miserable tu existencia. En consecuencia, es buena práctica del feng shui tomar nota del lugar en que se hallen localizadas cada año las Tres Muertes.

Advertirás que en el año 2001, el año de la serpiente, las tres muertes se encuentran en el Este y no debes sentarse con esa dirección a la espalda. Eso significa no sentarse de cara al Oeste. No te dañará enfrentarse con las Tres Muertes, pero padecerás si las tienes detrás. En el año del caballo, el 2002, las Tres Muertes se encuentran en el Norte, de modo que entonces no deberás sentarte con el Norte a la espalda. Es mucho más ventajoso situarse decididamente de cara al Norte y abordar por eso de manera directa a las Tres Muertes.

Reformas en la casa

Cuando proyectes hacer renovaciones y reformas en la casa, abstente de tocar los sectores en donde se alberguen las Tres Muertes. En el 2001 eso significa que no has de acometer reforma alguna en la parte oriental de tu residencia. Puedes, sin embargo, emprender renovaciones en sectores opuestos a las Tres Muertes.

La dirección de las Tres Muertes

Siempre ocupan solo los sectores cardinales Norte, Sur, Este y Oeste. Se trata, por tanto, de una aflicción que abarca 90 grados de la brújula. He aquí el resumen de sus desplazamientos a lo largo de algunos años. Toma nota de esas direcciones afligidas y sigue el consejo que te he dado de no estar nunca de espaldas a esa dirección ni perturbarla con reformas. Repara en los remedios oportunos si has alterado inadvertidamente a las Tres Muertes.

Remedios para las Tres Muertes

- En los años del buey, la serpiente y el gallo, las Tres Muertes están en el Este (2001, 2005 y 2009). Coloca durante ese tiempo un cuchillo curvo en el Este.

- En los años del cerdo, el conejo y la oveja, las Tres Muertes están en el Oeste (2003, 2007 y 2011). Coloca durante ese tiempo más luces brillantes en el Oeste.

- En los años del mono, la rata y el dragón, las Tres Muertes están en el Sur (2004, 2008 y 2012). Coloca durante ese tiempo un gran recipiente con agua quieta en el Sur para superar la aflicción.

- En los años del perro, el caballo y el tigre, las Tres Muertes están en el Norte (2002, 2006 y 2010). Coloca durante ese tiempo tres grandes pedruscos en el Norte.

185

Debilitar la Quinta Amarilla Mortal

La Quinta Amarilla, también conocida como Wu Wang en chino, tiene la consideración de aflicción muy perniciosa que en ciertos años es capaz de causar daños indecibles a una familia o una empresa que sufra su acción.

Eso sucede cuando la puerta principal de tu casa o de tu dormitorio se halla localizada en donde la estrella reside en ese año específico. Porque cada acto de abrir y cerrar la puerta o cualquier tipo de actividad en el lugar del wu wang simplemente pondrá en marcha sus vibraciones nocivas y aportará infortunios.

Al igual que las otras dos aflicciones, la Quinta Amarilla cambia de sitio cada año, y en donde se encuentre en ese tiempo no debes realizar las siguientes tareas:

- Cavar en el terreno.
- Perturbar de cualquier modo esa parte de la tierra o de la casa.

Una vez alterada, la Quinta Amarilla aporta pérdida de la riqueza o del empleo, accidentes, lesiones, calamidades, robos y en ocasiones incluso la muerte. La Quinta Amarilla es capaz de adoptar la forma de la estrella del año o del mes, y cuando ambas se encuentren simultáneamente en igual sitio, todo el que resida en ese rincón de la casa se sentirá de inmediato enfermo. De las dos, sin embargo, la Quinta Amarilla mortal anual es potencialmente la más peligrosa, por lo que mi estrategia ha consistido siempre en prepararme al comienzo de cada año. Debilito la Quinta Amarilla en donde se encuentre entonces. En el año 2001 resulta especialmente peligrosa, porque fluye hacia el Sudoeste (cuyo Elemento es también Tierra, justo como la Quinta Amarilla). Su energía queda fortalecida aquí por el Elemento del propio sector. Al objeto de superar la fuerza de esta estrella, el mejor remedio estriba en colocar una sonería de seis varillas completamente metálicas. La energía del Metal, sobre todo metal yang, que mueve y emite sonidos, afectará seriamente y debilitará por eso a la Quinta Amarilla, reduciendo sus efectos nocivos.

Mi consejo, pues, para todos los que ejerzan el feng shui es que siempre tengan a mano una pareja de sonerías completamente metálicas para colgarlas allí hacia donde vuele cada año la Quinta Amarilla. En 1999 la sonería debería haber estado en el Sur de tu casa, en el 2000 en el Norte, y en el 2001 tendrías que haber puesto sonerías en el Sudoeste, sobre todo junto a la puerta principal. Advierte el lugar de la Quinta Amarilla en los años 2001 y siguientes y que ocupa 45 grados de la brújula.

- En el 2001 la Quinta Amarilla está en el Sudoeste.
- En el 2002 se encontrará en el Este (en donde es menos peligrosa).
- En el 2003 estará en el Sudeste (en donde el Elemento Madera la mantiene bajo control).
- En el 2004 volará hacia el centro de la casa, en donde una vez más se tornará feroz.
- En el 2005 se desplazará hacia el Noroeste, quedando una vez más bajo control.
- En el 2006 pasará hacia el Oeste, en donde se hallará también sometida a control.

186

Estrellas volantes en el 2001, el año de la serpiente

El año 2001 es el de la serpiente. Advierte que los sectores afligidos en cualquier casa o edificio son el Sudoeste, el Este y partes del Este/Sudeste.

Estos sectores afligidos quedan indicado a continuación en el gráfico del feng shui del año 2001; todo el mundo debería tomar nota de las cosas importantes que hacer con prevención en este periodo. A partir de los datos, hemos de tomar en consideración algunos puntos cruciales del año lunar del 2001 iniciado el 4 de febrero:

- Coloca una sonería en los rincones del Sudoeste de tu casa para debilitar el efecto de la Quinta Amarilla. Si tu puerta principal se halla localizada aquí, muestra un cuidado adicional. De ser posible, es mejor utilizar otra puerta. Si tu dormitorio se encuentra en este sitio, trata de desplazarte a otra alcoba.

- No acometas ninguna reforma en el Sudoeste/Este y tampoco en el lugar del Gran Duque, es decir, en los quince grados que corresponden a la localización del Este/Sudeste.

- Advierte además que el Sur es el lugar de las disputas y de los equívocos; trata, pues, de mantener tranquilo este sector. No permitas que suene mucho la música allí y decididamente no tengas ese año en el Sur una sonería.

- La estrella segunda de la enfermedad se encuentra en el sector del Nordeste de tu casa; coloca, pues, sonerías en este sector. Las sonerías debilitarán asimismo a la segunda estrella.

SE	SUR	SO
7	3	5
6	8	1
2	4	9

NE · NORTE · NO

Este es el cuadro anual para el 2001. Repara en que la Quinta Amarilla mortal está en el Sudoeste, las tres Muertes en el Este y el Gran Duque Júpiter en el Sur/Sudeste.

- Los sectores propicios de los hogares estarán en el centro y, por tanto, comer allí resultará ese año más beneficioso que comer fuera de casa.

- Coloca este año cristales en el Noroeste para beneficiar al patriarca de la familia.

- Fortalece el Sudeste con plantas y flores frescas para promover la suerte de los ingresos del sector durante ese año.

187

Estrellas volantes en el 2002, el año del caballo

El año 2002 es el del caballo. Los sectores afligidos de cualquier casa o edificio son el Este, el Norte y partes del Sur.

Estos sectores afligidos se hallan indicados en el cuadro del feng shui correspondiente al 2002. Es preciso tomar nota de las acciones cruciales que debes emprender o vigilar durante el año lunar del 2002 a partir del 4 de febrero:

- Coloca una sonería de seis varillas en los rincones orientales de tu casa para debilitar el efecto de la Quinta Amarilla. Si tu puerta principal se halla situada aquí, procede con un cuidado especial. De ser posible, utiliza otra puerta. Cuando tu dormitorio esté situado en ese lugar, cámbiate a otro de ser posible.

- No acometas obras de reforma en el Este o en el Norte y tampoco en el lugar del Gran Duque, es decir, en los quince grados correspondientes al Sur.

- Advierte que el Norte es también el sitio de las disputas y de lo equívocos; habrás de mantener, pues, tranquilo ese sector. Procura que no suene allí mucho la música y decididamente no tengas una sonería en el Norte este año. En su lugar coloca un gran cuenco con agua serena para que absorba toda la mala suerte del sector.

- La estrella segunda de la enfermedad está en el sector meridional de tu casa, así que pon allí sonerías para debilitarla. Por añadidura, recurre a un gran cuenco de agua con el fin de menguar el elemento fuego de este rincón.

- Durante este año el sector propicio de cualquier residencia es el Noroeste, que se beneficiará de la octava estrella; en consecuencia, resulta conveniente fortalecer el

Este es el cuadro anual para el 2002. Advierte que la Quinta Amarilla mortal ha volado al Este y que el Gran Duque Júpiter se ha desplazado hasta el Sur.

Noroeste para favorecer al cabeza de familia. Coloca allí numerosas monedas de oro, pero evita el agua.

- El Sudeste es también muy afortunado con la sexta estrella. Fortalécelo, pues, con un objeto acuático. El más indicado es un acuario, que aportará buena fortuna a este sector.

- Promueve el Sudoeste con cristales y luces para obtener buena fortuna en las relaciones.

188 Símbolos esenciales que mantener dentro del hogar

Hay varios símbolos poderosos que puedes colocar dentro de cualquier casa. En el feng shui, los símbolos desempeñan tres funciones diversas pero importantes:

- Ser protectores.
- Actuar como remedios eficaces contra aflicciones intangibles.
- Promover un chi bueno y atraer una suerte excelente.

Constituye práctica provechosa del feng shui contar en el hogar con tres tipos de símbolos que no solo te permitan promover una buena fortuna, sino también protegerte contra aflicciones tangibles e intangibles. En esta puntualización final recomendaré, pues, con viveza que mantengas a mano los siguientes símbolos en el interior de tu residencia:

- Ten siempre una buen provisión de sonerías de seis varillas metálicas porque son sencillamente muy eficaces para combatir las aflicciones de las estrellas volantes mortales. Determina, por ejemplo, a qué lugar se encamina cada año la Quinta Amarilla y desplaza tu sonería para controlarla.

- Conserva un gran recipiente con agua quieta. Se trata de un remedio muy eficaz del feng shui contra las estrellas de las disputas y los vecinos ruidosos que pueden aportar a tu persona y a tu familia grandes dificultades.

- Ten una pareja de perros Fu como símbolo protector del hogar. Colócalos en el exterior de la puerta principal, mirando hacia fuera.

- Conserva una imagen del Buda risueño que simboliza la felicidad.

- Emplaza una imagen de la tortuga en la parte posterior de la casa para simbolizar el chi de la longevidad en el hogar. La tortuga es un símbolo poderoso.

Finalmente, asegúrate de tener en tu cuarto de estar al menos un símbolo de la riqueza. Puede tratarse del sapo de tres patas o del todavía más eficaz velero cargado de oro.

Diferentes remedios y promotores del feng shui

Si sigues los diversos sistemas mencionados en este libro, contarás con un gran feng shui sin verte forzado a recurrir a grandes reformas en tu casa. Opera con lo que tienes y entiende que nunca es posible disponer en una residencia de un feng shui enteramente bueno. Si no puedes cambiar la orientación de tu casa, logra al menos que tu dirección en el sueño o en el trabajo resulte propicia para compensar esa circunstancia previa. Consigue que tu espacio vital sea regular, equilibrado y armonioso tanto como puedas en términos de formas, colores y orientaciones. Esfuérzate en esa tarea. Habrás encontrado en este libro maneras alternativas de promover la buena fortuna. No es necesario atenerse a todas. La clave de disponer de un gran feng shui consiste en asegurarse de que nunca te alcance la energía mortal y luego en fortalecer progresivamente una suerte excelente.

Calendario lunar

e

índice alfabético

ANIMAL	FECHAS DEL CALENDARIO OCCIDENTAL
RATA (agua)	18 de febrero de 1912 - 5 de febrero de 1913
BUEY (agua)	6 de febrero de 1913 - 25 de enero de 1914
TIGRE (madera)	26 de enero de 1914 - 13 de febrero de 1915
CONEJO (madera)	14 de febrero de 1915 - 2 de febrero de 1916
DRAGÓN (fuego)	3 de febrero de 1916 - 22 de enero de 1917
SERPIENTE (fuego)	23 de enero de 1917 - 10 de febrero de 1918
CABALLO (tierra)	11 de febrero de 1918 - 31 de enero de 1919
OVEJA (tierra)	1 de febrero de 1919 - 19 de febrero de 1920
MONO (metal)	20 de febrero de 1920 - 7 de febrero de 1921
GALLO (metal)	8 de febrero de 1921 - 27 de enero de 1922
PERRO (agua)	28 de enero de 1922 - 15 de febrero de 1923
JABALÍ (agua)	16 de febrero de 1923 - 4 de febrero de 1924

* **comienzo del ciclo de sesenta años**

RATA (madera)	5 de febrero de 1924 - 23 de enero de 1925
BUEY (madera)	24 de enero de 1925 - 12 de febrero de 1926
TIGRE (fuego)	13 de febrero de 1926 - 1 de febrero de 1927
CONEJO (fuego)	2 de febrero de 1927 - 22 de enero de 1928
DRAGÓN (tierra)	23 de enero de 1928 - 9 de febrero de 1929
SERPIENTE (tierra)	10 de febrero de 1929 - 29 de enero de 1930
CABALLO (metal)	30 de enero de 1930 - 16 de febrero de 1931
OVEJA (metal)	17 de febrero de 1931 - 5 de febrero de 1932
MONO (agua)	6 de febrero de 1932 - 25 de enero de 1933
GALLO (agua)	26 de enero de 1933 - 13 de febrero de 1934
PERRO (madera)	14 de febrero de 1934 - 3 de febrero de 1935
JABALÍ (madera)	4 de febrero de 1935 - 23 de enero de 1936

ANIMAL	FECHAS DEL CALENDARIO OCCIDENTAL
RATA (fuego)	24 de enero de 1936 - 10 de febrero de 1937
BUEY (fuego)	11 de febrero de 1937 - 30 de enero de 1938
TIGRE (tierra)	31 de enero de 1938 - 18 de febrero de 1939
CONEJO (tierra)	19 de febrero de 1939 - 7 de febrero de 1940
DRAGÓN (metal)	8 de febrero de 1940 - 26 de enero de 1941
SERPIENTE (metal)	27 de enero de 1941 - 14 de febrero de 1942
CABALLO (agua)	15 de febrero de 1942 - 4 de febrero de 1943
OVEJA (agua)	5 de febrero de 1943 - 24 de enero de 1944
MONO (madera)	25 de enero de 1944 - 12 de febrero de 1945
GALLO (madera)	13 de febrero de 1945 - 1 de febrero de 1946
PERRO (fuego)	2 de febrero de 1946 - 21 de enero de 1947
JABALÍ (fuego)	22 de enero de 1947 - 9 de febrero de 1948

RATA (tierra)	10 de febrero de 1948 - 28 de enero de 1949
BUEY (tierra)	29 de enero de 1949 - 16 de febrero de 1950
TIGRE (metal)	17 de febrero de 1950 - 5 de febrero de 1951
CONEJO (metal)	6 de febrero de 1951 - 26 de enero de 1952
DRAGÓN (agua)	27 de enero de 1952 - 13 de febrero de 1953
SERPIENTE (agua)	14 de febrero de 1953 - 2 de febrero de 1954
CABALLO (madera)	3 de febrero de 1954 - 23 de enero de 1955
OVEJA (madera)	24 de enero de 1955 - 11 de febrero de 1956
MONO (fuego)	12 de febrero de 1956 - 30 de enero de 1957
GALLO (fuego)	31 de enero de 1957 - 17 de febrero de 1958
PERRO (tierra)	18 de febrero de 1958 - 7 de febrero de 1959
JABALÍ (tierra)	8 de febrero de 1959 - 27 de enero de 1960

ANIMAL	FECHAS DEL CALENDARIO OCCIDENTAL
RATA (metal)	28 de enero de 1960 - 14 de febrero de 1961
BUEY (metal)	15 de febrero de 1961 - 4 de febrero de 1962
TIGRE (agua)	5 de febrero de 1962 - 24 de enero de 1963
CONEJO (agua)	25 de enero de 1963 - 12 de febrero de 1964
DRAGÓN (madera)	13 de febrero de 1964 - 1 de febrero de 1965
SERPIENTE (madera)	2 de febrero de 1965 - 20 de enero de 1966
CABALLO (fuego)	21 de enero de 1966 - 8 de febrero de 1967
OVEJA (fuego)	9 de febrero de 1967 - 29 de enero de 1968
MONO (tierra)	30 de enero de 1968 - 16 de febrero de 1969
GALLO (tierra)	17 de febrero de 1969 - 5 de febrero de 1970
PERRO (metal)	6 de febrero de 1970 - 26 de enero de 1971
JABALÍ (metal)	27 de enero de 1971 - 14 de febrero de 1972

ANIMAL	FECHAS DEL CALENDARIO OCCIDENTAL
RATA (agua)	15 de febrero de 1972 - 2 de febrero de 1973
BUEY (agua)	3 de febrero de 1973 - 22 de enero de 1974
TIGRE (madera)	23 de enero de 1974 - 10 de febrero de 1975
CONEJO (madera)	11 de febrero de 1975 - 30 de enero de 1976
DRAGÓN (fuego)	31 de enero de 1976 - 17 de febrero de 1977
SERPIENTE (fuego)	18 de febrero de 1977 - 6 de febrero de 1978
CABALLO (tierra)	7 de febrero de 1978 - 27 de enero de 1979
OVEJA (tierra)	28 de enero de 1979 - 15 de febrero de 1980
MONO (metal)	16 de febrero de 1980 - 4 de febrero de 1981
GALLO (metal)	5 de febrero de 1981 - 24 de enero de 1982
PERRO (agua)	25 de enero de 1982 - 12 de febrero de 1983
JABALÍ (agua)	13 de febrero de 1983 - 1 de febrero de 1984

ANIMAL	FECHAS DEL CALENDARIO OCCIDENTAL

* Comienzo del ciclo de sesenta años

RATA (madera)	2 de febrero de 1984 - 19 de febrero de 1985
BUEY (madera)	20 de febrero de 1985 - 8 de febrero de 1986
TIGRE (fuego)	9 de febrero de 1986 - 28 de enero de 1987
CONEJO (fuego)	29 de enero de 1987 - 16 de febrero de 1988
DRAGÓN (tierra)	17 de febrero de 1988 - 5 de febrero de 1989
SERPIENTE (tierra)	6 de febrero de 1989 - 26 de enero de 1990
CABALLO (metal)	27 de enero de 1990 - 14 de febrero de 1991
OVEJA (metal)	15 de febrero de 1991 - 3 de febrero de 1992
MONO (agua)	4 de febrero de 1992 - 22 de enero de 1993
GALLO (agua)	23 de enero de 1993 - 9 de febrero de 1994
PERRO (madera)	10 de febrero de 1994 - 30 de enero de 1995
JABALÍ (madera)	31 de enero de 1995 - 18 de febrero de 1996
RATA (fuego)	19 de febrero de 1996 - 6 de febrero de 1997
BUEY (fuego)	7 de febrero de 1997 - 27 de enero de 1998
TIGRE (tierra)	28 de enero de 1998 - 15 de febrero de 1999
CONEJO (tierra)	16 de febrero de 1999 - 4 de febrero de 2000
DRAGÓN (metal)	5 de febrero de 2000 - 23 de enero de 2001
SERPIENTE (metal)	24 de enero de 2001 - 11 de febrero de 2002
CABALLO (agua)	12 de febrero de 2002 - 31 de enero de 2003
OVEJA (agua)	1 de febrero de 2003 - 21 de enero de 2004
MONO (madera)	22 de enero de 2004 - 8 de febrero de 2005
GALLO (madera)	9 de febrero de 2005 - 28 de enero de 2006
PERRO (fuego)	29 de enero de 2006 - 17 de febrero de 2007
JABALÍ (fuego)	18 de febrero de 2007 - 6 de febrero de 2008

Índice alfabético